Wiglaf Droste & Vincent Klink

Wir schnallen den Gürtel weiter

Eine Essenz aus
Häuptling Eigener Herd

Mit Zeichnungen von
F. K. Waechter

Philipp Reclam jun. Stuttgart

RECLAM TASCHENBUCH Nr. 20158

2., durchgesehene und (u.a. um 300 g Seelachs) ergänzte Auflage 2008
Reihengestaltung: büroecco!, Augsburg
Umschlaggestaltung: Eva Knoll, Stuttgart, unter Verwendung
einer Illustration von Kai Pannen, Hamburg
Umschlagrückseite: Häuptling-Logo von F. W. Bernstein
Gesamtherstellung: Reclam, Ditzingen
Printed in Germany 2008
RECLAM ist eine eingetragene Marke
der Philipp Reclam jun. GmbH & Co., Stuttgart
ISBN 978-3-15-020158-9

www.reclam.de

Inhalt

Pfiff & Kolik oder Einiges über Geschmacksverirrungen

Einiges über den Koch, samt Rezepten & Warnungen

Der Rest ist Liebe

Statt eines Nachwortes

Pfanne nur zeigen

Einiges über *Häuptling Eigener Herd*

Die Zeitschrift *Häuptling Eigener Herd* entstand in jenen längst versunkenen Zeiten, als Simon Borowiak noch Simone Borowiak hieß. Zu dieser Zeit war Vincent Klink einer der Herausgeber des *Kulinarischen Almanach* bei Klett-Cotta. Frau Borowiak, Verfasserin der legendären »Hessen nimmt Abschied von …«-Nachrufe im Satiremagazin *Titanic,* hatte zugunsten des Jahrbuchs das Gedicht »Linsengericht« verfasst:

> Gelassen stieg die Nacht an Land,
> da ist mir etwas angebrannt.
> Ich glaub, es waren Linsen.
>
> Die hab ich meinem Mann serviert,
> der hat sehr dreckig reagiert.
> Ich glaub, er musste grinsen.
>
> Drauf schmiss ich noch zwei Würstchen rein
> und dachte »Iss doch, altes Schwein«
> und ging sofort zu Bett.
>
> Dort hat mein Mann mich aufgeregt
> Und jesusmäßig flachgelegt.
> Ich glaub, es war sehr nett.

Das Gedicht wurde gern angenommen – doch als der *Almanach* erschien, gab es darin zwar gleich zwei Lesebändchen, nicht aber das Gedicht von Simone Borowiak. Irgendjemandem im Verlag hatte es wohl nicht gefallen, und ohne Rücksprache mit dem Herausgeber war es still und heimlich entfernt worden. Vincent Klink indes, dem der Vorgang seiner Autorin gegenüber naturgemäß peinlich war, ist ein Mann, der nach vorn schaut. Er ließ sich nicht die Laune verderben, sondern beschloss, seinen eigenen literaturkulinarischen Laden aufzumachen. Über Erfahrung mit dem Genre verfügte er reichlich; vor dem *Kulinarischen Almanach* hatte er im unterdessen verblichenen Haffmans Verlag bereits das Magazin *Die Rübe* ediert. Und der Fundus für die neue Zeitschrift, befand er optimistisch, sei mit Simone Borowiaks Linsengedicht ja ohnehin schon vorhanden.

Klink suchte Gleichgesinnte, mobilisierte befreundete und assoziierte Kräfte und rief zur Mitarbeit auf. Der Name des neuen Kindes immerhin stand fest: *Häuptling Eigener Herd*. So heißt ein Bild des Zeichners Rattelschneck, das es Klink schwer angetan hatte; es zeigt einen Indianer, der auf einer offenen Herdklappe kauert. Rattelschneck stellte den Titel zur Verfügung – und lieferte auch gleich die Zeichnungen für das erste Heft, das im Frühjahr 1999 erschien. 84 Seiten dünn war es und kam schon in jenem schlanken Hochformat daher, über das mancher Buchhändler bis heute das schüttere Resthaar rauft, weil eben nicht jedes Format egal in jedes Regal passt.

Nicht nur das Format war ungewöhnlich; es gab auch sonst gewisse Eigenheiten. Der *Häuptling* erschien zunächst »so vierteljährlich wie möglich«, und für etwaige juristische Händel war als Gerichtsstand »Timbuktu« festgelegt und die folgende Gesetzesgrundlage verkündet worden: »Es gilt lusitanisches und minoisches Recht (Mutterrecht und Blutrache).«

Was Vincent Klink mit *Häuptling Eigener Herd* wollte, formulierte er im Editorial von Heft eins. Wenn Menschen schon unbedingt »kalorienbewusste und fettarme Zeitgeistler sein wollen, so sollte doch wenigstens etwas Fett der anderen Art, nämlich Gehirnschmalz, Neugierde und Hartnäckigkeit ins tägliche Dasein gerührt werden. … Man muss irgendwann dahinter gekommen sein, ob etwas schmeckt oder nicht. Dazu bedarf es einer gewissen Kenntnis der Gaben der Natur. Wer nie einen echten Scampi aus dem Meer gegessen hat, wird sich mit der gezüchteten Giftware, den zeitgenössischen Party-Gimmicks, zufrieden geben müssen. … In der Presselandschaft des Essens und Trinkens fehlte bisher eine werbefreie Zone mit Texten härterer Gangart. … Damit soll keine neue Religion gestiftet werden; ums Kulinarische wurden schon zu viele Glaubenskriege geführt. … Der *Häuptling* wird seine Pfeile schwirren lassen, nicht Rache nehmen wollen, sondern den Weg durch den Dschungel der Geschmacksverirrungen zeigen. Es gilt, die Balance zwischen Geschmack und Geschmacklosigkeit zu halten, ohne die es keine Identität gibt. So mancher tüttelige Feinschmecker wird einsehen müssen, dass zeitweiliges Senken des Niveaus den Horizont fokussiert. Dabei ist auch Humor hilfreich, der Distanz zu Unerträglichem schafft und Unsägliches dann doch noch diskutierbar abfedert.«

Unterzeichnet war der Text mit einem kernigen »Howgh!«, illustriert wurde er mit einem Bild des Herausgebers, das ihn als etwa fünfjährigen Jungen zeigt, in Lederhosen und mit einer Feder am Hut. In einer auf eindeutige Kauf!Mich!!Jetzt!!!-Signale fixierten Welt war und ist ein solch barockes Vorhaben ein Ding der Unmöglichkeit und mir schon deshalb ein Quell der Freude. Wo Anzeigenheftchen für Langeweiletotschlagdisziplinen wie »Canyoning«, »Rafting«, »Canoeing«, »Nordic Walking« und »Drive-by-Shooting« ausliegen, wäre für Illustrierte wie »Lippenlecking« oder »Hair-Soup-Finding« sicher noch ein Plätzchen frei. *Häuptling Eigener Herd* hatte anderes vor. Es ging stromaufwärts, zurück zu den Quellen.

Kochen ist, trotz des Boheis, der darum veranstaltet wird, überhaupt nichts Elitäres. Im Gegenteil: Wie aus dem Rohen das Gekochte wird, ist eine elementare Erfahrung; so entsteht, was man Kultur nennt. Im Gegensatz zum Berufskoch, der unter Druck hochgeschwind arbeiten muss, können Privatköchinnen und -köche sich in aller Ruhe den Küchenfreuden widmen und hingeben. Am eigenen Herd schöpferisch zu sein, führt zu Konzentration und ist ein geeignetes Antidot gegen nervenzerschreddernde Zerstreuung und geistauslöschende Diffusion. Die haptische Befriedigung ist inspirierend: Man hat selbst in der Hand, was man tut – das muss ja nicht nur beim Kochen so sein. Überhaupt kann die Küchenarbeit dem Charakter auf die Sprünge helfen. Verbissenheit und übersteigerter Ehrgeiz sind Seuchen mit hohem Verbreitungsgrad, führen aber am Herd zu nichts. Zwar muss man aufmerksam und genau auf den Punkt sein beim Kochen, vor allem aber muss man Zeit mitbringen. Das kann man auch anderswo lernen, doch am Herd, am Feuer, vollzieht sich das archaisch: Es ist warm, es duftet – warum also sollte man in Hektik verfallen?

Ab Heft zwei bat mich Vincent Klink als Co-Herausgeber mit ins Boot. Wir definierten den *Häuptling* als »literarisch-kulinarische Kampfschrift«, die sich nicht in der Feier kulinarischer Freuden erschöpfen, sondern unbedingt auch die Welt der Lebensmittelherstellung genau betrachten möge. Etikettenschwindler, Simulant und selbst Giftmischer sind zurückhaltende Worte für die Vertreter der Massenabfertigungsbranche. Völlig legal werden Nahrungsmittelsurrogate hergestellt und mit hohem propagandistischem Aufwand in Kunden hineingequetscht, die sich im gewünschten Idealfall verhalten wie jene Millionen von Fliegen, die sich angeblich nicht irren können. Den qualitativen Niedergang gerade bei den Dingen des täglichen Bedarfs kann man nur deshalb nicht mehr skandalös nennen, weil das Wort Skandal durch inflationären und dauerfalschen Gebrauch längst entwertet und selbst zur Belästigung geworden ist. Was beispielsweise vom deutschen Reinheitsgebot zu halten ist, wusste der *Häuptling*-Autor und gelernte Brauer Michael Rudolf ganz genau: Man kann Bier mittlerweile direkt als den Konservierungsstoff verwenden, aus dem es besteht.

Nicht nur die Hersteller von Lebensmitteln simulieren; die Konsumenten tun es nicht minder. Als Begleiterscheinung einer penetranten Medienkulinarik macht sich eine ebenso lautstarke, exhibitionistische und offenbar zwanghafte Genussprotzerei breit. Auch auf diesem Feld schärfte die Arbeit für den *Häuptling* meine Sinne. Nicht nur Zunge, Gaumen und Nase bescherten mir intensive Erweiterungen des Bewusstseins; auch das Trommelfell machte mit und fing an Nachbartischen bisher Ungehörtes auf. Unvergessen ist ein Restaurantgast, den der Kellner fragte, ob er sein Filet französisch oder englisch zubereitet haben wolle. Der Gast, der es englisch mochte, also blau und sehr blutig, hätte genau das einfach sagen können. Stattdessen hob er eine sonore Connaisseurstimme und antwortete: »Pfanne nur zeigen.« Anschließend schoss der Kerl von Welt einen Bewunderungserzwingungsblick der Sorte Bin-ich-nicht-der-Größte auf seine Begleiterin ab; die Dame ließ sich ihrerseits auch nicht lumpen und himmelte ihn ganz verheißungsvoll an. So fanden sie zusammen: Salz auf unserer Haut und Pfeffer auf unserem Sack.

»Wir schnallen den Gürtel weiter« heißt die Maxime von *Häuptling Eigener Herd*, und so heißt auch das hier vorliegende Buch, in dem auf Wunsch des Reclam Verlags ausgewählte Texte der beiden Herausgeber aus den ersten acht *Häuptling*-Jahren vereint wurden. »Wir schnallen den Gürtel weiter« – das darf unbedingt universell verstanden werden. Lebens- und Überlebensmittel gibt es viele, und längst nicht alle sind zum oralen Verzehr gedacht. Stille ist ein Lebensmittel, ebenso Musik, Dichtung, Sprache, die bildende Kunst. Die Zeichnungen in diesem Buch stammen von Friedrich Karl Waechter, der die Originale Anfang 2002 für Heft zehn anfertigte. Es handelt sich schlicht um Meisterwerke. Waechter starb, hochverehrt, im September 2005. Sein Esprit beflügelt die Sehenden weiterhin.

Leipzig, im Januar 2008 *Wiglaf Droste*

Sitt & satt
oder
Wie geht genießen?

Vom unerträglichen Leid unserer Feinspitze

Wiglaf Droste

Es gibt in Deutschland Menschen, die so richtig arm dran sind. Oft bleiben sie namenlos; manchmal aber treten sie aus ihrer Anonymität heraus – wenn ein mutiges Medium ihnen die Möglichkeit dazu gibt. Dann hören wir ihren Aufschrei, dann rührt uns ihr Elend, dann wecken sie unser Mitgefühl.

Die Fürsorgezeitschrift *Essen & Trinken* gab in ihrer Ausgabe vom August 2005 vier Menschen Gelegenheit, auf ihr Schicksal aufmerksam zu machen. Die Öffentlichkeit weiß seitdem: Den Gastronomiejournalisten Inge Ahrens, Bernd Matthies, Renate Peiler und Thomas Platt geht es furchtbar schlecht. Sie bedürfen unserer tätigen Hilfe. Vordergründig machen die vier Ausgehschreiber bloß Reklame für ihre Berliner Lieblingsrestaurants – und doch ist jeder der Texte ein Not- und Hilferuf. Noch relativ milde springt das Leben mit der aus Berlin ins Gruner+Jahr-Hamburg heimatvertriebenen Redakteurin Renate Peiler um – sie leidet nur an Kitsch und Verklärung. »Wenn es ganz schlimm wird mit meiner Sehnsucht nach preußischem Grün, Havelblick und gutem Essen …«, hebt das an, und dann, wenn es also ganz schlimm wird, muss sie sich das Preußischblaue vom Himmel herunter in die Tasche lügen.

Böser erwischt hat es Thomas Platt. Der Frankfurter Allgemeine Sonntagsesser leidet unter seinem Beruf wie sonst nur seine Leser – denen er in *Essen & Trinken* dieses auftischt: »Zuweilen möchte ich das scharfe Besteck der Kritik in der Schublade lassen …« Die Variation von blasiertem Metaphernsalat und selbstgefälligem Kopfbrei müssen wir leider zurückgehen lassen.

Die Probleme von Platts Kollegin Inge Ahrens sind etwas tiefer angesiedelt; die Dame klagt über »Magengrummeln« und »nagende Seelenpein«, auch quält sie »der völlig verfahrene Vormittag«. Doch Rettung ist nah: »Das Süppchen ist meine Medizin: Schokolade und warmes Bad zugleich.« Wie praktisch, wenn man die Fangopackung, in der man sitzt, gleichzeitig auch noch aufessen kann.

Bereits mit dem Hirntode ringt Bernd Matthies – der *Tagesspiegel*-Feinspitz, so sieht er es zumindest selbst, hat die Gipfel erklommen, mit den Göttern getafelt und sich die Sprache verdorben: »Irgendwann ist genug gewispert auf dem Gourmet-Olymp. Dann fühle ich mich gestopft von Gänseleber, genudelt von Hummer, geschmort von Kalbsbacken.« Der Ärmste – was könnte ihn retten? Ein paar an die Kalbsbacken vielleicht? Nein, hier kommt wohl jede Hilfe zu spät.

Für alle anderen an ihrer fernfahrertellergroßen Langeweile und ihrem überhaupt entsetzlich schweren Leben ganz schrecklich leidenden Gastronomieschreiber möchten wir einen Gnadenfonds einrichten – einen klaren Gemüsefond. Den mögen sie löffeln, wenn sie sich mal wieder an einer Farce verschluckt haben.

Wurst und Durst

Wiglaf Droste

Es trank eine schreibende Eselswurst
Beim Schreiben gewaltig über den Durst.
Sie wurde euphorisch, die 1-A-Salami:
Und hielt sich für Haruki Murakami.

Wurstrezepte

Vincent Klink

Eine gute Wurst misst sich immer an dem Schwein, dessen Fleisch in ihre eigenen Gedärme gefüllt wurde. Gewiss, ein betrüblicher Vorgang, aber das ist nun mal das Wesen der Wurst, und deshalb sollte man diesem Nahrungsmittel größte Sorgfalt und angemessenen Respekt entgegenbringen. Die artgerechte Aufzucht gewährleistet das zum Teil. Eine gute Sau darf nicht so mager sein wie die im Windkanal trainierten Elendsviecher, die mit ihren Koteletts die Auslagen der Supermärkte verunzieren. Eine veritable Haussau wächst langsam, mit natürlichem Futter und nicht mit Industrie-Futtermix. Sie darf fast doppelt so schwer sein wie die turbogemästeten Tiere. Festes Fleisch und Fett und davon bis zu drei Zentner, da fällt ordentlich Schmalz an. Das darf Gott sei Dank wieder reinen Gewissens aufs Brot oder in die Bratkartoffeln. Mussten doch inzwischen einige medizinische, von Handsalben der Margarineindustrie geschmierte Lehrstuhlinhaber ihre Irrlehren über die Cholesterinproblematik zurücknehmen.

Es besteht zwar ein kleiner Unterschied von Blut- und Leberwürsten zu Ware in der Dose. Die Dosenwurst hat jedoch den unschätzbaren Vorteil, dass sie immer parat ist und deshalb in jede gute Speisekammer gehört. Es darf uns getrost bei Dosenwurst die oberste Schicht als dicke Fettschicht entgegenglotzen. Es gibt feste Leberwurst wie auch sehr weiche – der Unterschied hat nichts mit Qualität, sondern mit dem Anteil von Gallert und Kesselbrühe zu tun. Blutwürste werden umso dunkler, je weniger Kesselbrühe beigemischt wurde. Es führte zu weit, dies alles haarklein zu erklären: Der Geschmack entscheidet. Wichtig ist, dass die Ware von einem ehrlichen Erzeuger stammt, der Rest ist Erfahrung, die man gewinnt, indem man bei jeder sich bietenden Gelegenheit probiert.

Was in Blut- und Leberwurst nicht sein darf, ist der bei allen Industriewürsten so oft spürbare »Nachbrenner«, den die unselige Mischung aus Pökelsalz und Glutamat verursacht. An diese Geschmacksverstärker haben uns Fertiggerichte, Tütensuppen und Kartoffelchips so gewöhnt, dass wir kaum noch merken, wie diese Chemikalien unsere geschmackliche Wahrnehmung verschoben haben. Da lobe ich mir echte Hausmacherwürste. Deren Qualität richtig zu beurteilen muss trainiert werden. Bei Produkten mit Geschmacksverstärker ist richtige Beurteilung kaum möglich. Die Fälschung ist stärker als die Wahrheit.

Es heißt, der liebe Gott wüsste alles, nur nicht, was in der Wurst ist. Da bleibt nur Resignation – es sei denn, man schwingt sich dreist über den Aufklärungsstand des Allmächtigen. Die Antwort auf diese Blasphemie könnte so lauten: Ich muss wissen, von welchem Bauern die Sau aufgezogen wurde, wie es ihr dabei erging und ob sie gut gefüttert wurde. Oder aber man macht sich auf die Suche nach einem vertrauenswürdigen Metzger, dessen Berufsethik sich auf gleichem Tableau bewegt. Der Metzger, der sich selbst über sein artgerechtes Leben Gedanken macht, wird diese hoffentlich auch auf seine Ware anwenden.

Ein gesundes Schwein braucht viel frische Luft, immer wieder einen Gang auf die Wiese. Hat das Tier ausreichend Bewegung, wird es festes Fleisch mit geringerer Fetteinlagerung haben, es wird dunkelrot sein und die Würste werden eine homogene Bindung haben.

Meine liebste Wurst ist die grobe Bratwurst. Im Schwäbischen, meiner Heimat, als Bauernbratwurst angeboten, obwohl kein Bauer darin verwurstet wird. Der Hausmetzger verarbeitet das noch warme Fleisch, was der groben Wurst zu guter Bindung verhilft und unvergleichlichen Geschmack verleiht, der mittlerweile selten geworden ist. Diese Würste kann man sehr einfach selbst machen. Montag ist des Metzgers Schlachttag, gleich morgens besorgt man sich Schweineschulter und -bauch und lässt alles an Ort und Stelle durch den Wolf drehen. Dazu kauft man noch Schweineenddarm und begibt sich unverzüglich in die heimische Küche.

Selbst gemachte Brühwurst

Für 4 Personen

500 g	fetter Schweinebauch, gut gekühlt
500 g	Schweineschulter
½ l	sehr kalte Milch
18 g	Pökelsalz
1 EL	Majoran
1 Prise	Muskatblüte
	etwas abgeriebene Zitrone
	gestoßener Pfeffer
4	Schweineenddärme
	Küchengarn

Das Fleisch durch die feine Scheibe des Wolfs treiben und alle Zutaten beigeben. Gut mit den Händen (vorher waschen ad lib.) mindestens fünfzehn Minuten gut durchkneten. Anfangs ist das Brät noch locker. Es muss so lange bearbeitet werden, bis es zäh wie Gummi wird. Die Wichtigkeit des Knetens kann nicht hoch genug eingeschätzt werden. Ist man hier wegen Konditionsschwäche oder Faulheit nachlässig, bekommt man Bröselwurst, beim Einstechen schießen Fontänen geronnener, heißer Flüssigkeit auf den Esser zu. Manch einer hat sich da schon Verbrennungen geholt, und die Krawatte war sowieso im Eimer. Nun gut: das Brät in einen Spritzbeutel füllen, vorne an der Tülle den Schweineenddarm darüberstülpen und das Brät in den Darm drücken. In Abständen mit Küchenschnur abbinden.

Die Würste brühen, wie man das bei Würsten üblicherweise macht. Wasser leicht salzen, aufkochen, Würste rein, Deckel drauf und vom Feuer nehmen. Nach zehn Minuten ist die Wurst gar. Solche Würste kann man selbstverständlich auch grillen oder braten. Gern neigt man bei Hausmacher-Würsten zur verständlichen Korrektur, es mit weniger

Fett zu versuchen. Man sollte glauben, dass die Würste besser werden, je weniger Fett man nimmt, doch das Gegenteil ist der Fall. Magere Würste sind immer trocken und bröselig.

Blutwurst-Kartoffel-Auflauf

Kartoffelpüree:

250 g	mehlige Kartoffeln
1/2 l	Milch
30 g	braune Butter
	Pfeffer, Salz, Muskat

Die Kartoffeln schälen, vierteln und in reichlich Salzwasser gut weich kochen. Die Milch separat auf den Herd stellen und zum Kochen bringen.

Die Kartoffeln abschütten, den Topf mit den abgeschütteten Kartoffeln wieder auf den Herd stellen. Den Topf mit Inhalt so lange gut durchschütteln, bis die Kartoffeln zerfallen sind und sich viel weißer Kartoffelflaum gebildet hat. Es geht bei dieser Prozedur darum, dass möglichst viel Wasser verdampft. Alles muss möglichst heiß verarbeitet werden. Die Kartoffeln durch eine Presse drücken, wenig heiße Milch nach und nach dazugeben und mit dem Schneebesen alles durchschlagen. Butter unterarbeiten, eventuell mit Salz nachwürzen sowie mit der Prise Muskat vollenden.

Blutwurstfüllung:

250 g	Blutwurst
3	Zwiebeln
1 EL	getrockneter Majoran
1	Stange Lauch
1 Bund	feingehackte Petersilie
50 g	durchwachsener Speck
2–3	Eier
	Salz, Pfeffer, Muskat
3	feingehackte Zwiebeln
2 EL	Butter

Zwiebeln, Speck und den in Scheiben geschnittenen Lauch in Butter gut anrösten und in eine Schüssel geben. Die Blutwürste enthäuten und in Scheiben schneiden. Die restlichen Zutaten dazugeben, mit Pfeffer, Salz und Muskat durchmengen und würzen. In der Pfanne rühren, bis ein zäher Brei entsteht.

Eine Gratinform gut ausbuttern und abwechselnd mit dem Püree und den eingekochten Blutwürsten aufschichten. Die Oberfläche mit geschmälzten Zwiebeln bedecken. Im Ofen zwanzig Minuten garen.

Schweizer Wurstsalat

150 g	Schinkenwurst
150 g	Schweizer Käse
1	feingehackte Zwiebel
1	Kopfsalat
1 EL	Essig
2 EL	Öl
	schwarzer Pfeffer

Garnitur:

1	Rettich
3 EL	Distelöl
1 EL	Essig
1/8 l	Weißwein
1/2	Bund Schnittlauch

Käse und Wurst in feine Streifen schneiden. Zwiebel fein hacken und alles zusammen mit Essig, Öl und schwarzem Pfeffer anmachen. Zehn Minuten ziehen lassen.

Der Wurstsalat wird auf Kopfsalatblättern angerichtet. Die überstehenden Blätter mit folgendem Dressing beträufeln: Rettich grob raspeln, Schnittlauch fein schneiden, Öl, Essig, Weißwein und Schnittlauch in ein Marmeladenglas oder in eine Milchflasche geben. Etwas pfeffern und salzen und zu einer homogenen Flüssigkeit schütteln.

Sitt und satt

Das kleine Zwischenhoch

Wiglaf Droste

Die kulinarische Aufrüstung der Deutschen schreitet in Eilmärschen voran. Hauptfeldwebel Wolfram Siebeck schlägt die Trommel. Er lasse sich sein Brot aus Paris schicken und seine Butter aus dem Elsass, erklärt er weihevoll im Fernsehen – anders könne man wirklich nicht leben. Das sei eine Frage der Kultur, wenn nicht der Zivilisation.

Gut essen und trinken ist längst eine Statusangelegenheit geworden. Wem Rolex und BMW langweilig geworden sind, der findet als Gourmetdarsteller neue Gelegenheit zum Angeben. Status ist das Gegenteil von Hirn, und das merkt man Statusfressern auch an. Ihr Gebaren ist nicht ohne unfreiwillige Komik: Kein gescheites Wurstbrot können sie machen, aber gern und viel über das sprechen, was sie Profiküche nennen.

Protzen allein aber genügt nicht für die höheren Statusweihen. Man muss auch genießen können. Genießen ist das Zauberwort. Aber wie geht das? Jeder Neapolitaner weiß es. Drei Sinne braucht der Mann: Riechen, Schmecken, Fühlen. Und das Auge? Was ist mit dem Auge? Isst nicht das Auge mit? Nein! Das Einzige, was ein Auge jemals essen soll, ist die Hand, die diesen Unsinn hinschreibt: »Das Auge isst mit.«

Verzweifelt grübelt der Statusesser: Stellt sich Genuss von selbst ein, wenn man nur teuer genug futtert? Steigt er proportional zum eingesetzten Geldwert? Oder kann man Genießen lernen? Bei Slow Food, der Bewegung gegen die sensorische Verkümmerung durch Fast-Food-Müll? Slow Food wurde von italienischen Ex-Kommunisten, Anarchisten und anderen genialen Fressern gegründet, von Leuten, die auch ohne Geld und Ansehen den Schlüssel für die Sinne besitzen.

Bei der deutschen Sektion von Slow Food geht es fleißiger zu. Im Seminar wird Genuss geübt. Vorn am Pult steht ein ernster Mann, isst vor und erklärt, wie es geht. Immer schön langsam. Und gründlich. Nichts darf verloren gehen. In die Bänke gedrückt hocken die Schüler vor ihren Tellern und mümmeln hinterher. Eigentlich müssten sie jetzt genießen. Aber können sie auch sicher sein, ob sie's richtig machen? Hin und wieder lugen sie zum Nachbarn hinüber. Wie früher bei der Klassenarbeit. Aber der Nachbar lässt sie nicht abgucken. Früher nicht und heute nicht. Gemein.

Also wird erst mal demonstrativ »Aaah!« und »Ooh!« geseufzt. »Brav!«, lobt der Lehrer. Was nicht da ist, kann immerhin simuliert werden. Das Glück aber liegt woanders – zum Beispiel in den schönen Worten »schluck« und »gluck«.

Vom Genusszwang zur Simulation

Wiglaf Droste

Genießen ist die neue Bürgerpflicht. Egal, was einer tut, er muss dabei zeigen, dass er es genießt, sonst ist es nichts. Genuss ist ein Accessoire, ein Statussymbol: Es kommt weniger darauf an, Genuss zu empfinden, als vielmehr darauf, ihn auszustellen. Genuss gehört emblematisch dazu für alle, die zu den besseren Kreisen gehören wollen. Gern erwähnt man betont beiläufig den Preis, damit auch die anderen wissen, wie hoch sie den Genuss einzuschätzen haben und dass sie sich beim Genießen ranhalten müssen. Marius Müller-Westernhagen, ein Paradebeispiel für das grassierende Parvenütum, sagt es zum Lobe seines Sponsors Beck's so: »Ein Mercedes ist eben ein Mercedes. Und ein Beck's ist eben ein Beck's. Ein Beck's säuft man nicht, man genießt es.« Das muss er mal den Büchsenbeck's-Trinkern an der Pommesbude oder auf der Parkbank erzählen.

Unfreiwillig lustig geht es zu bei Leuten, die zwar nicht wissen, was das eigentlich ist: Genießen, die es aber unbedingt demonstrieren wollen. Die Sinne taub und stumpf, knien sie sich richtig rein. Manche gründen sogar Vereine, um das Genießen systematisch zu erlernen. Das sieht dann sehr ernst und deshalb sehr ulkig aus. Und kochende Zyniker – auch die gibt es – werden reich mit dieser Maxime: Leute, steckt euch ruhig Müll in den Kopf – Hauptsache, ihr zeigt dabei ein Genießergrinsen vor. Simulation, hier ist sie schon. Es geht ganz einfach: 1980 brachten zwei Freunde und ich ein paar Klumpen Haschisch aus Marokko nach Hause. Das geschah ohne Absicht: Kaum eine Stunde im Land, saßen wir, drei grüne Jungs zwischen 19 und 21, schon in einem marokkanischen Haus, in das uns vier freundliche Männer eingeladen und mitgenommen hatten. Sie kredenzten uns Pfefferminztee, hielten uns Purpfeifen und Joints hin, und wir ließen uns nicht lange bitten. Da ich nicht Bill Clinton bin, muss ich nicht zwanzig Jahre später behaupten, wir hätten zwar geraucht, aber nicht inhaliert. Wir sogen ein, als hinge unser Leben davon ab, und als wir so richtig pickepacke zugeraucht waren, sagten die freundlichen Marokkaner: »Okay. Let's make business.«

Teil dieses für uns sehr überraschenden Geschäfts war ein kurzes, aber heftiges Theaterstück in rollendem, th-freiem Englisch. »How much do you want to buy? One kilo? Two?«, fragte einer unserer Gastgeber. Wir kapierten nur langsam. Was war denn auf einmal los? Von Kaufen und Verkaufen war bei der freundlichen Einladung doch gar nicht die Rede gewesen. Jetzt fielen uns auch die Warnungen wieder ein – vor gut organisierten Banden, die junge Touristen zum Kiffen einluden und dann ausplünderten. Ein besonders beliebter Trick dieser Leute sei es, ihre Kunden zum Haschischkauf zu nötigen und sie anschließend zwecks Rückversicherung bei der Polizei anzuzeigen. Über marokkanische Gefängnisse hatten wir viele Geschichten gehört; nett hatte keine davon geklungen. »Sorry, we don't want to buy any Haschisch«, gaben wir zurück. Es sollte entschlossen klingen, nach Gegenwehr, war aber nur Spiegel unserer bedröhnten Mattigkeit. Einer unserer Gastgeber griff das Stichwort auf und kam richtig aus dem Sulky. »What do you tink? You come here, drink my pipperminte, make my house dirty!«, rief er. Dabei zeigte er theatralisch auf die von ihm selbst auf dem Steinboden ausgeklopfte Asche. »And now you want to buy nothing?!«, schrie er und rollte gefährlich mit den Augen. Wir boten an, das Gerauchte und Getrunkene selbstverständlich zu bezahlen. »Den you pay tausend mark. Each«, lautete die prompte Antwort. Unsere Lullheit im Kopf verwandelte sich in Panik. Wir machten uns echte Sorgen. Einer der vier zog seinen Gürtel aus der Hose und ließ das Leder in seine Handfläche klatschen, der Zweite zückte ein Messer mit sehr langer Klinge, der Dritte brachte eine Pistole zum Vorschein, und der Sprecher sagte mit erprobt gewinnendem Lächeln: »We can kill you. No problem. No one will ask for you here in Maroc.« Für unseren bekifften Grips klang das furchtbar plausibel. Eine Viertelstunde später standen wir auf der Straße, um ein paar hundert Mark ärmer und einen dicken Batzen Haschisch reicher.

Wohin mit dem Zeug? Um es wegzurauchen, war es viel zu viel. Es über drei Grenzen zurück nach Deutschland mitzunehmen, kam nicht in Frage. Wegwerfen wollten wir es aber auch nicht. Einer von uns hatte die rettende Idee. Das Haschisch wurde in Filmdosen gesteckt, die wiederum in die Umschläge vom Fotolabor, dessen Adresse natürlich geändert wurde, und ab ging die Post. Erst später erzählte er uns, dass er die Sendungen an sich selbst adressiert hatte – wir sahen ihn schon im Knast, aber immerhin nicht in einem marokkanischen. Erstaunlicherweise klappte die Sache aber. Wieder zu Hause, waren wir die Könige. Kiffen war Breitensport und gute Ware rar. Die Leute rannten uns die Bude ein, wir gaben gern und reichlich und genossen die Aufmerksamkeit. Geld wollten wir keins – Dealer waren wir nicht, das war Ehrensache. Aber es gab kaum jemanden, dem wir einen großzügig gefüllten Joint verweigerten.

Einmal ritt uns ein Teufelchen. Zu einer Party eingeladen, drehten wir an die zwanzig prächtige Joints, die nur einen Fehler hatten: Sie enthielten kein bisschen Haschisch. Auf der Party zogen wir wild an unseren Tabakrohren, die sofort Abnehmer fanden, und eine halbe Stunde später wälzte und übertraf sich die komplette Party in gigantischer angestrengter Bekifftheit. So gemein, die Sache aufzudecken, waren wir nicht, aber wir fühlten diebische Freude, als wir unseren Freunden und Bekannten dabei zusahen und -hörten, wie sie angeblich unglaubliche Dinge erlebten und fühlten und uns immer wieder sagten, das hier sei das Beste, was sie je geraucht hätten.

Nicht lange, und ich verlor das Interesse an Haschisch – seit jener Party hatte ich wohl ein bisschen den Glauben eingebüßt. Noch heute, wenn ich im Restaurant Leute sehe, die angestrengt und demonstrativ, mit vielen »Aaah!«s und »Oooh!«s und »Uuuh!«s, ihren Genuss, vulgo ihre Genussfähigkeit vulgo sich selbst ausstellen, dann weiß ich: Für die hätte es auch Doktor Placebo getan.

Angriff der Kochroboter

Vincent Klink

Die Internationale Gastronomiemesse, die Intergastra, gärt in mir immer noch kräftig nach. Eigentlich sind fast alle Gastronomiemessen nicht für Feinschmeckerköche gedacht. Sie sind Jahrmärkte der Nahrungsmittelindustrie. Hier feiern sich die Drückerkolonnen von Maggi & Co sowie die Erfinder von technischem Gerät, die den Koch hassen und ihn abschaffen wollen. Die Zukunft der Küche soll den gleichen Weg gehen wie das Gipserhandwerk: Säcke werden aufgerissen. Das Vermengen von Kartoffelsalat übernehmen kleine Betonmischer, Kartoffelpüree gibt es aus der Edelstahldüse, Suppen auf Tastendruck. Der Küchenbulle wird nicht mehr gebraucht – Informatiker und Elektroingenieure ziehen sich die Kochmütze auf.

Wurden deshalb indische »Greencardler« ins Land geholt, die inzwischen oft in branchenfremden Jobs gelandet sind? Die Richtung stimmt – wer oben groß rauskommen will, muss zuerst mal ganz unten durch. Deutschlands Pizzaservice haben sie bereits den Italienern abgenommen. Arbeiten sie sich zur Spitzengastronomie hoch? Ginge es nach den Kücheneinrichtern, dann hätten die elektronisch hochgebildeten Inder ideale Startmöglichkeiten, den althergebrachten Smutje auch noch über Bord zu kippen.

Greifen wir mal zum Prospekt eines richtig guten Kombi-Ofens. Der kann alles, vor allen Dingen »Dampf machen«. Er firmiert als »HansDampf, ein starker Freund«. Freunde kann man gebrauchen, denn Köche haben wegen der nächtlichen Arbeitszeit wenig Beistand, aber muss es ums Verrecken »HansDampf« sein? »Der starke Freund« nimmt das Maul voll und verspricht uns Köchen die »Zukunft des Garens«. Das glauben wir gern, die Zukunft der guten Küche bleibt aber zweifelhaft. Gewiss, Apparate können eine große Hilfe sein, aber auf der Strecke bleibt, eigentlich ohne Not, das tiefere Wissen ums Kochen. Die computergesteuerten Apparate garen für uns womöglich nicht einmal völlig schlecht. Der Koch aber weiß nicht mehr, warum sein Blätterteig kross und sein Roastbeef rosa wurde. Er weiß nur, dass mit Taste vier krosser Blätterteig entsteht und auf Nummer sieben ein gutes, rosa gebratenes Stück Fleisch aus dem Ofen entnommen werden kann. Der Koch verblödet und die Apparatur übernimmt. Kein Wunder, so schmeckt nun fast überall die Republik, nämlich computergesteuert.

»HansDampf führt in eine neue Welt des Garens«, verrät der Prospekt. Der Apparat kann grillen, backen, dämpfen, softdämpfen, expressdämpfen, combidämpfen, kann braten, regenerieren. Der Heißbetrieb geht bis 300 Grad, und eine gewisse PHI-Technologie mit integrierter Zentrifugal-Dampferzeugung birgt modernste Wärmetauschertechnik. Der Koch bleibt verdattert außen vor. Die »Climasteuerung« (wirklich mit dem vornehmen C notiert) übernimmt eine elektronische Hirnanhangdrüse, welche der Computerkoch »ClimaSelect« nennt. Das Problem Zeit – wie viel Uhr es ist, wann der Braten fertig, wann Feierabend – löst die Speicherfunktion »StepMatic«. Spielraum für Kreativität gibt es dennoch – Temperatur und Feuchtigkeit können individuell gehandhabt werden. Das Gargut wird mittels »FlexiRack« in den Kochroboter geschoben, worunter man ein »innovatives Kapazitätskonzept« zu verstehen hat. Alles klar? Eleganter arbeitet es sich nur mit dem

»FlexiRack-Kit«, noch einfacheres »Handling« ist garantiert, und ein autoreverses Lüfterrad fächelt Luft zu. Auf der Klaviatur des Wahnsinns können 300 Programme gestartet werden, dies inklusive manueller Beschwadung. »What the fuck« ist Beschwadung? Könnte es sein, dass es wieder um Dampf geht?

»HansDampf« mit all seinen Funktionen ist ein »echter Bankett- und Regenerierspezialist«, ein wahrer »Tellermeister« trötet der Hersteller. Jetzt möchte ich die HansDampfler gern erschlagen, die mir trotz ihres Geschwalles immer noch nicht erklärt haben, was Regenerierung ist. Könnte es die Wiederauferstehung des Fleisches sein? Alter Braten wird plötzlich frisch und aufgehübscht? Oder so: Irgendein Fleischbrocken wird gebraten, dann eingefroren, dann aufgetaut und wieder zum Leben erweckt, also regeneriert? Man möchte sich dafür bedanken, dass der Werbetexter des Prospekts nie vom Kochen spricht.

»HansDampf alles ganz easy«!, schreit der Prospekt mich an. Ein echter Angeber. Wie kann man jemandem vertrauen, der sich selbst als »guten Freund« bezeichnet? Kommen wir zum »übersichtlichen, ergonomischen Bedienkonzept« mit all seinen hervorstechenden HansDampf-Merkmalen, als da sind: Integrierter Kochbuchspeicher mit erprobten Garprogrammen, genannt auch »Mr. Chefhelper« (gerade habe ich dem Werbetexter wieder eins mit der größten Kelle verpasst). Die Ofentastatur hat es ebenfalls in sich, bietet sie doch eine »Quickheat-Vorheiztaste«, das »CombiPilot Bedienkonzept mit Einhand-Zentralsteuerung« sowie ein System namens »Select'Push WaveClean« – mit anderen Worten, »HansDampf« ist stubenrein und reinigt sich selbst, aus Arbeitszeit wird Freizeit.

Es gibt noch »einige zusätzliche Features«, die nicht unterschlagen werden sollen – ein ominöses, eingebautes »Regenerierkochbuch« zum Beispiel, einen »ClimaMonitor«, ein »Steam Exhaust System« und den »Mehrpunkt-Kerntemperaturfühler« Außerdem – jetzt ist es auch egal, zählen wir alles auf –

Startzeitvorwahl, Takten des Lüfters, Motorbremse (Mamma mia), DeltaGarprogramm, NT Garen Cook & Hold, integrierte Automatik-Schlauchbrause, zwölf Programmspeicherplätze mit vier Kochschritten … Letzter Gruß, »HansDampf schaltet sich selbsttätig aus«. Puh. Meiner Ansicht nach kommt der Apparat um Dekaden zu spät. Früher, als die Köche noch soffen wie die Löcher, da wäre man für jede Unterstützung dankbar gewesen. Jetzt leben wir in Zeiten, in denen Köchinnen mit Einser-Abi im Kühlhaus knutschen. Solche Leute brauchen keine automatische Abschaltung. Die restlichen Frittenschwinger kapieren die Technik sowieso nicht. Bleibt also der Inder mit Ingenieurstudium. Es ist wie mit modernen Handys: Die Gebrauchsanweisung kann sich nur ein Langzeiturlauber drauf schaffen.

Viele Rezepte und Geräte verhaften den Koch zu absolutem Gehorsam, ist er's, so funktioniert auch das Rezept. Bald weiß aber keiner mehr, warum aus einem Stück Teig nicht ein Hinkelstein, sondern eine luftige Brioche wird. Man liest die Schrift auf der Verpackung, man drückt am Gerät die Knöpfe, es blinkt und piept – der Rest ist verblüfftes Staunen.

Diät ist Mord am ungegessenen Knödel!

Wiglaf Droste

Sie ist, wo es hingehört, gerade,
und da, wo es hingehört, rund.
Sie steigt auf die Waage im Bade:
»Huch, sicher anderthalb Pfund

habe ich auf mich geladen!
Schlimm! In drei Tagen Italien!«
Doch vor dem nächsten Mal Baden
schwört sie sich – in VERSALIEN:

»Sind die Pfündchen verschwunden!
Fort! Wegverzichtet! Verdampft!« –
Sie beginnt, um rasch zu gesunden,
eine Fastenkur, ganz unverkrampft.

Es gibt Glaubersalz, Obst und Gemüse,
auch einen Einlauf, handwarm.
Mit Schlauch und Blasebalgdüse
spült sie sich ihren Darm.

Sie verschließt die empfindlichen Nüstern
vor den Düften der Konditorei.
Man hört sie »Rolle weg!« flüstern.
Sie isst tapfer Buchweizenbrei.

Einst waren Frauen emanzipiert:
»Mein Bauch gehört mir!«, hieß es keck.
Heute wird nur noch abtrainiert
und gejammert: »Mein Bauch gehört weg!«

Vom Muckefuck zur Schaumschlägerei

Wiglaf Droste

Lange bevor ich meine erste Tasse Kaffee trank, war ich gründlich vor diesem Getränk gewarnt worden. »C-a-f-f-e-e, trink nicht so vie-hiel Ca-haf-fee«, sangen wir in der Grundschule. Der kanonische Rundgesang lehrte, der »Türkentrank« mache, ganz wie es das Gesetz des Reimes verlangte, tüchtig »krank«. Zum Schluss mahnte das Lied sehr deutlich: »Sei doch kein Muselmann, der ihn nicht lassen kann!« Was ein Muselmann war, wusste ich nicht, sang es aber gern. Vielleicht hatte er etwas mit Pampelmusen zu tun? Die waren auch gerade ganz neu in mein Leben gerollt: Pampelmusen. War der geheimnisvolle Herr Muselmann ganz aus Musen zusammengepampelt? Und konnte er deshalb die Finger nicht vom Kaffee lassen? Es war alles höchst rätselhaft.

Bei der Großmutter väterlicherseits gab es sogenannten Kinderkaffee. Hierbei handelte es sich um Ersatzkaffee aus Gerste oder Malz. Dieser CaroKaffee war ganz offensichtlich ein Überbleibsel aus schweren Jahren und schlechten Zeiten. Das Pulver wurde auch Muckefuck genannt, ich fand das Wort lustig, aber es war eher abschätzig gemeint. Mit nahezu ehrfürchtigem Timbre, gewissermaßen mit Ausrufungszeichen, wurden dagegen die Worte »echter Bohnenkaffee« ausgesprochen. Das war eine Kostbarkeit, die man sich nur selten leistete und gönnte. Bei der Großmutter mütterlicherseits durfte ich den schwarzen Sud mit viel Milch und Zucker probieren. Er duftete verlockend, und der Reiz des Verbotenen tat das Seine zur Magie hinzu. Ich wurde aber nicht süchtig und bin bis heute kein Pampelmuselmann.

In unschöner Erinnerung geblieben sind mir spätere Kaffee-und-Kuchen-Rituale auf Geburtstagen; da hatten ganz offenbar die Erwachsenen etwas nachzuholen. Die bloße Tatsache, dasitzen, mehrere Stücke Kuchen und Torte aufessen und dazu so viel Bohnenkaffee trinken zu können, wie man nur wollte, erfüllte die Tantenrudel mit sichtlicher Genugtuung. Der Kaffee-und-Kuchen-Terror war ein Wert an sich. Der Genuss bestand darin, sich ihn leisten zu können.

Der Kaffee selbst war scheußlich: vakuumisiertes Zeug, das einen sauren Geruch wie von Achselnässe verströmte. Dieses Malodeur blieb dem Getränk auch nach der Zubereitung voll erhalten; »Verwöhn-Aroma« hieß und heißt das in der Werbung. Aus der man lernt, dass Mühe allein nicht genügt: Ohne die von führenden Giftmischern zusammengepresste »Krönung« wird man den Gipfel der Abscheulichkeit niemals erfolgreich erklimmen.

Von »Filter-Frio-Verfahren« und dergleichen Halunkereien war zu jener Zeit die Rede; getrunken wurde die Kaffeebrühe mit Kondensmilch, die in feineren Haushalten aus der Blechbüchse in ein Sahnekännchen umgefüllt wurde. Kondens war Konsens, im Reklamefernsehen wurde die Marke Glücksklee angepriesen, ein infantiles »Nichts geht über Bärenmarke, Bärenmarke zum Kaffee« abgesungen oder mit holländischem Akzent für B&B-Kondensmilch geworben: »Dröpche voor Dröpche Qualiteit.«

Da lag Flucht nahe. In alternativ sich empfindenden und gerierenden Milieus war Kaffee verpönt. Hier blieb der Dreck der Welt im Teesieb oder Teenetz hängen, hier galt als gut, wer tiefer schürfte oder doch wenigstens schlürfte. Wer Tee trank, hatte Zeit, und der Gedankengang käme dann von ganz allein, man musste nur daran glauben und eintauchen in den Dampf der Suggestion. Die Verwertungsstrategen des Konsumismus wurden auch im Teetrinkersektor zielgruppentherapeutisch tätig. »Father and Son« von Cat Stevens, eine zeitgenössische Kopfwacklerhymne, wurde für die Teewerbung umgetextet: »Wenn der Teekessel summt und der Gold-Tee-Fix duftet, hat man's gut, hat man's gut, ja dann hat man's wirklich gut, ja dann, dann hat man's gut ...«

Mit Menschen, die fünfmal am Tag gedehnt »Willsten Tee?« oder, noch teeiger, »Magsten Tee?«, fragen, ist es nicht auszuhalten. Also gab es wieder Kaffee. Überall im Land pröt-terten Kaffeemaschinen den Filterkaffee durch, der dann stundenlang auf der Warmhaltekonsole simmerte, eindampfte und vor sich hin verbitterte, bis er vollends nach gegerbtem Leder schmeckte. Die Rettung kam aus Italien und hieß Espresso, von vielen Landsleuten Expresso genannt. Sie zogen auch die Variante mit Haube oder Kapuze vor – Cappuccino, also Caffè mit heißer oder aufgeschäumter Milch. Im deutschen Café wurde als Cappuccino allerdings Maschinenkaffee mit Sahne serviert, die manchmal geschlagen wurde, meist aber Sprühkunststoff aus der Flasche, und weit besser zum Rasieren geeignet oder als Dichtungsmasse beim Fenstereinbau zu verwenden.

In italienischen Eiscafés oder Restaurants dagegen standen gewaltige Espressomaschinen, schimmernde, gewienerte, liebevoll geblitzblankte Monster, fauchend und dampfend wie der Drache Smaug und so groß und so kostspielig wie ein Kleinwagen. Aus diesen Getümen kam das schwarze Destillat, das zum Wachwerden, Wachbleiben oder zum Abschluss einer Mahlzeit zu sich genommen wird, also eigentlich immer. Endlich war die Kaffeezivilisation in Deutschland angekommen.

Und ist, weil ungeliebt, auch gleich schon wieder weg. Schaum heißt der Schaum der Tage, es gibt nichts, was nicht aufgeschäumt würde in den Küchen des Landes. Jägersoßencappuccino? Bitte sehr, und auch der Kaffee wird in macchiatisierter Form zu sich genommen, aufgeschäumt, fluffig und gehaltfrei wie die Gehirne der Menschen vom Stamme Macchiato.

Die Duzbuden, in denen die Macchiaten hocken oder ihren »Coffee to go« bestellen, also Kaffee zum Davonlaufen, sind hochliterarisch benannt, nach Honoré de Balzac oder nach Starbuck, einer Figur aus Herman Melvilles »Moby Dick«. Der eigene literarische Ausstoß der Kaffeehöker ist eher esoterischer Sondermüll, abgefasst in aufgeschäumter Sprache:

»Willkommen im Starbucks Coffee House! Ein ganz besonderer Ort – speziell für Sie. Viele Menschen kommen in ein Starbucks Coffee House, um den besten Kaffee der Welt zu genießen. Andere kommen, um nachzudenken, mit Freunden zu plaudern, Musik zu hören oder um an lokalen, sozialen Projekten teilzunehmen. Das sind nur einige von tausend Gründen, warum Menschen ein Starbucks Coffee House besuchen. [...] Mehr als 117 000 Menschen arbeiten für Starbucks. Diese Menschen – unsere Partner – sind die Grundlage unseres Erfolges. Und gerade weil wir ihrem Einsatz und ihrer Leidenschaft so viel verdanken, ist es für uns besonders wichtig, ihnen zu zeigen, wie sehr wir sie schätzen und respektieren. Daher befassen sich die ersten zwei Prinzipien unseres Mission Statements mit unserer Verantwortung gegenüber unseren Partnern. Wir schaffen uns ein großartiges Arbeitsumfeld und behandeln uns mit Respekt und Würde. Wir sehen Vielfalt als wesentlichen Bestandteil der Art und Weise, wie wir unser Geschäft betreiben.«

Rundum dufte ist die Starbucks-Mission-Statement-Welt: alles großartig, alles Partner. Die dergestalt weichgebrabbelten Kaffeekonsumenten sitzen in der Schaumgummizelle, zeigen Milde-Sorte-Gesichter vor und rufen immerzu den eigenen Namen: »Macchiato! Macchiato!« Haben die noch alle auf der Latte? Die Warnung »C-a-f-f-e-e, trink nicht so vie-hiel Cahaf-fee«, befolgen sie jedenfalls ganz brav: Macchiaten trinken nicht Kaffee, sie löffeln Schaum.

Einiges über das Barwesen

Wiglaf Droste

Was ist eine richtig gute Bar? Ein Ort, an dem man für sich sein und seinen Gedanken nachhängen kann, ohne dass dieses Denken gleich zu etwas führen müsste? Ein Fluchtpunkt vor dem Krawall und Gewürge des Lebens? In seinem Hauptwerk »Der lange Abschied« beschwärmt Raymond Chandler das Ideal einer Bar: »Diese Bars, so kurz nachdem sie aufgemacht haben für den Abend – da fühle ich mich richtig wohl. Wenn die Luft drinnen noch kühl ist und rein und alles glänzt und der Barmann seinen letzten Blick in den Spiegel wirft, um zu sehen, ob seine Krawatte auch gerade sitzt und sein Haar schön glatt. Ich mag die sauberen Flaschenreihen auf dem Regal hinter der Theke und die blitzblanken Gläser und die gan-

ze Erwartung, die darüber liegt. Ich sehe dem Mann gerne zu, wie er den ersten des Abends mixt und ihn auf einen frischen Untersatz stellt und die kleine gefaltete Serviette daneben legt. Ich liebe es, den dann ganz langsam zu kosten. Der erste stille Drink des Abends in einer stillen Bar – das ist etwas Wundervolles.«

Ich kenne einige Jungs, die liebend gern eine solche Bar geführt hätten und denen es weder an Stil noch an Startkapital dazu gebrach. Sie schafften es ein paar Monate, dann waren sie entweder pleite oder hatten sich einer Kundschaft ergeben müssen, die aus ihrer Bar einen Sauftrog wie tausend andere gemacht hatte, eine Brüllhölle. Eine Bar mit Klasse braucht klasse Publikum – Leute, die es auch mal gut mit sich allein aushalten können, die nicht zwanghaft gesellig sind – und die nicht sofort automatisch den Charme anwerfen müssen, wenn ein hübsches Paar Beine in Nylons des

Weges kommt. Solches Volk ist selten, eine Bar aber muss Drinks verkaufen – von dreieinhalb dezenten Trinkern kann sie nicht leben.

Wenn es, trotz dieser Fährnisse, dann einmal eine solche Bar gibt, fällt sie fast unweigerlich den Ausgehschmierern in die Hände, den Plappermäulern der Schischi-Schreiberei, die nichts für sich behalten können. Diese journalistischen Dixi-Toiletten ziehen wie Fliegen einen Schwarm Gierköpfe hinter sich her, auf deren Gesichtern das Wort Erlebnishunger steht. Lesen kann diese Meute zwar kaum, aber gastronomische Tipps verschlingt sie, immer auf der Suche nach einem Platz, den sie mit sich vollmachen und damit ruinieren kann: Hey, welches tolle Setting passt zu meiner rasend interessanten Existenz? Wo kann ich mit Leuten herumlungern, die fast so super sind wie ich selbst? Mit denen ich dann auf dem Klo ein paar Linien Nase-Ata reindröhne, von denen ich sogar noch lauter und aufdringlicher werde als ich selbst? Solche Sackgesichterdefilees übersteht auf Dauer keine Bar. Wer also einen der raren erträglichen öffentlichen Orte in Dutt kriegen will, braucht ihn nur anzupreisen. Der Rest geht dann von ganz alleine.

Wer den Schnabel halten kann, bleibt länger glücklich. Die Bar, von der ich erzählen will, hat keinen Namen, und wenn sie einen hätte, gäbe ich ihn nicht preis. Ich möchte schließlich noch öfter dorthin gehen. So viel aber kann ich verraten: Die Bar hat nichts mit dem Ideal einer Bar zu tun, und doch ist sie die schönste, die ich kenne. Sie liegt in Barcelona, im Stadtteil Barceloneta, der Hafen ist nicht weit. Stundenlang kann man hier herumschlüren, das Meer riechen, Katzen auf der Mole zukucken, wie sie sich putzen, wie sie dösen und sich träge räkeln. Man kann die großen weißen Schiffe sehen, sich wegträumen in abenteuerliche Fernen und, in dieser Sehnsucht, ganz eins sein mit der Gegenwart.

Es ist Mittag geworden, Zeit für ein Glas und einen Imbiss. Eine gute Viertelstunde zu Fuß gegangen – da ist die Bar. Die hellhölzernen Eingangstüren sind hoch und massiv, zwei schmiedeeiserne Indianerköpfe dienen als Türklopfer. Geöffnet ist von morgens halb zehn bis abends halb elf. Schon im Eingang baumeln Schinken von der Decke, über dem Tresen hängen Würste und weitere Schinken. Links an der Wand sind Pappkartons aufgestapelt – so staubig, wie sie sind, stehen sie dort schon eine Ewigkeit. Rechts ist der Tresen, an den beiden kurzen Seiten je zwei, auf der langen Seite gut vier Meter lang. Es gibt ein paar Barhocker, und ganz hinten im Raum befindet sich ein altertümlicher Kolonialwarenladen mit Ladentheke. Am Tresen wird ausschließlich Cava ausgeschenkt, vom einfachen Rosat bis zu einem Brut nature, der manchen Champagner schlüge, ist alles höchst erschwinglich, fast jeder hier bestellt gleich eine ganze Flasche, aber man sieht keine Betrunkenen, auch nach Stunden nicht.

Das Publikum ist gemischt bis fast zum Äußersten. Mittelalte Pärchen in bürgerlicher Kleidung stehen neben aus dem Ei gepellten, schnieken Geschäftsleuten, ein paar Jungmänner, deren sorgfältig abgerissene Klamottierung und Haartracht sie als Anarchisten der Sorte wär'n-sie-gern ausweist, trinken mit ausladenden, großen Gesten. Ein sehr kleiner älterer Herr, dem Maler Picasso nicht unähnlich, trippelt ins Lokal und stellt sich an die Theke, über die er kaum herüberschauen kann. Ohne etwas geordert zu haben, bekommt er von einem der drei Präzisionsarbeiter hinter dem Tresen einen Teller dünn geschnittene Wurst und eine Flasche Rosat hingestellt. Er nimmt eine dünne Papierserviette und klebt sie mit Hilfe des Kondenswassers auf die Flasche. In der Geste ist mehr Stil als in einer Wagenladung Stoffservietten.

Zum Cava essen die meisten Bocadillos – Brötchen mit Schinken oder mit warmer Wurst und Zwiebeln. Was sich beim Biss ins warme Brötchen einstellt, kann wahrheitsgemäß nur mit dem großen Wort Glückseligkeit beschrieben werden. Man möchte niederknien vor den drei Männern hinterm Tresen, die das Rad des Lebens mit einfachsten Mitteln in Schwung halten, aber das wäre fehl am Platz: Jeder hier hält das Beste für eine Selbstverständlichkeit. Und auf einen Boden zu sinken, der mit Servietten und Zigarettenkippen übersät ist, könnte das würdige Gesamtbild doch empfindlich stören.

Musik gibt es keine in dieser Bar, keinen Fernseher, nur die Stimmen und ihre Echos, die von den Wänden abprallen. Umgeben vom Gewimmel der fremden Gespräche beobachte ich den fernen Stern, auf dem ich stehe. An der Wand gegenüber lehnt eine junge Frau; eine der Tresenkräfte gießt ihr eine Schale Brut nature ein und stellt die Flasche daneben, auf die Theke. Die Frau steht ganz entspannt, ihr Haar fällt fast bis auf die Hüfte, es schimmert dunkelgolden. Sie trinkt einen Schluck, friemelt sich ein Flüppchen aus der Packung und raucht in Ruhe ihr Essen herbei. Sie bekommt ein Brötchen gereicht, schnuppert nüsternnasig und beißt herzhaft hinein. Sie hat die Augen geschlossen; von ihren Lippen, die beim Futtern noch größer geworden zu sein scheinen, leuchtet ein leichter Fettfilm, etwas Fleischsaft läuft ihren rechten Mundwinkel herab. Sie tupft das Bächlein mit einer Serviette fort, beißt erneut kräftig zu, kaut und lächelt entrückt. Sie ist im Himmel, man kann es sehen.

Im Mandarinenbaum

Eine ligurische Hummelbetrachtung

Wiglaf Droste

Regen hat das Land befeuchtet,
und der Ginster,
gar nicht finster,
leuchtet
grün und gut.

Sonne feuert ihre Glut
Richtung Mandarinenbaum:
gelb und weiß, ein Bienentraum,
ein Mandarin ist nicht
in Sicht,

China ist sehr fern. –
Rundlich, pelzig sausen Hummeln
zwischen Blüten, kreiseln, bummeln
elegant, vielleicht auch gern,
durch die Brummelwelt.

Hummeln kauft kein Mensch für Geld.
Weder sind sie selten,
noch wollen sie was gelten.
(Jemand sein und etwas gelten:
Dazwischen liegen Welten.)

Hummeln sind bescheiden,
jeder mag sie leiden. –
Eine aber, schimmernd blau,
spielt sich auf als Rampensau.
Macht die Welle, summt und surrt.
Ich beschließe: Die heißt Kurt.

Das Sarkozy-Syndrom

Wiglaf Droste

Die französische Kultur ist in höchster Gefahr. Französische Winzer machen sich große Sorgen um die Grande Nation – und das wegen ihres neuen Präsidenten. Denn Nicolas Sarkozy legt Wert darauf, aller Welt kundzutun, dass er ein sportiv-gesundes Fitnessleben führt und keinen Alkohol trinkt, auch keinen Wein.

Das rief im Juni 2006 einige Winzer auf den Plan. Ein Franzose, der den Wein verschmäht, der das klassische Savoir-vivre und das als Wort längst Geflügel gewordene »Leben wie Gott in Frankreich« nicht beherrscht – was soll das sein? Nach Ansicht der Winzer jedenfalls bietet Sarkozy »ein völlig falsches Bild von Frankreich« und ist mit seinem geradezu unmoralischen Mineralwasserlebenswandel »kein Repräsentant der französischen Kultur«. So apodiktisch formulierte es Serge Dombierer, der für das Weingut Château de Mauvanne im Bordeaux arbeitet.

Das klingt herrlich vernünftig. In einer Welt, die unter irrationalem, hysterischem Gesundheitsterror ächzt, steht endlich einmal der richtige Mann am Pranger. Sarkozy ist eine einzige ehrgeizgetriebene Disziplinleistung auf Beinen – auf kurzen Beinen, muss man im Sinne der Wahrheitsfindung erschwerend hinzufügen. In der Gruppe der Männer unter einem Meter siebzig Körpergröße gibt es die Untergruppe der bösartigen Chefzwerge, die einen Zukurzgekommenenkomplex entwickelten, den sie durch immerwährendes Heißlufthantieren, Aufplustern und Sich-auf-die-Zehenspitzen-Stellen abarbeiten müssen – bis sie, und zwar um jeden Preis, von allen wahrgenommen werden und eine Position erreicht haben, die es ihnen ermöglicht, beim Von-unten-nach-oben-Kucken zu den Größeren dennoch auf diese herunter-, ja herabzusehen. Solche

Männer – als treffendes zweites Beispiel neben Nicolas Sarkozy mag hier Wolf Biermann dienen – sind nimmersatte Aufmerksamkeitserpresser oder weit Gefährlicheres.

Darüber hinaus gehört der französische Präsident zu jener internationalen Chefetagenkaste von gesichtslosen, charakterfernen Funktionselitaristen, die allesamt aus demselben Reagenzglas beziehungsweise derselben Ausbildungsmaschinerie stammen. Menschliche Bindungen und Schwächen sind in diesem systematisiert seelenlosen Perfektionismus nicht vorgesehen. Selbstverständlich trinkt Sarkozy nicht; ihn beherrscht die Angst vor Kontrollverlust, die sich aus dem berechtigten Misstrauen speist, er werde, wenn er sich einmal gehen lasse, etwas furchtbar Peinliches, ihn ganz und gar Decouvrierendes anstellen. Wie ein klassischer Franzose wirkt Sarkozy also tatsächlich nicht; der Mann ist so zwanghaft und verbissen, dass er Ehrendeutscher werden könnte.

Der Vorschlag einiger französischer Winzer, Sarkozy solle »den Wein zumindest wie bei einer Weinprobe testen und dann ausspucken«, ist allerdings ebenfalls verbiestert und unsinnig. Wer immer nur leistet statt lebt, ist zwar unangenehm, mag das aber tun. Zwingen soll man keinen. Und wozu überhaupt mit jemandem anstoßen, der das nicht gern hat – noch dazu mit einer Kneifzange wie Sarkozy?

Ums Geschäft brauchen sich die von billiger Überseekonkurrenz gezwiebelten französischen Winzer in diesem Fall nicht zu sorgen: Das bisschen Wein, das Sarkozy bei öffentlichen Repräsentationsanlässen, ohne zu zahlen, in die Kameras halten könnte, soll ihnen in einem Akt deutsch-französischer Nachbarschaftshilfe bei voller Vergütung abgenommen werden. Keine Angst, liebe Wein produzierende Franzosen: Um das jährliche Sarkozy-Weindeputat kümmern sich, mit eurer Erlaubnis, dann eben euch wohlgesonnene Nachbarn – falls nötig, stelle ich mich selbst zur Verfügung. À votre santé!

Das Gastmahl des Trimalchio

Vincent Klink

Neureiche gab es schon immer. Der Protz Trimalchio aber, mit Minderwertigkeitskomplexen beladen, wie das solche Leute grundsätzlich an sich haben, war ein besonderes Kaliber.

Was hier berichtet wird, ist nicht irgendeine Fama, sondern stützt sich auf die gesicherten Schriften eines gewissen Petronius, der sein Opus Magnum *Satyricon* nannte und als Berater am Hofe Kaiser Neros wirkte. Er wird von Tacitus als intelligenter Tunichtgut beschrieben. Tacitus nennt ihn einen Gigolo, einen Mann von unbekümmerter Lässigkeit, der den Tag mit Schlafen und die Nacht mit vergnüglichem Visitenmachen verdaddelte. Mit seinem Nichtstun hatte er sich einen stattlichen Namen gemacht. Wen wundert es, dass er neben seiner Dauerparty nebenbei noch etwas schriftstellerte? Petronius firmierte – irgendeinen Beruf muss man ja angeben, damals wie heute – als Dichter mit Dauerschreibhemmung.

Wie es sich für diesen Berufsstand gehört, trank er nebenbei kräftig und war berühmt dafür, gewaltige Räusche mit Grandezza zu bewältigen. Trotzdem brachte er noch so viel zu Papier, dass von ihm die Schilderung einer Monsterparty bis in unsere Tage erhalten blieb. Petronius packt in *Satyricon* eine Erzählung hinein, in der ein freigelassener Sklave als Sprachrohr der Geschehnisse dient. Dieser Encolpius wird mit einem anderen Schwerenöter ins Haus des reichen Trimalchio geladen, eines gesellschaftlichen Senkrechtstarters, der aus dem Sklavenstand durch Glück und Gaunerei zu gewaltigem Vermögen gekommen war. Geld war alles, was er hatte, und das musste auch satt und fett gezeigt werden.

Die Fanfaren schmetterten, das Echo verlor sich in den Säulengängen, da wurden die Tische von Krümeln befreit und eine Handvoll Bediensteter schleppte weiße, rasierte Schweine auf die gewaltigen Tische. Die Viecher waren mit Schellen, großen und kleinen Glöckchen geschmückt, ganz so wie wir es von Pfingstochsen kennen. Drei Prachtsauen waren es. Eine war zwei-, die andere dreijährig und die Monstersau gar sechsjährig. Dies alles wurde mit Aplomb vom Haushofmeister mit Stentorstimme verkündet. Die Gäste dachten gar nicht ans Essen, denn die Schweine sahen sehr lebendig aus. Man erwartete irgendeine Zirkusnummer, den Sprung durch den brennenden Reif oder eine sonstige Volksbelustigung auf Kosten der Kreatur. Schweres Rätselraten hub an, bis der Hausherr Trimalchio den Vermutungen ein Ende bereitete. Er rief aus: »Welche der Sauen wünscht ihr verehrten Freunde gleich zum Mahle hergerichtet? Arme Teufel begnügen sich mit Hahnenkammragout und sonstigen Kinkerlitzchen. Meine Köche pflegen jedoch ganze Kälber in Kesseln zu schmoren!« Damit hatte der Gute auch mitgeteilt, dass sein Haus über größere Töpfe als der Kaiser verfügte. Trimalchio fackelte nicht lange und nahm seinen Gästen die Entscheidung ab: »Schlachtet das größte Schwein!« Die Schweine wurden abtransportiert.

Encolpius hatte schon viele Partys erlebt, aber dass eine Riesensau abgeführt und Minuten später fertig gegart in den Saal getragen wurde – nein, das war unglaublich. Sein Staunen nahm kein Ende, als das gewaltige Tier, auf einem Tisch abgeladen, sich köstlich duftend breitmachte. Die Gäste waren, um es knapp zu formulieren, völlig baff. Selbst ein Hahn hätte nicht so schnell gegart werden können. Trimalchio zog nun seine Show ab: »He, ihr Köche, Nichtswürdige, habt ihr vergessen, das Schwein auszuweiden? Wahrhaft, ihr verdammten Wichte, habt ihr das in der Eile vergessen? Kommt her, dass ich euch abstrafe!« Die Köche rutschten mit ohnehin schon wunden Knien auf ihren Bonzen zu, ließen die Köpfe hängen, als erwarteten sie den Henker. Der Chefkoch, ein Kerl, der doppelt so dick war wie der Hausherr, wuchtete seinen Körper in die Senkrechte und schniefte. »Herr, in der Tat, ich habe vergessen, dem Braten die Gedärme zu entnehmen.« Trimalchio schrie mit überschnappender Stimme: »Du hast es vergessen, das Schwein auszuweiden, hast womöglich Kümmel und Pfeffer auch übersehen! Elender! Herunter mit deinen Kleidern!« Schergen zerrten an ihm, und mit einem Wimpernschlag stand der Held der Töpfe genauso bleich wie die gekochte Sau zwischen zwei Marterknechten. So dick, wie er war, er entsprach immerhin dem damaligen Schönheitsideal.

Die Gäste beeilten sich, den Hausherrn günstig zu stimmen, rangen um das Leben des Köchleins. Sie baten: »So etwas kann vorkommen, gebt ihn frei! Ja, wenn er sich nochmals so verkocht und verwürzt, ja, wir versprechen es, dann werden wir uns nicht mehr für ihn verwenden.« Encolpius war nicht so entgegenkommend und meinte zu seinem Freund, dass er einen solch nichtsnutzigen Sklaven abmurksen würde. Damals waren übrigens Köche grundsätzlich Sklaven, das hat sich bis heute so gehalten und in den letzten Jahren sogar verschlimmert, seit Herr Kerner beim ZDF wild den Probierlöffel schwingt.

Trimalchio übernahm wieder die Dramaturgie und schleuderte dem Smutje den Befehl entgegen: »Nimm es aus, vor unseren Augen!« Der Koch warf sich seine Tunika um die Hüften, und es wurde ihm ein großes Messer gereicht. Nach allen Regeln der Tranchierkunst setzte er das Werkzeug an. Stupor mundi, das Staunen der Welt legte sich über den Saal. Aus allen Schnittwunden des schweinischen Leibes kullerten Würste und Karbonaden. Die Gäste schrien auf, und der Jubel kannte keine Grenzen. Ihre Blicke richteten sich nach oben, denn die Decke öffnete sich. An einem Seil schwebte ein gewaltiger Reif aus der Vertäfelung. Die Hälse der Gäste reckten sich in fiebriger Erwartung. Am eisernen Reif hingen goldene Kränze mit Flaschen wohlriechender Essenzen, die als Geschenke von den Lakaien verteilt wurden.

Es kam große Hektik auf, weil eine Unmenge von Sklaven

Speisen weiterhin beischleppte, als gelte es, das gesamte Großkapital des Römischen Reiches zu stopfen. Die Mitte des Saals nahm ein aus Honig gefertigter Priap ein. Priapus, schwuler Gott der Fruchtbarkeit, war mit allerlei obszön geformten Früchten drapiert. Encolpius griff danach – aber es waren Attrappen, die Körpersäfte von sich gaben. Drückte man einen Kuchen oder eine Frucht, so verspritzten sie Safransaft und verhalfen so den Lachenden zu goldenen Freudentränen.

Nach einer Pause wurde der Nachtisch serviert. Der Fußboden war mit Rötel und Safran bestreut, und die Sklaven trugen aus Teig geformte Krammetsvögel mit einer Füllung aus Rosinen und Nüssen auf. Quitten wurden gereicht, die Stachel hatten und wie Igel aussahen. Die Gäste waren vollends im Taumel, als eine prächtige gemästete Gans, garniert mit Fischen und allerlei kleinen Vögeln, auf einem Silbertablett hereingetragen wurde.

Trimalchio war in seinem Element: »Freunde, alles was hier aufgetragen wird, ist aus einem Grundstoff geformt. Glaubt mir, so wahr ich zu wachsen hoffe – an Vermögen, nicht am Leib –, so hat mein Koch dies alles aus den Schweinen gehackt, geformt und gegart. Unglaublich, was für ein wertvoller Mensch er ist! Auf Wunsch macht er aus Schweinshoden einen Fisch, aus Pökelfleisch eine Turteltaube und aus einem Hüftsteak eine Henne!«

Verehrte Leser, so ging es grad dahin, und es stimmt nachdenklich. Nicht etwa, weil der Exzess zu verteufeln sei, o nein, bewahre. Ohne Exzesse gibt es kein wirkliches Leben. Nehmen wir die Natur, die immerfort die Bäume sprießen lässt, um im Herbst Unmengen von Blättern zu verstreuen. Zu viel Wasser kommt vom Himmel, und Äpfel hängen in Massen an den Zweigen. Nein, was nachdenklich stimmen sollte: Alle Hochkulturen, der Überfeinerung und dem schnellen Reiz folgend, entfernen sich gern von der Natur. Nun die Frage: Läutet das den Abstieg ein?

Die berühmten Köche unserer Tage hantieren mit Stickstoff und Espumas. Schokolade schmeckt nach Kümmel oder wird gar mit Kaviar vermengt. Gemüse ist aus Gelatine geformt, karamellisierte Entengrieben leuchten in allen Farben. Nichts ist, wie es ist, und nichts schmeckt, wie es aussieht: Der Kulturmensch strebt nach Verfeinerung, die Messlatte wird immer höher gelegt – so lange, bis sie den Exzess markiert. Was wie Brombeersorbet daherkommt, schmeckt nach Tabak, und es wird an Eisschalen experimentiert, in die man heiße Suppe füllen kann. Moderestaurants mit diesen Fürzen sind ständig ausgebucht … Man sollte dabei immer wieder mal an Trimalchio denken. Die Trümmer des Römischen Imperiums kann man südlich des Limes in großer Zahl besichtigen.

Rezepte

Vincent Klink

La bonne Auberge des Coquilles Saint Jacques

Es war kurz nach zwei Uhr, als ich an der Route Nationale zwischen Epinal und Nancy, unweit des Jakob-Pilgerpfades, eine mit Werbung wild verschandelte Fernfahrerkneipe betrat. Dichter Qualm, verwüstete Tische, das »non-fumeur« an den teerigen Wänden war kaum zu erkennen. Die Stammgäste hatten den Futterplatz bereits verlassen. Auf den Tischen deuteten herumliegende Rotweinflaschen auf eine gewaltig abgefeierte Fresserei. Ich nahm Platz und räumte erst einmal verstreute Pommes zur Seite. Der Bedienung lief aus dem verwegen kurzen Röckchen eine Laufmasche bis in den Absatz.

Sie legte mir eine neue Papiertischdecke auf und warf mir das Speisenangebot, die mit Plastikfolie gesicherte »Suggestion du Patron«, zwischen das Blechbesteck. Kartenstudium.

Es war die übliche Kollektion, die ein hungriger Routier braucht, um als Cowboy der Landstraße durchzuhalten. »Steak Frites« in einigen Variationen, und – kaum zu glauben – »Coquilles Saint Jacques«, Jakobsmuscheln.

Zuversichtlich im Glauben an die »Grande Nation Gourmande« bestellte ich Letztere als Vorspeise. Viel zu schnell, um keinen Verdacht zu erregen, kamen zwei gefüllte »shells«, wie man sie vom gleichnamigen Mineralölkonzern kennt. Meine hatten allerdings eine Designschwäche. In den Muschelschalen blubberte ein verkokeltes Béchamel-Käse-Magma. Kochkunst kommt nicht nur von Kunst, sondern auch von Kochen, was je nach Meereshöhe annähernd an die hundert Grad rankommt. So heiß mag es allerdings die Jakobsmuschel nicht, schon gar nicht, wenn, wie in meinem Fall, eine wutentbrannte Grillschlange die Mollusken zum Glühen gebracht hat. Daran wollte ich mir nun doch nicht mein Maul verbrennen. Mit schlimmen Ahnungen stocherte ich zögernd. Eile jedoch war nicht geboten, denn mein Gericht war bereits jenseits der Delikatesse, wenn es je eine war. Fische zerfallen bei zu viel Hitze, Jakobsmuscheln jedoch versteinern und sperren sich dem Gebiss, als wäre man am Einspeicheln von Autoreifen. Unter großer Hitze werden Jakobsmuscheln ungenießbar, deshalb fand ich in alten Kochbüchern nie ein Rezept. Mangels Kühlmöglichkeiten wurden Fleisch, Fisch und so weiter immer gut durchgekocht – kein Wunder, dass unsere Altvordern in vergangenen, längst nicht so guten Zeiten Muscheln ausschließlich als Trinkgefäß verwendeten. Die Muschelschalen, welche die Jakobspilger auf dem Rückweg von Santiago de Compostela mit sich führten, lieferten auch den Beweis, dass die lange Reise wirklich stattgefunden hatte. Sie waren die TÜV-Plaketten des frühen Ferntourismus.

Mittlerweile ist die Jakobsmuschel ein kulinarisches Modeaccessoire, das wir lieben, wenn die Qualität stimmt. Für ernsthafte Kulinarik kommen keine Fälschungen in Betracht, wie etwa ausgestanzte Seeteufelmedaillons. Gute Küche bedient sich an Ware der südlichen Strände Schottlands, auch von der spanischen Küste und von den Gewässern der Bretagne. Im Mittelmeer sind die Jakobsmuscheln infolge Überfischung bereits selten geworden.

Coquilles Saint Jacques sind die beweglichsten aller Muscheln. Durch ruckartiges Öffnen und Schließen der ungleichen Schalen katapultiert sich das Tier nach vorn. Zu dieser Art Sportlichkeit braucht es eine athletische Verfassung. Jakobsmuscheln verfügen deshalb über einen überdimensionalen Schließmuskel, einen weißlich bis graubraunen Zylinder mit dem Durchmesser eines Zweieurostücks. Genau um diesen Teil geht's. Auch die Keimdrüsen schmecken gut, jedoch nur dann, wenn die Muschel nicht länger als zwei, drei Tage transportiert wurde. Im Gegensatz zum Muskelfleisch ist der orangefarbene Rogen sehr schnell verderblich. Solange er prall und glatt ist, gilt er als Indiz für Frische.

Mehr als frisch schafft die Natur nicht, dazu braucht es Tiefkühlware, die mit Käsesauce und allerlei Denaturierungszutaten wie Stabilisatoren und künstlichen Aromen dem verarbeitungsgestressten Produkt wieder zu geschmacklicher Glaubwürdigkeit verhilft. Das Resultat ist ein »naturidentischer« Markenartikel, ein Triumph der Hygiene, der keine Fischvergiftung mehr zulässt. Es gibt bereits ausgelöste Ware, in Lake eingelegt, die Bleichstoffe enthält und das Fleisch hellweiß und appetitlich aussehen lässt. Das mafiose Gesetz der »Omerta« herrscht auch in der fischverarbeitenden Industrie. Wie die Lake sich zusammensetzt, war keinem der Fischhändler zu entreißen. Höchstens die leise gehüstelte Denunziation, dass wahrscheinlich Salpeter beigemischt sei. Davon lassen wir lieber die Finger, der Geschmack hat sich bei solcherart Schönheitsreparatur verabschiedet. Frisch gefangene Coquilles werden in Körben gehandelt, mit dem Messer geöffnet und unter fließendem Wasser von allem befreit, bis auf den

Schließmuskel und die Keimdrüsen; dann trocken getupft, gepfeffert, gesalzen und bei geringem Feuer in Butter – mediterran in Olivenöl – gebraten oder in Weißwein pochiert und mit einer Buttersauce serviert. So einfach und wohlschmeckend sollte gutes Essen sein. In meiner Fernfahrerkneipe kam nach der Muschelvorspeise das obligate »Steak Frites«, wahlweise mit Mayo oder Dijonsenf aus der Tube. »Der Verhungernde schaut nicht aufs Verfallsdatum«, meinte schon Peter Rühmkorf.

Auf die Sättigung folgte unmittelbar die Tristesse, dass die von mir verspeisten Tiere womöglich ein glückliches Leben hatten, dann aber auf dem Weg zum Esstisch grob misshandelt wurden. Letzte Reste warf ich unter den Tisch, ein von Haarausfall geplagter Hund war bereits an seiner »Table d'Hôte« zugange, schleckte sich von Tisch zu Tisch und nahm sein Gnadenbrot. Wenigstens einer, der aufräumte.

Espresso und ein Fernet Branca halfen mir wieder auf die Beine. Ich rief nach der Rechnung, die kam mit einem Pfefferminzbonbon garniert. Auch Fernfahrerkneipen haben ihre Fürsorgepflicht. Etwas instabil auf den Beinen, jedoch guten Gewissens, dass schlechtes Essen niemanden zum schlechten Menschen verbiegt, machte ich mich auf den Weg zum Auto und nahm die falsche Parkplatzausfahrt.

Fumet de Coquilles Saint Jacques

Für zwei Personen

200 g	Jakobsmuscheln
4 EL	Olivenöl
½ l	Weißwein
¼ l	Fischbrühe (oder Bio-Gemüsebrühe)
3 EL	fein gewürfeltes Wurzelgemüse
1	feingeschnittene Schalotte
5	Knoblauchzehen, fein gequetscht

200 g	Tomaten
2	Zweige Basilikum
4 Blatt	Salbei in haarfeinen Streifen
1/8 l	trockener Weißwein
1 EL	gehackte Petersilie
	Pfeffer und Salz

Die Schalotten in einem großen Topf in Olivenöl andünsten, den Knoblauch hinzugeben. Bevor die Bräunung eintritt, den Weißwein, das Wasser, das Wurzelgemüse und die geputzten und gewaschenen Muscheln dazu. Deckel drauf, und alles auf großem Feuer zwei Minuten gut durchkochen. Jakobsmuscheln herausnehmen und auf einem Tellerchen parken. Anschließend die gewürfelten Tomaten in den Topf geben und die feingewiegte Petersilie dazu. Gut durchkochen, bis das Gemüse weich ist. Abschmecken. Die Jakobsmuscheln rein, und noch mal alles zum Siedepunkt bringen.

Geröstete Jakobsmuscheln mit Salat von Fadennudeln

Nudelsalat:

100 g	dünne Fadennudeln (Engelshaar)
1/2	Zitrone
3	Zweige grob gezupftes Basilikum
100 g	kleine Cocktailtomaten, geviertelt
1	Lauchzwiebel in feinen Scheiben

Marinade:

4 EL	kaltgeschlagenes, möglichst naturtrübes Olivenöl
1/2	Zitrone
1/8 l	kräftige Gemüsebrühe
2 TL	feingehackter, weißer Lauch

Jakobsmuscheln:

300 g	ausgelöste Jakobsmuscheln
1 Msp.	Cardamom
1 Msp.	Zimt
	Pfeffer, Salz, etwas Olivenöl zum Anbraten

Alle Zutaten der Marinade, nur den Lauch nicht, gut durchmixen, würzen und dann den Lauch untergeben. Hausgemachte Fadennudeln nur ganz kurz »al dente« kochen und kalt abschwenken. Die kühlen Nudeln mit Olivenöl, Zitronensaft und den restlichen Zutaten vermengen, zehn Minuten ziehen lassen.

Jakobsmuscheln zirka zwei Minuten von allen Seiten anbraten, mit den Gewürzen bestäuben. Nudelsalat anrichten, die Jakobsmuscheln anlegen und mit der Marinade bestreuen.

Eventuelle Zugabe: In Frankreich gehören zu einer Plate »Fruits de mer« unbedingt Jakobsmuscheln. Sie werden auf Eis serviert und roh mit etwas Zitronensaft gegessen. Man kann sie auch als Carpaccio dünn aufschneiden und mit der oben genannten Marinade beträufeln. Die Jakobsmuschelscheiben können auch ganz kurz in sehr heißer Pfanne mit wenig Öl beidseitig angegart werden. Letztere Variante für Leute, die sich nicht ans Rohe getrauen.

Jakobsmuscheln mit Zitronenconfit und Zucchiniragout

Zitronenwürze:

2	Zitronen, ungespritzt
1/2	Peperoni, entkernt und fein gewürfelt
1 Msp.	Zimt
1/2	Vanillestange
1 TL	grob geschroteter schwarzer Pfeffer
1/8 l	Orangensaft
1/2 TL	Meersalz

Eine Zitrone mit der Schale klein hacken, die andere Zitrone schälen und das Fruchtfleisch ebenfalls klein hacken. Vanilleschote auskratzen. Alle Zutaten in ein Töpfchen und bei kleinem Feuer fünfzehn Minuten kochen. In ein Marmeladeglas geben. Diese Zitronenwürze kann man sofort verwenden, nach einigen Tagen wird sich das Aroma aber noch steigern.

Zucchiniragout:

2	Zucchini, fein gewürfelt
1	Zwiebel
1	Knoblauchzehe
1/4 l	Gemüsebrühe
1/2	Bund Petersilie

2	Fleischtomaten, enthäutet und gewürfelt
1/2 TL	Speisestärke
1/8 l	Sahne
1 EL	Olivenöl
	Pfeffer und Salz

Die Zucchiniwürfel mit ebenso gewürfelten Zwiebeln in etwas Olivenöl andünsten, dass sie keine Farbe nehmen. Knoblauchzehe feingehackt dazu. Speisestärke unterschwenken und mit Gemüsebrühe und Sahne ablöschen. Zehn Minuten kochen lassen und mit dem Feuer so den Prozess des Einkochens steuern, dass ein sämiges, risottoartiges Gericht entsteht. Tomaten und die Petersilie unterschwenken. Mit Pfeffer und Salz abschmecken.

Jakobsmuscheln:

200 g	Jakobsmuschelfleisch
2	Schalotten, feingehackt
1	Zweig Estragon
1/4 l	Fischsud
1 Msp.	Safranfäden
1 EL	Butter

Die Jakobsmuscheln waschen und mit Küchenkrepp trocknen. Pfeffern, salzen und in etwas Olivenöl von allen Seiten bei großem Feuer braun anbraten. Insgesamt sollte das nicht länger als zwei Minuten dauern. Die Jakobsmuscheln auf einem Teller zu Seite stellen und in der gleichen Pfanne Schalotten anrösten, mit Fischsud ablöschen und mit dem Safran fünf Minuten einkochen. Vier Esslöffel Flüssigkeit sollten im Pfännchen übrig bleiben. Estragon fein hacken und diesen mit einem Teelöffel voll Zitronenwürze in den Fond geben. Auf großem Feuer die Jakobsmuscheln in den Sud geben und unter ständigem Schwenken mit Butter abbinden.

Auf dem Teller die Zucchini kreisförmig anrichten und die Jakobsmuscheln in die Mitte geben. Als Beilage eignen sich in Olivenöl geröstete Weißbrotscheiben.

Gerichte unserer Zeit

Vincent Klink

Die Gerichte unserer Zeit werden immer mehr entleibt. Sie haben immer weniger Leben. Zum Entsetzen meiner Gäste habe ich an eine alte Tradition angeknüpft. Fasane werden mit den Krallen serviert. Tauben jedoch wie in der französischen Küche mit den Köpfen aufzutragen, das dagegen traue ich mich nicht. In Italien kann man den Gourmet dabei beobachten, wie er den Kopf einer gebratenen Taube mit beiden Händen zum Mund führt, kräftig hineinbeißt und die inneren Säfte und das Hirn aussaugt. Das hat mit wirklicher Feinschmeckerei zu tun, mit langer Kultur, würde aber heute an deutschen Tischen das reine Grausen hervorrufen.

Uns sind einige Rituale abhandengekommen, die letztlich auf den Respekt vor der Kreatur abzielen. Döner, Hamburger & Co werden vorwiegend im Stehen gegessen. So könnte man auch mit einer Brassetaube oder einem Hasenfilet verfahren. Mit Gemüse, Salat und gehacktem Fleisch auf die Straße zu gehen ist fast üblich. Noch nie wurde aber jemand mit einer Hasenkeule auf der Straße aufgegriffen. Wild ist am stärksten mit Traditionen behaftet und darüber hinaus nicht so billig, dass die Nahrungsmittelindustrie oder die Seriengastronomie sich dafür erwärmen könnte. Fast Food und benachbarte Ernährungsangebote kommen keinesfalls ohne Rituale aus. Wer wie ich im Alter eines Vorruheständlers einen McDonald's betritt, fühlt sich schon wegen des dort herrschenden juvenilen Regelwerks nicht heimisch. Alles zu seiner Zeit. Seltsamerweise wird die Wildküche nie mit Jugendlichkeit in Bezug gesetzt. Der Jäger hat ein alter Sack zu sein und die Gerichte und das Hantieren in der Küche sind in keinem Kinderkochbuch zu finden. Der Jäger kommt nun mal nicht mit Turnschuhen und T-Shirt in die Heimatkalender. Jägerei findet in dickem Loden statt. Im Wald, da ist es arschkalt und der wärmende Schnaps obligat. Die Klischees nehmen kein Ende. Um das etwas zu korrigieren, soll nun von der Sommerjagd die Rede sein.

Wildküche ist bekanntermaßen eine deutsche Spezialität und gehört besonders in der Hauptjagdzeit, im Herbst, auf den Speiseplan. Das ist jedenfalls die allgemein überlieferte Praxis. Gewiss, im Herbst ist die Jagd auf alle Tiere offen, kommt auch hinzu, dass für das Zerlegen der Jagdbeute die kalte Jahreszeit sich besser anbietet als der mückenschwangere Sommer.

Wild benötigt in der Regel längere Abhängzeiten des Fleisches. Stammt es von Treibjagden, dann sowieso. Das gehetzte Tier lagert jede Menge Stresshormone ein, die sich erst nach zehn Tagen langsam verlieren. In früheren Zeiten hing durch mangelnde Kühlung schnell ein sanfter Verwesungsgeruch über der Beute. Die wunderbare Gabe des Menschen, der Zweckoptimismus, hat diese Gerüche des Verderbs mit dem Prädikat »haut goût« geadelt.

Mittlerweile hat die Kühltechnik diesen Mief vertrieben. Wild schmeckt nun anders. Aber wie und nach was? Ehrlich gesagt, landauf, landab ziemlich ähnlich, nämlich nach Wacholder, Lorbeer, Nelke und Piment. Typisch deutsch, Gewürze der dunklen Jahreszeit. Auch der Essig, die Buttermilch und all die Anwendung traditioneller Rezepte sind ganz darauf abgestimmt, den eigentlichen Geschmack zu übertünchen.

Die moderne Küche müsste sich mehr der Sommerjagd annehmen. Andere Düfte sind dadurch obligat. Die Sommerjagd beginnt mit dem Maibock. Das ist keine Biersorte, sondern so werden die jungen Männlein der Rehe genannt, die im Mai frisch und saftig angefressen sind. Im Sommer werden die weiblichen Mutterrehe, die Ricken, geschont, nicht aber die Schmalrehe (einjährig, weiblich). Sie werden aber nur in dem Maße erlegt, wie es der waidgerechte Jäger für richtig hält, um den Nachwuchs zu sichern.

Wildschweine sind das ganze Jahr über zu jagen. Dieses Jagdwild gibt es natürlich auch jenseits teutonischer Hatz. Was machen die Italiener, die Franzosen und die Spanier mit der Beute aus Feld, Wald und Flur? Man denke an das Cinghiale der Toskana. Es wird selten mit Wacholder bereitet, sondern mit Fenchelsamen und Knoblauch. Moderne Wildkocherei richtet sich nach der Jahreszeit und blickt auch über die Grenzen. In mediterranen Gegenden wird Wild auch mit Rosmarin und Thymian gekocht, eben den Kräutern, die in südlichen Gegenden vor der Türe wachsen

Es empfiehlt sich, mit der gewohnten und momentan so beliebten Starkwürzerei behutsamer zu verfahren. Also umgekehrt wie die Tradition es befiehlt, die offensichtlich mit massiver Unterstützung von Spezereien den eigentlichen Geschmack der Ware vertreiben möchte.

Rezepte

Vincent Klink

Geschnetzeltes Hasenfilet mit Champignons

Für 2 Personen

1	Hasenrücken
100 g	Champignons
2 EL	Schalotten, feingehackt
1 Zehe	Knoblauch, gequetscht
$^1/_8$ l	Fleischbrühe
$^1/_8$ l	kräftiger Rotwein
1 EL	Cognac
1 TL	Mehl
1 EL	Blattpetersilie, feingehackt

2 EL	Crème fraîche oder saure Sahne
1 EL	frische Preiselbeeren
1 EL	Butter, Salz und grober schwarzer Pfeffer

Das Fleisch und die Champignons in feine Blättchen schneiden und von allen Seiten bei großem Feuer anrösten. Pfeffern und salzen und auf eine Platte geben. Zur Seite stellen.

In der gleichen Pfanne die Schalotten in Butter so lange rösten, bis sie goldbraun sind. Knoblauch dazugeben. Bevor alles zu dunkel wird, mit Brühe, Rotwein und Cognac ablöschen und alles um die Hälfte der Flüssigkeit reduzieren.

Der Fleischsaft, der aus dem geschnetzelten Hasen austrat, wird auch dazugegossen. Mit etwas Rotwein das Mehl anrühren und damit die Sauce binden. Nicht alles auf einmal einrühren, sondern nach und nach, bis die gewünschte Konsistenz erreicht ist. Vor dem Anrichten die Petersilie, die Preiselbeeren und das Fleisch in die Sauce geben, Crème fraîche unterziehen und kurz aufkochen. Abschmecken mit Pfeffer und Salz.

Keule vom Maibock

Für 6 Personen

Dieses Rezept habe ich einer jungen Italienerin entlockt. Mein Vorschlag wäre, sich dafür ein frisches, kleines Lorbeerbäumchen zu kaufen. Im Frühling sprießen junge, zarte Blätter. Diese werden nun in feinste Streifen geschnitten.

Den Backofen auf 180 Grad vorheizen.

1	Rehkeule
1 EL	Olivenöl

Röstgemüse:

1	Karotte
½	Sellerieknolle
2	kleine Zwiebeln
1	Knoblauchzehe

Gewürze:

2 Zweige	Lorbeerblatt (in feinen Streifen ca. 1 EL)

1 l	dunkler, trockener Rotwein
1/2 l	kräftige Bio-Instantbrühe
	schwarzer Pfeffer aus der Mühle, Salz

Zum Binden:
jeweils 1 TL flüssige Butter mit Mehl vermischt

Die Rehkeule rundum pfeffern und salzen. Sanft in Olivenöl anbraten. Das Röstgemüse in kirschgroße Würfel schneiden und damit die Rehkeule unterlegen. Wenig später kommt die Knoblauchzehe dazu. Wenn alles schön bräunt, den Bratensatz in kleinem Maße ablöschen.

Im Ofen mindestens eine Stunde garen und immer wieder abwechselnd mit Rotwein und Brühe ablöschen. Als grobe Anweisung zur Garzeit gilt das Maß: Pro Zentimeter Fleisch benötigt man zehn Minuten.

Die Rehkeule aus dem Ofen nehmen, sofort gründlich in Aluminiumfolie einpacken und am ausgeschalteten Ofen bei geöffneter Türe noch dreißig Minuten ziehen lassen.

Der Fond wird in ein kleines Töpfchen passiert, die Lorbeerblattstreifen kommen dazu und alles wird noch einmal gut durchgekocht. Abschmecken mit etwas Pfeffer und Salz.

Abbinden: Einen Teelöffel weiche Butter mit ebenso viel Mehl vermischen. Mit dieser Paste nach und nach die Sauce so andicken, dass sie nicht zu dick und nicht zu dünn ist, dies geschieht am besten mit einem Schneebesen.

Die Keule am Knochen entlang tranchieren. Ist sie innen noch etwas rosa, so wäre das ideal.

Rehragout mit Zwetschgenröster

Für 2 Personen

1	Rehschulter
2 EL	Olivenöl
20 g	Speckwürfel
1	Zwiebel
1	Karotte, geschält
1/4	Sellerieknolle, geschält
1	Knoblauchzehe
2 EL	Balsamico-Essig
1 TL	zerdrückte Wacholderbeeren

1/4 l	Rotwein
1/4 l	Fleischbrühe
	Salz und Pfeffer

Zwetschgen:

100 g	Zwetschgen
2 Msp.	geriebene Orangenschale
1 EL	Olivenöl
1 EL	Zucker
etwas Butter	
1/8 l	Portwein
1/8 l	Rotwein
2 EL	Balsamico-Essig
1 Msp.	Zimt
1 TL	gequetschter, grüner Pfeffer

Die Rehschulter entbeinen und von den gröbsten Sehnen befreien, pfeffern. Salz wird dem Gericht erst am Schluss beigegeben, da der Speck meist schon genügend Salz enthält. Das Fleisch in zwei Zentimeter große Würfel schneiden und mit etwas Olivenöl anrösten. Nach fünfzehn Minuten Schmurgeln den Speck, die Zwiebeln und das gewürfelte Gemüse auch in den Topf geben und ebenfalls bräunen.

Das Fleisch mit allen übrigen Zutaten mindestens fünfundvierzig Minuten schmoren. Immer wieder mit etwas Rotwein ablöschen, damit am Topfboden nichts ansitzt.

Je nach Alter des Tiers kann die Garzeit über eine Stunde dauern. Die Sauce sollte einigermaßen dick und sämig sein. Will man noch etwas andicken, dann Olivenöl mit Mehl vermengen und unter den kochenden Fond geben.

Mit einer Gabel die Fleischstücke in einen anderen Topf umstechen, die Sauce mixen. Die Zwetschgen werden separat gereicht.

Rotweinzwetschgen:
Die Zwetschgen entkernen und mit der geriebenen Orangenschale in etwas Butter und Zucker anbraten. Mit Portwein und Rotwein ablöschen und auf großem Feuer einkochen. Den Balsamico-Essig zugeben, außerdem etwas Zimt. Die Zwetschgen sollten so eingekocht sein, dass die entstandene Flüssigkeit sirupartige Konsistenz hat.

Gefüllte Rehbockschnitzel

Für 2 Personen

4	kleine Rehschnitzel, jeweils ca. 80 g
3	Schalotten
5	Salbeiblätter
1 Msp.	Piment, geschrotet
1 EL	Olivenöl – Salz, Pfeffer, Brotbrösel

Die Schnitzel zwischen Plastikfolie so dünn wie möglich klopfen (zirka zwei Millimeter). Schalotten in Olivenöl anschwitzen und mit den feingehackten Salbeiblättern und dem Piment bestreuen.

Pfeffern, salzen und eng zusammenrollen, eventuell mit einem Zahnstocher fixieren. Auf kräftigem Feuer von allen Seiten anbraten und im 180 Grad warmen Ofen noch weitere fünf Minuten garen. Herausnehmen und warm stellen.

Gratinieren mit Wacholderbutter. Damit die Butterflöckchen auf den Schnitzeln nicht abrutschen, bestreut man sie zuvor etwas mit Brotbröseln.

Wacholderbutter:

3 EL	weiche Butter
6	Wacholderbeeren
2 cl	Gin
½ TL	Meersalz
1 Msp.	schwarzer Pfeffer
1 EL	geriebenes Weißbrot

Die Butter in eine Schüssel geben und mit dem Schneebesen schaumig schlagen.

Die Wacholderbeeren im Mörser pulverisieren und mit den anderen Zutaten unter die Butter schlagen. Geschlagene Butter wird zwar nicht so schaumig wie Schlagsahne, aber so ähnlich sollte sie schon aussehen.

Hirschrückensteak mit Apfel-Kartoffel-Gratin

Für 2 Personen

4	Hirschrückensteaks à 80 g
1 TL	Pfefferkörner
1	Lorbeerblatt
1 Zweig	Thymian
1 Zweig	Rosmarin
1 Msp.	Zimt
½ TL	Kardamom
1 TL	Koriander
250 g	Kartoffeln, festkochend
2	Boskop-Äpfel
80 ml	Sahne
100 ml	Fleischbrühe (Wildfond oder Instant-Gemüsebrühe)
2 EL	Preiselbeeren
1 EL	kalte Butter
	Salz, Pfeffer, Muskat, Butter, Butterschmalz

Pfeffer, Lorbeerblatt, Thymian, Rosmarin, Koriander, Zimt und Kardamom in den Mörser geben und zu einer feinen Würzmischung verreiben.

Die Hirschrückensteaks gut parieren (alle Sehnen und Haut entfernen), mit der Gewürzmischung einreiben und abgedeckt zwei Stunden ziehen lassen.

Kartoffeln und Äpfel schälen, in feine Scheiben schneiden. Dann dachziegelartig in eine gebutterte Auflaufform schichten, mit Salz und Pfeffer würzen. Sahne mit einer Prise Muskat würzen und über die Kartoffeln und Äpfel geben. Im Ofen bei 180 Grad zirka fünfundzwanzig bis dreißig Minuten goldgelb backen.

Die marinierten Steaks salzen und in einer Pfanne mit Butterschmalz bei leichter Hitze rosa braten. Man rechnet je Zentimeter Dicke des Fleischs zirka fünfundvierzig Sekunden Garzeit auf jeder Seite. Die gebratenen Medaillons aus der Pfanne nehmen und warm stellen.

Den Bratensatz mit dem Fond oder der Brühe ablöschen, etwas einkochen, mit Preiselbeeren und kalter Butter verfeinern.

Die Steaks mit dem Gratin anrichten und mit der Sauce überziehen.

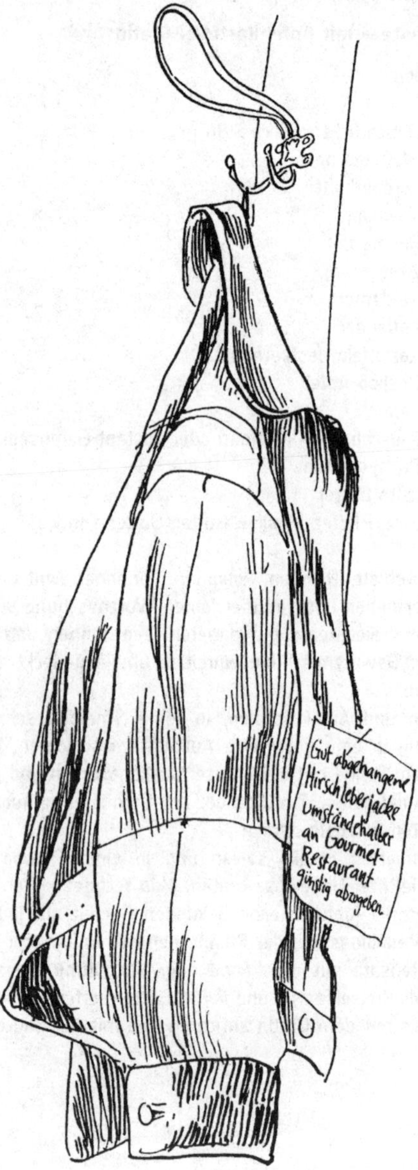
Gut abgehangene
Hirschleberjacke
umständehalber
an Gourmet-
Restaurant
günstig abzugeben

Frischlingsmedaillons in Walnüssen und Thymian

Für 2 Personen

6 Medaillons vom Frischlingsrücken:

4 EL	gehackte Walnüsse
1 EL	Butter – Salz, Pfeffer

für die Sauce:

2	Schalotten
4 EL	Röstgemüse in kleinen Würfeln
3 Zweige	Thymian
1 Zehe	Knoblauch
1/4 l	Fleischbrühe
1/8 l	Rotwein
2 cl	Cassis
2 EL	Limonensaft (evtl. Zitronensaft)
2 EL	Butter

Die Saison für Walnüsse geht im Frühjahr zu Ende. Das wissen die wenigsten, und auch mir wurde das erst wirklich klar, als ich in einem Türkenladen ordentlich darüber aufgeklärt wurde. Der Händler war ein richtiggehender Nüsse-Freak. Er ließ mich verpackte, geschälte Nüsse probieren, die aus dem Vorjahr stammten, und dann die Ware des vergangenen Herbsts. Ich musste ihm recht geben, die Unterschiede waren gewaltig. Fast alle Nüsse, die ich später aß, hatten bereits einen etwas ranzigen Beigeschmack, der sich bis zum Hochsommer verstärkte und über den sich deshalb niemand aufregt, weil die meisten sich an den Muffelton gewöhnt haben.

Nun zum Fleisch. Die Medaillons pfeffern und salzen, in den gehackten Walnüssen wenden und von beiden Seiten jeweils drei Minuten bei geringer Hitze in der Butter anbraten. Aus der Pfanne nehmen und warm stellen.

Schalotten und Röstgemüse mit Thymian und Knoblauch anbraten. Mehrmals mit Brühe und Rotwein ablöschen, auf einen Achtelliter reduzieren. Den Fond passieren, den Cassis und den Zitronensaft zugeben und mit etwas Butter abbinden. Die Medaillons im Ofen noch mal kurz anwärmen, auf den Teller geben und mit der Sauce umgießen.

Die ideale Ergänzung dazu wären:

Käsegnocchi mit Feigen

500 g	mehlige Kartoffeln
etwas	Salz
50 g	Parmesan
5	Eigelb
ca. 2 EL	Mehl
1 Prise	Muskat
etwas	Pfeffer
1	Schalotte
5	getrocknete Feigen (über Nacht in Portwein eingelegt)
3 EL	Butter
80 g	Pecorino – frisch gemahlener grober schwarzer Pfeffer zum Bestreuen

Die Kartoffeln schälen und in Salzwasser weich kochen, abschütten und gut ausdampfen lassen. Parmesan reiben.

Die Kartoffeln noch heiß durch eine Presse drücken. Unter ständigem Rühren die Eigelbe darunterheben. Parmesan dazumischen. So viel Mehl darunterkneten (die Menge hängt davon ab, wie gut die Kartoffeln ausgedampft wurden), bis eine feste Masse entsteht. Mit etwas Muskat, Salz und Pfeffer würzen. Im Piemont wird der Teig nun in lange, daumendicke Würstchen gerollt und dann schräg zentimeterbreit in Rauten geschnitten.

In siedendem Wasser die Nocken garen. Wenn sie an der Oberfläche schwimmen, herausnehmen und abtropfen lassen.

Schalotte schälen und fein schneiden. Feigen aus dem Portwein nehmen und vierteln. Schalotte in einer Pfanne mit drei Esslöffeln Butter anschwitzen, Feigen und Portwein zugeben und völlig einkochen lassen. Kräftig mit grobem schwarzem Pfeffer bestreuen.

Anrichten und mit frisch geriebenem Pecorino und frisch gemahlenem Pfeffer bestreuen.

Schmecken

Vincent Klink

Der Eintritt in die Esskunstgesellschaft nahm sich fad an, sonst würde ich mich noch irgendwie an Muttermilch erinnern. Fünf Jahre später hatte ich es dann mit Hilfe meines ersten Bieres geschafft, es schmeckte. Es gab kein Halten mehr, und eines übermütigen Abends saß ich meiner schrillen Rock'n'Roll-Mutti auf dem engen Pullover zwischen Arm und überschallroter Glaskette. Schnaps war angesagt, und ich wollte auch davon. Bill Haley sang expressiv, die kleinen Fünfundvierzigerplatten mit dem schwarzen Label »Brunswick« drehten sich ohne Unterlass. Mutter gab meinem Drängen schlussendlich entnervt nach und reichte mir Kirschwasser.

Erst ein bisschen daran gerochen zu haben, wäre Warnung genug gewesen. Als ich es erschmeckte, war es zu spät zur Umkehr. Ich rang um Luft und Leben, fuchtelte mit den Händen, der Faden der Glasperlenkette riss. Als die Krämpfe nachließen und sich das Zwerchfell aus der Blockade löste, schrie ich tief aus verbrannten Gedärmen mit Bill Haley unisono. Ein für alle Mal hatte ich kapiert, dass im Rachen vielfältige Ereignisse stattfinden können. Eine Welt für sich.

Man hätte mir damals ein Schildchen umhängen sollen: Immer erst zu riechen, zu prüfen, das bewahrt vor jähen Überraschungen. Manches wäre mir erspart geblieben. Geduld ist die eine Sache, Schmecken die andere. Wer schmeckt, hat bereits den zweiten Gang der Kulinarik eingelegt und ist am Duft vorbei, hat links überholt und ist über die kalorienfreie Variante des Genusses hinweg. Schmecken ist direkt und gehorcht gerne purem Verlangen nach Intensität. Schmecken ist der volle Griff in die Aromen, oft exzessiv, manchmal auch korrespondieren Düfte grob zwischen Nase und Rachen. So werden die feinen Register der Zunge überwacht. Man riecht von innen. Auf der Zunge vagabundieren Aromen zwischen den verschiedenen Plafonds der Sensorik hin und her. Spaziergänge in der Mundhöhle können auch in die Irre führen. Als letzter Nothebel bleibt manchmal nur noch der Finger im Rachen, oder man bläst ab wie ein Wal. Vielleicht dann, wenn die Lippen vorm Verbrennen warnen.

Die Zunge ist jedoch die Schildwache des Schlunds. An der Spitze wird süß registriert, die vorderen Ränder melden salzig, die hinteren Randlagen empfinden sauer, und »backstage« am Zungengrund, der letzten Instanz, schmecken wir das Bittere. Schärfe, übrigens, hat nur entfernt mit Schmecken zu tun. Sie wird nicht über Geschmacksrezeptoren analysiert, sondern ist eine chemische Empfindung. Die Schleimhäute werden gereizt, und schon bricht womöglich die Chilihölle los, die sich über den Gaumen bis in den Anus fortpflanzt und oft am anderen Ende genauso brennt wie an den Lippen.

Jeder isst und trinkt von Kindesbeinen an, was nicht heißt, dass man damit auch Schmecken gelernt hat. Es gehört auch Begabung dazu. Wie Musikalität nicht jedem gegeben ist, so kommt nicht jeder auf den Geschmack, denn auf das empfängliche und offene Bewusstsein kommt es an. Ohne Hirn kein Schmack.

Salat ist sinnlos, knackt aber

Wiglaf Droste

Wenn es stimmt, dass Sprache eine Waffe ist, dann wäre Sprachkritik eine Kritik der Waffen mit ihren eigenen Mitteln. Die sprachlichen Waffenarsenale einer eingehenden Betrachtung zu unterziehen, lohnt immer – selbst dann, wenn es gerade modern ist, das zu tun. Die Nachricht, dass Angehörige des Proletariats sich mitunter einer eher eingeschränkten, groben Sprache bedienen, ist allerdings nicht eben sensationell und müffelt ein bisschen sick, nach Zwiebelfisch. Auch dass nicht wenige Jugendliche mit einem äußerst restringierten Sprachcode durch die Welt kommen müssen, der außer »cool« oder »geil« nicht viele Empfindungsausdrucksmöglichkeiten kennt, muss nicht in den Rang einer neuen Erkenntnis erhoben werden.

Interessanter ist doch die Sprache derjenigen, die sie als berufliches Handwerkszeug benötigen und entsprechend pflegen und in Schuss halten sollten. Schließlich sprechen sie öffentlich, im Fernsehn, im Radio, oder sie schreiben öffentlich, in der Zeitung.

Wie der Medienmensch spricht, so denkt er auch, und das gibt zu denken. In den ARD-Tagesthemen sagt eine Nachrichtensprecherin: »Stark eingebrochen ist die Kauflust.« Ich staunte – was die Kauflust alles kann! Sogar einbrechen. Wie muss man sich das vorstellen? Brach die Kauflust beim Schlittschuhlaufen auf dem zugefrorenen See ein? Oder, ganz anders, nächtens in eine Villa, wo sie dann das Silber klaute?

Solange es Journalismus und Journalisten gibt, mediale Breittretungsorgane, so lange wird es Sprachkritik geben. Da werden Koalitionen »fit gemacht«, es wimmelt von »Top-Themen«, da hat eine Reform »Eckpunkte«, in denen Kreis und Quadrat zur Einheit verschmelzen. »Zeitnah« werden Entscheidungen getroffen und ganze »Zeitfenster« aufgetan. Wenn man einen Pflasterstein in ein Zeitfenster würfe und es klirrte nicht – wäre das Zeitfenster dann geöffnet? Oder ist es schlichtweg nicht existent? Sondern eine Erfindung aus dem Hause Wichtig? Zeitnahe Zeitfenster ergeben zwar keinen Sinn, aber das müssen sie ja auch nicht, denn sie sollen ja im Gegenteil »Sinn machen«.

»Sinn machen«, das klingt wie Pipi machen – und genau

so infantilisiert ist die Welt, die sich hinter dieser Blähsprache verbirgt. »Das macht Sinn« – wer so spricht, will sich aufpumpen und bedeutend machen, der will »einen Distinktionsgewinn erzielen«, wie das in Feuilletonsprech heißt. In dieser Welt ist simple Reklame »eine wichtige Produktinformation«, kurze Entfernungen sind »fußläufig«, wahrscheinlich wie die fußläufige Hündin. Äußerungen sind »grenzwertig« und Sachverhalte »gewöhnungsbedürftig«, obwohl doch das handelnde Subjekt der Gewöhnung bedarf, nicht das passive Objekt.

Wer solchen Radebrech kultiviert, der »verschriftet« auch seine Beiträge in »Meetings«, mit denen er seine »Relevanz« vergrößert hat. Der schreibt ein »Impulspapier« und will sich »optimieren«, wenigstens »ein Stück weit«, jedenfalls so lange, bis er dann »Sinn macht«.

Wie beispielweise Tom Buhrow. In den Tagesthemen dampfquakelt das ARD-Ankermännchen routiniert umnachtet drauflos: »Hier ist der Knackpunkt.« Ah ja, der Knackpunkt – allein, was wäre das, ein Knackpunkt? So etwas wie ein Eckpunkt, nur dass er eben auch noch knackt? Ist der Knackpunkt dem »Knackfaktor« verwandt, den die Lebensmittelbranchenwerbung für grüne Äpfel ersann? Oder dem Salat, der komplett gehaltlos sein darf, wenn er nur immer »knackig« ist?

Knackiger Salat ist sinnlos – nährstoff- und geschmacksfrei, aber knackig. Denn knacken muss es, unbedingt; das Wichtigste am Essen ist offenbar nicht der Geschmack, sondern das Geräusch, der »Sound«, der vom »Sounddesigner« kommt – ein möglichst lautes Krachen und Knacken im Mund. Dazu trinkt man importiertes Mineralwasser – im Angeberplural: »Mineralwässer« – oder ein »fassfrisches« Bier, selbstverständlich »Premium«, denn »Premium« ist die vornehmste Pflicht der Gülle, und »fassfrisch« muss sie auch sein, aber hallo. Wer soll sich davon angesprochen fühlen, wenn nicht ein Köter: »Hasso, fassfrisch!«? Hasso trank ein Pre-mi-um / Bumms, da fiel der Hasso um.

Die Herabsetzungsvokabel »Premium« hat es auch schon in die Literaturkritik geschafft: »Ein Muss für Liebhaber von Premium-Krimis ist die Schwedin Liza Marklund«, weiß Armin Görtz von der *Leipziger Volkszeitung*. Ob Frau Marklund und ihre Unterhaltungsromane diesen geballten Bewurf mit Phrasensalat verdient haben? Wir wissen es nicht und wollen es nicht hoffen. Und uns keinen Görtz, sondern einen Götz zum Hausgott bestellen – den guten, alten Goethe'schen Herrn von Berlichingen.

Schreiben und Kochen sind nahe Verwandte; beides braucht profunde Kenntnis der Tradition, schöpferische Intelligenz und Energie und Liebe zum Detail. Sprache ist selbst ein Grundnahrungs- und Lebensmittel – für Lebensmittel aber wird eine Sprache ersonnen und ausgeheckt, die man nicht in den Mund nehmen kann.

Wir hören von »top-aktuellen Angeboten« und können »das Schnäppchen unseres Lebens« machen. Man bietet uns eine »preisambitionierte Speisekarte mit Surrounding-Zuschlag« an – mit Letzterem ist das Amuse-Gueule gemeint. Im Restaurantführer *Marcellinos* ist vom »hippen Medienhafen der Modestadt Düsseldorf« die Rede, einem »Mega-Treffpunkt und Hotspot«, einem »gestylten Laden mit sexy Gästen« und überhaupt dem »Place-to-be«. Nur essen kann man das alles nicht.

In einer Pressemitteilung des Fernsehsenders RBB wird angekündigt, dass über Kochen im Fernsehen nicht gesprochen, sondern im Gegenteil »getalkt« werden soll. Von einem »Mega-Medientrend« ist die Rede, ein »sinnlicher Höhepunkt« wird beschworen, und der Gipfel der Phrasen heißt »Kochen wird Kunst!«. Wieso »wird«? Kochen *ist* eine Kunst und war es immer, aber das Fernsehn, geistig eine Schnecke, feiert jede Spätentdeckung als originäre Novität. Gastgeber des ranzigen Geredes ums Essen ist Michael Naumann, ein ehemaliger Kulturstaatsminister mit Ambitionen zum Bürgermeister aller Pfeffersäcke. Sobald in Deutschland irgendwo das Wort »Kultur« draufsteht, das lernt man hier schnell, ist ohnehin alles wurscht.

Wenn man den fußläufigen, zeitnahen, eck- und knackpunktenden, fassfrischen Sinnmachknackern so genau zuhört, wie die sich das niemals wünschen dürften, möchte man hinterher ein altes Lied anstimmen: Die Gedanken sind Brei, wer kann sie erahnen …?

Das Glück im Happi-Happi-Grill

Ist das noch ich, oder bin ich schon Bratwurst?

Wiglaf Droste

»Immer wenn ich Hause komm,
dreht es mir den Magen um.
Lieselott ist müdelein,
will jedoch nicht Betti gehn.
Peterle ist ogilafen,
muss ganz nötig lingelang.
Franzmann schreit, sein Hoppedie
habe hoppeheiter macht.
Grausend wend' ich mich zur Kneipe,
ata ata, tinki tinki.«

So eindrucksvoll beschreibt Robert Gernhardts Gedicht »Ein Vater spricht« die Verzweiflung eines sprachverständigen Erwachsenen, der sich mit regressivem Babysprech konfrontiert sieht. Wechselt man die Perspektive, verhält es sich umgekehrt: Kleinkinder sind bei der Spracherlernung möglicherweise auf die regressive, singsanghaft vorgetragene Babysprache angewiesen – und darauf, dass die babysprechenden Erwachsenen von ihrem eigenen Heititei nicht depressiv werden. Das fanden Peter S. Kaplan und seine Kollegen von der University of Chicago heraus.

Im Gespräch mit Kleinkindern sprechen viele Erwachsene mit höherer, singender Stimme, Wortschatz und Satzbau sind einfacher als gewöhnlich. So schauderhaft es klingen mag, wenn jemand verzückt »Na, du kleines Scheißerchen! Titititititititi!« flötet, so scheint es leider doch sinnvoll: Kleine Kinder reagieren stärker auf hohe, modulierte Stimmlagen. Babysprache regt Babys an, und in angeregtem Zustand verarbeiten sie Informationen effizienter und vollständiger.

Kaplan und seinen Leuten war aufgefallen, dass bei Standardtests zur Messung der Entwicklung von Kindern der Nachwuchs depressiver Mütter häufig schlechte Ergebnisse erzielt. Ein möglicher Grund könne darin liegen, dass der Sprache depressiver Mütter viele der typischen Babysprachmerkmale fehlen; ihre Stimmen sind flacher und monotoner, und somit fehlen ihnen laut Kaplan »die akustischen Qualitäten, die nötig sind, um die Kinder zu sensibilisieren.« (*Child Development*, Mai/Juni 1999)

Das klingt so simpel wie wahr: Kinder, die mit der strahlenden Milch glücklicher Kühe aufgezogen werden, haben gute Aussichten, später groß, stark und glücklich zu sein, während ihre Altersgenossen, die mit der schwarzen Milch der Depression vorliebnehmen mussten, sich leicht zu mickrigen, unfrohen Piesepömpeln auswachsen können. Nicht bedacht aber hat die Forschungsgruppe Kaplan, dass die bloße Mutter- oder Vaterschaft als solche schon Grund genug für eine saftige Depression sein kann. Sich selbst beim Verfall zu einem grinslallenden Plapperkopf zuzusehen und – zuzuhören, kann schwermütig machen – was umso erbitternder ist, als das rücksichtslose Kleinkind davon auch noch profitiert. Hier gehen Regression und Depression eine nahezu unentwirrbare, teuflische Verbindung ein. Ebenfalls noch weitgehend unerforscht sind die Folgen für die Erwachsenenwelt. Dass aber auf Regression basierendes, mithin grenzdebiles Glück erstrebenswert ist, wird bezweifeln, wer einmal die Vorgänge beobachtet hat, die sich vor und in den Filialen der Imbisskette »Happi-Happi-Grill« abspielen und vollziehen. Vom abendlichen Alkoholabusus rückstandslos regredierte Männer – die »Happi-Happi-Grill«-Kundschaft ist zu 96 Prozent männlich – schwanken heran. Mattgelb schimmert das »Happi-Happi-Grill«-Signet durch den nächtlichen Dunst; was anderen eine Warnung ist, erscheint den zerrütteten Männern als Rettungsanker. Der Inhalt ihrer Köpfe ist auf ein Wort zusammengeschnurrt: Mama. Da wollen sie hin. Mama aber bedeutet: Erlösung. Manna. Happi-Happi.

So sieht es aus, das ganze Glück der Regression: eine Woge aus Frittenfett, in ihrem Epizentrum ein Mann, der »eine Schachtel Pommi mit Ketchi« bestellt hat und nun in sich hineinzwängt. Und nicht mehr weiß: Ist das noch ich, oder bin ich schon Bratwurst?

Dieser anthropologisch einschneidenden Frage möge sich die Wissenschaft widmen – rasch, bevor es zu spät ist.

Grillrezepte

Vincent Klink

Eigentlich war das Grillen bisher unter meiner professionellen Würde. An einer Tankstelle fiel ich dann irgendwann auf ein Grill-Equipment herein, und ich war über das untaugliche Blechle so sauer, dass ich mir aus Trotz selbst einen Grill bastelte. So packte mich der Ehrgeiz. In den USA – ansonsten halte ich von der Cowboykocherei nicht viel – erlebte ich dann die hohe Schule des Kokelns. Es war in Tampa/Florida:

Schwitzende Köche rösteten T-Bone-Steaks mit Mesquite-Holz, das in der Wüste gesammelt wird. Sie schmeckten so fantastisch, da war mir auch egal, dass ich um die Hormonangaben der Tiere wusste.

Seitdem betrachte ich das Grillen nicht mehr von der snobistisch-abfälligen Seite. Nur eines noch: Gemüse kann man auch grillen, wenn man jedoch Fleisch auf den Grill legt, warum muss dann mit dieser überall üblichen Knoblauch-Chili-Jauche das Fleisch mariniert werden – weil Schrottfleisch einer geschmacklichen Tarnung bedarf? Grillen wir doch mal gutes Grillgut:

Gegrillter Seeteufel mit grünem Koriander-Dip

1	Seeteufel (600 g)
4	Frühlingszwiebeln
4 EL	Puderzucker
$^{1}/_{8}$ l	Apfelsaft
2 EL	Essig
1	Peperoni
1 Bund	grüner Koriander
	geschroteter schwarzer Pfeffer, Salz

Den Seeteufel vom Händler enthäuten lassen. Die zweite, helle Haut muss man meist selbst abziehen. Mit einem scharfen Filiermesser zwischen Haut und Fischfleisch fahren und so Haut vom Fleisch trennen. Den Seeteufel mit dem Mittelknochen in daumendicke Scheiben schneiden; pfeffern, salzen, mit Olivenöl bepinseln und grillen. Die Frühlingszwiebeln halbieren und ebenso mit ihnen verfahren. Auf dem Grill sanft rösten.

Für den Koriander-Dip Apfelsaft, Essig und Puderzucker zu einem dicken Sirup einkochen. Peperoni halbieren und entkernen. Wer Scharfes nicht gewohnt ist oder verträgt, sollte die Peperonihälften in viel Wasser zehn Minuten blanchieren. Anschließend in feinste Würfelchen schneiden, die Korianderblätter klein hacken und in den Dip geben. Vom Herd nehmen, mit Pfeffer und Salz würzen.

Gefüllter Grillrostbraten

2	Rostbraten à 200 g
2	Schalotten, feingehackt
1 Bund	Blattpetersilie
1	zerriebene Knoblauchzehe
1 TL	frischer Majoran
1 EL	Butter
1 EL	Olivenöl

Die Schalotten und den Knoblauch hellblond in Butter andünsten. Mit einem Achtelliter Rotwein ablöschen und den Wein reduzieren, sodass die Schalotten zu einer Paste werden. Die Petersilie und den gehackten Majoran dazugeben.

Die Rostbraten sehr flach klopfen, halbieren, pfeffern und salzen. Die Hälfte der Fleischplätzchen mit der Paste bestreichen, sodass der äußere Rand der Schnitzel einen Zentimeter frei bleibt. Die anderen Schnitzel in der Art eines Klappbrotes darauflegen. Die Ränder festdrücken. Danach pfeffern, salzen und bei kleinem Feuer jeweils fünf Minuten von beiden Seiten grillen.

Knurrhahn in Bouillabaisse

2	Portionsknurrhähne
2	Schalotten
1 Zweig	Thymian
½ l	Fischsud (evtl. fertig im Glas)
1	Knoblauchzehe (muss nicht sein)
1 Msp.	Safran
3	Kartoffeln
4	Minitomaten
1	Zucchini
½	Staudensellerie

Gemüse würfeln, Schalotten fein schneiden. Gemüse, Safran, Knoblauch und Thymian in der Fischbrühe fünfzehn Minuten sanft kochen. Brühe abschmecken. Die Knurrhähne schuppen, waschen und die Flossen abschneiden. In den Sud legen und den Deckel draufgeben. Die Brühe mit dem Gemüse sollte nur ganz wenig kochen, fast nur ziehen. Nach zehn Minuten sind Fische und Brühe fertig.

Keine Angst vor Knurrhähnen, zu Hause haben sie längst ausgeknurrt. Ihr Fleisch enthält nur wenige Gräten, und diese sind seitlich der Bauchlinie entlang, übersichtlich, in Reih und Glied angeordnet. Im Französischen nennt man diesen Fisch »Grondin«. Seinen Namen dürfte er davon haben, dass er auf dem Meeresboden gründelt und mit Kieferknacken seine Feinde vertreibt. Er schimmert leicht rötlich und hat festes wohlschmeckendes Fleisch. Warum er so wenig gehandelt wird, ist mir ein Rätsel, denn er gehört zum Besten, was ich kenne, und ist in einer Bouillabaisse unverzichtbar.

Gefüllte Weinblätter

Für 6 Personen

100 g	Zwiebeln
50 g	Pinienkerne
50 g	Rosinen
1 Bund	Dill
100 ml	Olivenöl
180 g	Rundkornreis
100 ml	Weißwein
1 TL	Piment
2	Zitronen
	Salz, Pfeffer
1 Glas	eingelegte Weinblätter (250 g Abtropfgewicht)

Dill und Zwiebeln fein schneiden. Die Pinienkerne ohne Fett braun rösten. Zwiebeln in zwei Esslöffel Öl glasig dünsten, Reis unterrühren, Weißwein zugießen, zudecken und zehn Minuten ziehen lassen. Pinienkerne, Dill, Korinthen, Piment, Salz und Pfeffer unterrühren. Abkühlen lassen.

Weinblätter voneinander trennen, wässern, abspülen. Vierzig große Blätter mit der blanken Seite nach unten auf ein Geschirrtuch legen. Einen Esslöffel Füllung am Stielansatz daraufgeben. Einschlagen, aufrollen. Die gefüllten Rollen mit der Nahtstelle nach unten dicht nebeneinander in eine Pfanne legen, mit dünnen Zitronenscheiben belegen. So viel Wein dazugeben, dass die Rollen halb bedeckt sind. Das restliche Öl darübergießen. Deckel drauf. Im vorgeheizten Backofen bei 180 Grad zirka dreißig Minuten garen. Kalt oder lauwarm als Vorspeise servieren.

Tabouleh (libanesisch)

100 g	Weizen-Pilpil (Bulgur) oder Couscous in heißem Wasser quellen lassen
1 EL	Schnittlauch
1 Zweig	Minze
1 Bund	Petersilie
2	ausgepresste Zitronen
1 Msp.	Kreuzkümmel
3	Tomaten, klein gewürfelt
1	Salatgurke, klein gewürfelt
2 EL	Würzl
$\frac{1}{4}$ l	Wasser
3 EL	Weißwein
6 EL	Olivenöl
	Salz, schwarzer Pfeffer

Die Kräuter hacken. Zwiebeln klein schneiden und in Olivenöl anschwitzen. Couscous hinzugeben und in kalter Gemüsebrühe ziehen lassen, bis die Körner einigermaßen weich sind.

Alle anderen Zutaten untermischen. Der Anteil der Kräuter sollte ungefähr ein Drittel betragen. Das Ganze sollte locker und grün aussehen und von Olivenöl etwas glänzen.

Cassata

6	Eigelb
2	ganze Eier
80 g	Zucker
1	Prise Salz
1	abgeriebene Zitrone
100 g	gesiebtes Mehl

Eigelb, Ei und Zucker im Rührwerk dick und weißschaumig schlagen. Die Zitronenschale und Salz untermischen. Das Mehl vorsichtig daraufsieben und unterheben. Auf ein Backblech gießen und bei 180 Grad braun backen.

Die Teigmasse kann man auch in einer Springform ausbacken (30–40 Minuten). Anschließend den Biskuit auskühlen lassen und in dünne Platten tranchieren.

5 cl	Amaretto
500 g	Mascarpone
400 g	Quark
6 EL	Zucker
(Alles gut verrühren)	
100 g	Schokoladenraspel
150 g	kandierte, gehackte Früchte

Eine Schüssel erst mit Folie, dann mit dem Tortenbiskuit auslegen. Den Rest darüberfüllen und fünf Stunden einfrieren.

Jedem seine Extrawurst?

Vincent Klink

Neulich kam ein Brief ins Haus. Eine Frau schilderte mir, sie hätte gerne mit zehn Freunden unser Restaurant aufgesucht. Im Anschluss an die Pissarro-Ausstellung wäre ein schönes Essen bei ihrem Lieblingskoch der krönende Abschluss gewesen. Es hätte nicht geklappt, und warum? Jeder der Hungrigen wollte seine Labung auf individuelle Art stillen, also jeder sich das aussuchen, was ihm am liebsten ist. Eigentlich ganz normal, sollte man meinen, zumindest ist es beklagenswerterweise in den meisten Restaurants so Brauch – nicht aber bei mir und meinesgleichen!

Immer wird den Köchen, die so verfahren, Übles angehängt: Sie seien faul, heißt es, könnten nur bis drei zählen, wären überhaupt unwillig und betrachteten den Gast sowieso als ihren natürlichen Feind. An einem Tisch sechs bis sieben verschiedene Gerichte zu servieren, könnte freilich gewaltige Qualitätseinbußen bedeuten, das stimmt. Selbst ein Koch hat seine dunklen Stunden, sodass sogar ein einzelnes gebrutzeltes Gericht völlig schiefgehen kann. Auch gibt es noch Pampsköche (um sie nicht gleich Attentäter zu nennen), die nur ein

einziges Rezept repetieren können. Aber der Gaststättenbetrieb ist nicht unbedingt als Anschlag auf Leib und Leben der Gäste zu betrachten. Die meisten Köche sind keineswegs darauf aus, ihre Kundschaft zu unterjochen, nicht zu vergessen, dass es umgekehrt auch gerne versucht wird. Lassen wir all diese Erwägungen mal beiseite. Sprechen wir von den Leuten, die in nettester Absicht ihren netten Lieblingskoch besuchen wollten, den es ja, zwar selten, aber doch häufig genug gibt, um mühelos einige Bausparverträge dafür drangeben zu können.

Sie rufen also an, die Hungrigen und Beladenen, in bester Absicht und von Lust auf Atzung geradezu feuchtmäulig, wenn nicht gar triefend vor Begierde. Die Enttäuschung hat staatstheatralische Dimension. Blankes Entsetzen, versagende Stimme bei der hungrigen Anruferin, der am Telefon höflich, aber bestimmt mitgeteilt wurde, dass die zehn Personen dazu verdonnert seien, ein gemeinsames Gericht zu ordern. Sie aber wollten unterschiedlich dinieren. Wer solche Absagen bekommt, glaubt nicht mehr an Demokratie: Da spricht man heute von Individualgesellschaft, um dann von Seiten des Kochs absolutistisches Gehabe ertragen zu müssen, als solle ein Staatsbankett gegeben werden. Es geht doch nur um ein Essen für zehn Personen, gesittete Leute. Die wollen doch nur essen, was auf der Karte steht. Das muss ein Berufskoch doch bewältigen können! Es gibt kleinere Gourmetrestaurants, die mit einem Zehnertisch tatsächlich ins Schleudern kommen. Ich weiß noch aus meiner Anfangszeit, als ich alleine mit einem rachitischen Gehilfen in der Küche ums Überleben kämpfte, dass ein volles Lokal noch lange keinen glücklichen Koch macht.

Man könnte annehmen, der Koch sei dann zufrieden, wenn es der Gast auch ist und er dazu in hohem Maße beitrug. Nun ist es leider so, dass die wenigsten Menschen außerhalb ihrer erlernten Spezialgebiete wissen, wie sie ans Glück kommen. Jenes machen sie häufig beim Nachbarn aus, jeder Schurke, der schlimmste Sünder hat Glück, überall Glück, nur das eigene flieht! Da hat schon mancher um die besten Restaurantplätze gekämpft, mit rauchenden Reifen sich einen Parkplatz geschnappt, sich an Warteschlangen vorbeigedrängelt, seine Mitmenschen übers Ohr gehauen, sich die Theaterplätze über den goldenen Kreditkartenservice reservieren lassen, sich die teuersten Klamotten gekauft, wegen eines abgeplatzten Knopfes mit dem Herrenausstatter einen Prozess begonnen – und sogar gewonnen, gegen den Nachbarn geklagt, weil dessen Herbstlaub über den Zaun vagabundierte und und und …

Krieg an allen Fronten, an der Börse das Vermögen verdoppelt: Kämpfen lohnt sich, sollte man meinen. Schaut man sich die Heroen dann genauer an, haben sie statt freudiger Lippen einen Strich im Gesicht, einen Sparschlitz, dass sie ihr Viertele nur noch mit dem Röhrle trinken können. Warum sind die Leute nicht glücklich, wo sie doch relativ viel im Leben erreichen? Ich will mal eine von vielen möglichen Antworten wagen: Weil sie durch zeitgeistlich bedingtes Raubtierverhalten nicht mehr differenzieren, nicht mehr wissen, wann man kämpfen muss und wann man sein Ziel mit vornehmer Zurückhaltung bequemer erreichen kann. Einfach mal sich hingeben, sich jemandem anvertrauen. Zugegeben, wem soll man sich noch anvertrauen, wenn man seine Mitmenschen gar nicht mehr beurteilen kann, weil man seit Jahren nur noch Fronten um sich sieht?

Geneigte Leserin, lieber Leser, denken Sie nicht, ich käme vom Thema ab. Gehen wir miteinander ins Restaurant, meinetwegen das an der Alten Weinsteige, wo ich täglich beobachten kann, wie sich die Autofahrer draußen auf der schmalen Straße fertigmachen, sich fast rammen, dann anhupen, sogar schon geprügelt haben, weil keiner einen Meter zurückweichen will, um den anderen vorbeizulassen. Die Probleme der Individualgesellschaft nehmen in geschlossenen Räumen keinesfalls ab. Der Kampf geht weiter, auch im Restaurant. Alle wollen am Fenster sitzen und auf die tief unten liegende Stadt schauen, oder anders, wollen aufs Elend runterglotzen, auf Stuttgart. Man fragt sich, warum das Servierpersonal die Unbelehrbaren nicht mit dem Abseilachter an der Brüstung biwakieren lässt, so wäre die Aussicht perfekt. Stimmt ja schon, der Gast ist König, und wenn sich in meinem Lokal innerhalb einer Genießerrunde ein Banause eine Pizza wünscht, wäre es kein Problem, ihm diese bei der Gummilappen-Connection zu ordern. Der Kunde ist König, aber Königsein ist ein schwieriger Job. Wilhelm Zwo hat vor über achtzig Jahren schon das Handtuch geworfen, und nach tausend Jahren Inzucht klappt der Royalismus nicht einmal in England reibungslos.

Nun gut, auch wenn der Gast nicht unbedingt monarchische Ansprüche erhebt, so sollte er doch für zwei Personen ein kleines und ein großes Menü bestellen dürfen? Die

Epikureer staunen nicht schlecht, wenn ich dann nein sage. Ich verweigere mich nicht, weil ich etwa den Hausherrn raushängen lassen, mich selbst als Monarch fühlen oder weil ich meine Köche schonen will. Mir geht es vielmehr um Harmonie bei Tisch. Die ist, grob gesehen, auch vorhanden, wenn sich ein Ehepaar den ganzen Abend anschweigt, das ist mir lieber als fliegendes Tafelsilber. Aber der Idealfall ist es nicht, und schon gar nicht, wenn der Männe den ganzen Abend mampft, während sie den Hochzeitstag mit Zugucken abfeiert. Sie muss schlank bleiben und auch jetzt das Leben an sich vorbeilassen. Statt sieben Gänge gönnt sie sich nur Kleine Vorspeise, Suppe, halbierten Hauptgang. Bestellten jedoch beide drei Gänge, bekäme das Essen eine gewisse Gemeinsamkeit, es entstünde ritualisiertes Miteinander, echte Tafelkultur.

Sitzen zehn Ehepaare mit verschiedenen Gerichten bei Tisch, denkt der eine vom andern entweder, welch ein Glück, ich habe das bessere Essen, oder verdammt, der Teller meines Gegenübers wäre mir lieber gewesen, schon weil es da nach mehr aussieht. Wollte man nur satt werden, gäbe es die goldene Regel des schnellen Inputs, dafür sind aber die Preise in einem Feinschmeckerrestaurant zu hoch. Sie sind es deshalb, weil Sattwerden und gutes Essen auf dem Teller höchstens das halbe Angebot sind. Den Rest gibt es nicht umsonst: Fülliger Blumenschmuck, gestärktes Leinen – zig Dinge, die einen Aufenthalt angenehm machen, ohne dass man sie groß bemerkt.

Der Wahn unserer Ellenbogengesellschaft, die Neurosen der Übervorteilung, Verlierersyndrome, triefende Siegerlaune, vieles wird an Tischen mit diffundierender Selbstverwirklichung bereitgehalten, aber nur selten noch findet sich die Harmonie der vollkommensten Gasthausgesellschaft, die die abendländische Kultur einst kennzeichnete, die »Table d'Hôte«. Man setzte sich an einen langen Tisch, und dann wurde aufgefahren. Üppig serviert, ohne dass man Wünsche äußern musste, die Geschenke des Gaumens kamen unaufgefordert. So wurde das noch um die Jahrhundertwende häufig praktiziert. Kulturhistoriker können es bestätigen: Unsere Kultur hat sich seit damals verändert, ist vielfältiger geworden, teils feiner, besser, differenzierter etc. Mit dem zunehmenden Individualismus des Genießens ging aber auch ein Gutteil flöten: verbindender, gemeinschaftlicher Geschmack.

Harte Scholle nein, zarte Scholle ja

Wiglaf Droste

Knapp 250 Jahre nach ihrer ersten Veröffentlichung ist Voltaires flammende Aufklärungsschrift »Candide« noch immer ein bestens geeignetes Mittel, die Zumutungen zu verjagen, mit denen grinsende Zwangsoptimisten auf ihre weniger penetranten Mitmenschen einhämmern. Das Buch endet mit dem Satz: »Es gilt, unseren Garten zu bebauen.« Vincent Klink, Freund und Schüler der Künste und der Philosophie, begab sich in seinen Garten.

Doch die zähe schwäbische Lehmscholle war von grausamer pietistischer Härte: Erst brach Klinks Spaten, dann beinah sein Kreuz. Anders aber als Jesus war Klink heilbar: Ein Chiropraktiker renkte und knackste ihn wieder zurecht. Unversehens zur Immobilie geworden, sandte Klink nun mich aus, zartere Scholle zu bestellen. Ich fand den Garten Gottes in Ligurien. Der Gärtner heißt Berto, ist Anfang 60 und sieht aus wie der jüngere, schmalere Bruder von Sean Connery. Als ich ihm das einmal sagte, sah Berto mich verständnislos an – Sean Connery kannte er nicht. Ein Filmstar, sagte ich verwundert. Ach so, Kino. Berto winkte ab. Im Kino sei er vor 45 Jahren einmal gewesen, um ein Mädchen zu beeindrucken, aber das habe nicht geklappt, und dann sei er nicht mehr hingegangen.

Von der Terrasse aus sehe ich in Bertos Garten. Auf den Terracotta-Kacheln sonnen sich drei Eidechsen, eine krabbelt flink den Birnbaumstamm vor mir hoch. Im Mandarinenbaum summen Bienen und Hummeln, die Zitronenbäume leuchten. Links, zum Meer hin, verströmt eine große Feige ihr fettes Grün, rechts am Berg segelt eine Fasanin heran, flapp-flapp, träge wie ein Wampenspecht, und landet am Wegesrand unterm Mandelbaum. Abends hinterm Haus quaken Frösche, Glühwürmchen leuchten, und im Olivenhain huhuht eine Eule: Dschuuk, dschuuk.

Ab und zu schwappt mit den Zeitungen etwas Deutschland ins Idyll. Eine aufdringliche Westerwelle brandet gegen das Kap, dann ist sie weg. Früh am Morgen weckt mich ein heiserer Schrei: Ein Fasanenhahn trudelt überm Wein. Berto, barfuß, die Flinte in der Hand, flitzt aus dem Haus, legt an, der Fasan verschwindet im hohen Gras, Berto lässt die Knarre sinken. »Schöner Fasan«, sagt er. Aber er sieht nicht nur gut aus, er schmeckt auch gut.

Am liebsten jagt Berto Wildschweine. Stundenlang allein nach Hirschen pirschen, das sei nichts für ihn, sagt er. Aber eine Wildschweinjagd mit viel Rabatz, das sei eine großartige Sache. Im letzten Herbst habe er ein schönes Tier geschossen, zwanzig bis dreißig Kilo. Berto holt eine Wildschweinkeule aus der Tiefkühltruhe. Er ist Gärtner, Jäger und Sammler. Ich bin der Koch. So hat Berto es bestimmt, und mein Herz schlägt höher: Ich bin stolz, ein Deutscher zu sein, der für einen Italiener kochen darf.

Olivenöl und Wein macht Berto selbst. Der Wein, eine Sangiovese-Traube, ist vor allem für den eigenen Bedarf bestimmt, das Öl verkauft er zu einem guten Teil an Restaurants im Piemont, fünfzehn Mark kostet der Liter, einen Armvoll Rosmarin und eine Kiste Zitronen aus dem Garten schenkt Berto den befreundeten Wirten dazu. Von einer Fahrt ins Piemont bringt er Quellwasser mit, Brot, Salami und eine Tüte Enzian. Den zu pflücken ist verboten, aber Berto sagt, er kenne keinen besseren Digestif als den, der aus Enzian gemacht wird – abgesehen vielleicht vom Grappa aus Sardinien, den ein befreundeter Carabiniere bei Berto vorbeibringt, der den Selbstgebrannten wiederum von einem sardischen Kollegen bekam, Filo di Ferro, Filu e feru in sardischer Mundart, benannt nach dem Eisendraht, mit dem der Flaschenhals umwickelt ist: Die Schnapsflaschen werden in die Erde eingegraben, und damit man sie wiederfindet, steht der Draht ein Stück über.

Vor dem Schnaps wird gegessen und getrunken. Gekochte große Bohnen mit Thunfisch und frischer gehackter Minze; Gnocchi mit Pesto, im Mörser aus Pinienkernen, Knoblauch, Parmesan, Öl und viel Basilikum zusammengehauen und -gequetscht; der Fischhändler am Hafen hatte ganz frische Sepie, die werden mit Zwiebeln in Vermentino gekocht, dem vorzüglichen ligurischen Weißwein; dann gibt es eine gebratene Scholle, in die kein Spaten stechen und in der kein Kreuz brechen muss, und zum Schluss gibt es Erdbeeren in Zitronensaft, Rotwein und Zucker.

Um neun geht Berto schlafen, denn um fünf ist er schon wieder auf. »Arbeit«, sagt er, »ist eine hässliche Angewohnheit.« Berto sagt gute Nacht, ich spüle. Dann setze ich mich unter die Bäume. »Narren hasten, Kluge warten, Weise gehen in den Garten«, sagt Rabindranath Tagore. Das ist so weise, das ist schon voll weise. Es gilt, den Garten zu bebauen – aber bedichten will ich ihn auch:

Der Petersil, der Petersil
weiß alles, doch er spricht nicht viel.
»Dumm schmeckt gut!« prahlt Basilikum.
Er kriegt damit Tomaten rum.

Pfiff & Kolik
oder
Einiges über Geschmacksverirrungen

Verteidigung der Kartoffel gegen Veronica Ferres

Wiglaf Droste

Äußerst schmackhaft ist die Kartoffel. Einst kam sie aus Übersee zu den Deutschen. Wacker verzehrten sie die neue Knolle, erwiesen sich aber als wenig dankbar: Bis heute wird die Kartoffel mannigfaltig massakriert und missbraucht, als Pfanni-Krokette, in Form von Tiefkühl-Pommes-Frites, als uninspiriert wassermatschig zerkochte Salzkartoffel, als palettenweise in Zehnkiloeimer hineingepröteter Kartoffelsalat. Keines dieser Verbrechen wurde je gesühnt. Die Täter sind auf freiem Fuß. Und lachen, als hießen sie Feistus Raclettus oder Eduard Zimmermann.

Noch ärger sogar als ihre kulinarische Hinrichtung ist die Verhöhnung, die der Kartoffel durch die aufdringlichste und möchtegernigste ihrer Repräsentantinnen widerfährt, durch Veronica Ferres. Die Schauspielerin, in ihrem Beruf etwa so vielschichtig wie ihr Kollege Till Schweiger, wuchs als Tochter eines Solinger Kartoffelhändlers auf – und nimmt das pausenlos zum Anlass für peinlich tümelnde Anbiederung. Bei jeder sich bietenden Gelegenheit kartoffelt Veronica Ferres die Mikrofone zu: Am Marktstand ihres Bruders in Solingen, das erzählte sie zum x-ten Mal auch der nach debil mobil klingenden Bahnzeitschrift *DB mobil,* stehe sie »gerne und so oft ich kann«. In der PR-Welt der Veronica Ferres ist eben jede Woche Kartoffelernte, und den Markt besingt sie als einen »Kontrast zur Schnelllebigkeit der Supermärkte«. Ja, diese Supermärkte: unglaublich schnelllebig! »Live fast, die young!«, rief Lidl, der junge wilde Supermarkt, und stieg auf sein frisiertes Rebellenmofa. Und Penny ging zum Regenbogen, aaah …

Auch für Veronica Ferres gilt das Diktum von Karl Kraus: »Es genügt nicht nur, keine Gedanken zu haben. Man muss auch unfähig sein, sie auszudrücken.« Nicht wenige Penisverpömpler im Land aber mögen das und finden es top-erotisch, wenn Mutti eher simpel gestrickt ist – möglicherweise in der allerdings trügerischen Hoffnung, die eigenen Defizite fielen dann weniger auf. Schenkt man einschlägigen Bevölkerungsausfrageinstituten Glauben, dann möchten drei Viertel aller deutschen Männer liebend gerne Veronica Ferres beschlafen. Warum? Ist die Not wirklich so groß?

Man steckt nicht drin, auf jeden Pott passt ein Deckel, und auf Veronica Ferres eben eine ganze Deckelfabrik. Das wäre völlig gleichgültig, würden in diesem Ferres-Topf nicht auch unschuldige Kartoffeln mitgegart. Dabei könnte nach Veronica Ferres nur eine Kartoffelsorte benannt werden, die allerdings im Genlabor erst ausgeheckt werden müsste: die gleichsam fleischsalatig vor sich hin quasselnde Granata Germaniae.

Als Gratin oder Brei, als Pell-, Brat- oder Stampf-, als Béchamel- und Herzogin-, aß ich unzählige Kartoffeln, und alle waren sie weit subtiler, als Veronica Ferres es je sein könnte. In ihren eigenen Worten klingt das so: »Ich kann mit jedem Klischee leben.« Kann ist kühn gesagt, wenn man muss.

Die ganze Bandbreite von A bis B beherrschen und daraus Selbstbewusstsein schöpfen, das ist die Kunst des schlichten Lebens. Von deren Gegenteil, der Kunst des tief-einfachen Lebens, wusste der Dichter Joachim Ringelnatz sehr viel. In seiner Liebeserklärung an die Pellkartoffel, »Abschiedsworte an Pellka«, hymnete er:

»Jetzt schlägt deine schlimmste Stunde,
Du Ungleichrunde,
Du Ausgekochte, du Zeitgeschälte,
Du Vielgequälte,
Du Gipfel meines Entzückens.
Jetzt kommt der Moment des Zerdrückens.
Mit der Gabel! – Sei stark!
Ich will auch Butter und Salz und Quark
Oder Kümmel, auch Leberwurst in dich stampfen.
Mußt nicht so ängstlich dampfen.
Ich möchte dich doch noch einmal erfreun.
Soll ich Schnittlauch über dich streun?
Oder ist dir nach Hering zumut?
Du bist ein so rührend junges Blut. –
Deshalb schmeckst du besonders gut.
Wenn das auch egoistisch klingt,
So tröste dich damit, du wundervolle
Pellka, daß du eine Edelknolle
Warst, und daß dich ein Kenner verschlingt.«

Kein PR- und Schischischreiber, und wäre die Bestechungsgage noch so hoch, könnte so etwas Fein-Wahres dichten über die zwar ihrerseits kartoffelige, vor allem aber – und das muss man sich einmal bildlich vorstellen –: die Kartoffel zum Transmissionsriemen ihres Populismus herunterwirtschaftende Frau Ferres.

Und ich, Freund der Kartoffel, täte das ohnehin nicht. Zu keiner Kartoffel würde ich je Veronica sagen, nicht einmal, wenn sie keimte.

Deutliches zur Kartoffel

Wiglaf Droste

Nirgends auf dieser Welt vermögen hybride Amtsträger zu erkennen, wenn man ihnen freundlich, ja milde begegnet. Der polnische Staatspräsident Lech Kaczynski wurde am 26. Juni 2006 auf der Wahrheitseite der *taz* porträtiert. Peter Köhlers Text trug den Titel »Polens neue Kartoffel«. Anschließend herrschten Hass und Irrsinn; »ekelhaft und gemein« sei das gewesen, klagte Kaczynski öffentlich, wörtlich von »Stürmer-Stil« war die einfallslose, hysterische Rede, vollkommen im Ernst wurden staatliche Sanktionen gegen und Haft für den Autor verlangt. Wie meine Oma zu sagen pflegte: Du kriegst die Tür nicht zu.

Weiß denn der polnische Staatspräsident nicht, wie köstlich die Kartoffel schmeckt, wie erfreulich ungleichrund sie gebaut ist, wie sie deshalb von großen Dichtern wie Joachim

Ringelnatz und F. W. Bernstein besungen ward und wie sie uns überhaupt entzückt mit ihrem Duft, ihrem Fleisch und eben ihrer ganz eigenen Art? Sogar herzförmige Kartoffeln fand ich schon – und bewahrte sie, bis sie an Runzligkeit zugrunde gingen, getreu auf.

Im Sinne der Völkerverständigung schrieb ich Lech Kaczynski ein Gedicht. Möge es ihn auf diesem Umwege erreichen:

Das Kartoffelkompliment

Nenn einen Menschen nie Kartoffel
Es sei denn, dass er wüsste
Wie ihn das freuen müsste.
Doch freut's ihn nicht, den Stoffel.
Zu dumm aber auch!

Denn zart und schmackhaft ist die Knolle
Heißt Linda oder Grata
Sättigt Sohn und Vater
Füllt der Frau die schöne Rolle
Wärmt ihr Herz und Bauch.

Lech Kaczynski, ohne Gnade,
Lehnt Kartoffeln ab – wie schade!
Hat, als Mensch und Präsident,
Glatt sein Kompliment verpennt:
So schön sind SIE auch!

Stattdessen keimt er vor sich hin,
Heult »Wie ich mächtig wichtig bin!«
Es ist ein Jammer, wenn ein Mann
Sich gar nicht loben lassen kann
Dann steht er auf dem Schlauch.

Kaczynski war Kartoffelkönig
Und Kartoffel ist nicht wenig.
Doch schnauft er, schwer beleidicht.
Sodass Erkenntnis uns beschleicht:
Des Polen Reizbarkeit ist unerreicht.

Darmalarm im Hause Goethe

Wiglaf Droste

Den Bauch
Voll Lauch:
Knoblauch
Auch anderer Lauch.

War im Auflauf, der Lauch –
Rasch auf- und rasch eingeschaufelt:
Riesiger Haufen Lauch! Und lecker auch.
Jetzt aber Au: Bauchweh im Wehbauch.

Was kraucht da im Schlauchbauch?
Faucht laut im Bauchschlauch?
Au! Aua! Au! Hör auf!
Große Trommel – Nein, drück da nicht drauf!
Zu spät: fahler, fauliger Rauch.

Nun spürst du ihn auch
Diesen Hauch.
Spürst ihn auch du?
Gretchen? Spürst du ihn? Puuuuh … –
Unter allen Kissen ist Ruh.

Blues in Frankfurt
oder: Kein Ei geht nicht

Vincent Klink

Lärmende Flugzeuge,
Menschen hetzen, jagen,
abgewetzte Koffer, die Gesichter ebenso.
Der Frankfurter Flughafen ist längst hellwach.

Höchste Zeit, ein Frühstück zu bunkern. Obwohl ich mehr danach aussehe, dass mir ein Fasttag gut bekäme. Mir, dem meine Freunde nachlästern, ich würfe einen Schatten, als schmuggelte ich Bierkisten unterm Sakko.

Dann sitze ich endlich inmitten des Frühstücks-Animationsgetümmels, umzingelt vom Überschwang an Tapisserie in Apricot-beige. Genau die Farbe, von der Ray Charles sagte, dass es sich lohne, dafür blind zu sein.

Da mir frühmorgens immer schlecht ist, vertrage ich als ersten Nachschub in die noch vom Vorabend übel behausten Verdauungsschläuche nur Frisches, was nicht kratzt oder bläht oder so.

Der Ober, ein netter Kerl mit dem traurigem Blick des Entwurzelten, ich tippe auf Inder, wird forsch und insistiert auf Zwangsernährung: Was ich gleich gar nicht aushalte, ist ein Frühstücksei, ich sag es, wie es ist, ein »Quälhuhn-Ei«, und darum geht es hier. Der Ober erklärt mir Frühstück: »Gerne«, aber: »Kein Ei geht nicht.« Er tritt von einer Zehe auf die andere, als hätte er Reißnägel in den Schuhen. Er entschuldigt sich mit mühevoll gesuchten Worten der Loyalität für eine idiotische Hoteldirektion. »Chef gesagt, kein Ei geht nicht!«, wiederholt er vorsichtshalber gleich noch einmal. Weniger verärgert, mehr amüsiert sage ich, »bringt das Ei!« Und in mich hinein ganz leise: »Heute hab ich meinen fatalen Tag.«

Das Ding kam. Ich schlug ihm unfein den Kopf ab. Effizienz rechtfertigt schlechte Tischmanieren. Jedenfalls, alles was auf den Tisch kommt, wird verdammt noch mal gegessen. Ein Erziehungsfehler wohl, aber auch ein Relikt der Achtung vor den Geschenken der Natur. Ein respektvoller Rückblick auf Zeiten, als Nahrungsmittel noch zu achtenswert und gut waren, um in den Mülleimer zu wandern.

Hier in Frankfurt kam keine Nostalgie auf. Das Ei roch, wie der Fachmann vermutet hatte. Überhaupt nicht nach Körnern und Wiese, sondern mehr nach dem drängenden Odeur des Schwefel-Wasserstoffs, in minderer Form so, wie wir die Stinkbomben damals im Klassenzimmer servierten. Keine Chance, ich bekam das Ei nicht den Schlund hinab. Vor meinem inneren Auge zogen die Katastrophenszenarios von Legebatterien vorüber. So stand das Ei guillotiniert auf apricotbeigem Trevira. Ein Mahnmahl für EG-Überschuss und verhunzte Natur. Um mich herum die Frühstücks-Leibesübungen voll im Gang. Der Kampf am Buffet. Der Brutzelmief von Speck, Eiern, Aftershave und gestrigem Vertreterschweiß.

Vom Frühstücksbuffet, der gegenüberliegenden Fress- und Mampf-Anlegestelle, feixte allerhand herüber. Reißender Absatz mit allem, was zu einem ordentlichen »American Breakfast« gehört: Abgehangene Scrambled-eggs, angetrocknete Sunny-side-ups, Fried-eggs, Soft-boiled-eggs, Eier in Majo, fast so hart wie das Leben. Zu all dem noch die Kollektionen der Firma Kellogg. Cornflakes, Chips, Crushers in allen Farben, womöglich auch aus Fischfutter komponiert und mit künstlichen Aromen auf ofenfrisch gejazzt.

Seit der weitgehenden Abschaffung des deutschen Mittagessens hauen die Leute hierzulande frühmorgens rein, dass die Nahrungsaufnahme für den jeweiligen Tag als erledigt gelten kann. Aber wie und womit? Das gilt für die handybewaffneten Businesssklaven, oder soll ich gleich sagen: Arschlöcher – das scheint diese elende Morgengesellschaft nicht zu jucken. »Hauptsache, es ist billig und stellt den Magen ruhig und das Hirn sowieso«, gilt auch für Durchschnittsbürger oder den Touristen. Übrigens in diesem Hotel: alles im Zimmerpreis inbegriffen. Wollte man solche Qualitäten in des Deutschen liebstes Spielzeug füllen, wäre auf den Straßen bald Ruhe. Jeder Motor käme ins Stottern. Aber fürs Auto nur das Beste.

Wer heutzutage mal wieder ein natürliches Ei zum Frühstück hat, dem steht der Dotter vor Augen wie die aufgehende Sonne, der weiß, wo die Messlatte guten Schmeckens hängt. Der wird auch einsehen, dass ein Ei nicht billiger sein kann als vor dreißig Jahren. Dieser Umstand müsste zu denken geben. Alles wird teurer, nur die Eier werden billiger. Was billiger wird, wird nie besser, sondern immer schlechter. Inzwischen sind nahezu alle freilaufenden Hühner umgefahren, und wer übers Land kurvt und auf den selten gewordenen Misthaufen noch ein Huhn zu sehen bekommt, dem würde ich raten: Stopp!

Schwatz der Bäuerin ein Ei ab, und denk daran: Kein Geld geht nicht. Gib ihr freiwillig eine Mark.

Es bleibt ein Stück Hannover zurück

Wiglaf Droste

Hannover. Was für ein Wort! Kundigen wird der Mund trocken, ihr Magen zieht sich zusammen, das Blut fällt ihnen aus dem Gesicht direkt in die Füße. Und doch hat die Stadt, aus der Gerhard Schröder kroch, auch ein Gutes. Man kann sie leicht verlassen. Zugreisende wissen es längst: Hannover ist geradezu ideal zum Umsteigen und Wegsein.

Auf dem Weg nach Bremen wurde ein Hannover-Aufenthalt von zwanzig Minuten bereits als bedrückend empfunden;

ich erbot mich, etwas Reiseproviant zu besorgen, und verschwand in den Untiefen des hannöverschen Hauptbahnhofs. Eine Imbissbude lockte mit fiesem Geruch; es gibt diese Tage, an denen man glaubt, so etwas essen zu wollen. Für meine Begleiter erstand ich zwei Hot Dogs: Weichwürstchen im Weichbrötchen, Erzeugnisse, wie sie von wirklicher Wurst und wirklichem Brot nicht weiter entfernt sein könnten. Dasselbe galt auch für das Ensemble, das ich mir selbst gönnte: eine Bratwurst im aufgeschnittenen Brötchen mit einem Strang hellgelbem Senf drauf.

Die in Alufolie eingewickelten Hot Dogs in der linken und mein Bratwurstbrötchen in der rechten Hand, ging ich zurück und biss auf dem Weg schon mal ein Stück Wurstriemen ab. Und, weil es so sonderbar schmeckte, gleich noch eins. Kaum dass ich den Bahnsteig erreicht hatte, waren offenbar auch die zwei Wurstbissen beim Magenpförtner angelangt.

Der gab ihnen allerdings einen entschieden abschlägigen Bescheid. Mit Händen und Füßen, das merkte ich nun ebenso plötzlich wie vehement, wehrte sich mein Magen gegen das hochtoxische Wurst-Senf-Gemisch. Es gelang mir, die Reste des Bratwurstbrötchens, die ich noch in der Hand hielt, in einem ihnen angemessenen Aufbewahrungsort zu versenken, einem Mülleimer, sodass ich die Rechte wieder frei hatte; ich brauchte sie auch dringend, um mir den Mund zuzuhalten, denn dem Magenpförtner war es ganz offensichtlich gelungen, die Wursthalunken davonzujagen, und nun waren sie auf dem schnellsten Weg ins Freie.

Dagegen hatte ich auch nichts einzuwenden, allerdings: nicht jetzt, nicht hier!, wie es in diesen Filmen immer heißt. Es war heller Nachmittag, der Bahnsteig mäßig mit Menschen besetzt und ein angenehmer, weil anonymer Ort zur Entsorgung nirgends in Sicht. Wie peinlich, dachte ich; Verzweiflung machte sich in mir breit wie Wurst hinter meinen Zähnen, die ich zusammenbiss wie nie und zur Sicherheit noch die freie

Hand davorpresste. Dieser äußerste Verteidigungsdamm, noch hielt er, noch brach er nicht.

Weiterhin die Hot Dogs in der Linken balancierend, taumelte ich den Bahnsteig entlang, Bahnsteig 13 las ich immer wieder, Bahnsteig 13, wieso las ich das?, egal, hastete, nur weiter! nur weiter!, dem Druck kaum mehr standhalten könnend, das Pflaster entlang, bis endlich niemand mehr vor mir zu sehen war und ich zum Stehen kam, um, selbst verwundert über diese Premiere, eine grellgelbe Fontäne in erstaunlich elegant geschwungenem Bogen auf die Bahngleise sich ergießen zu sehen. So musste sich Jesus gefühlt haben, als er sagte: Es ist vollbracht.

Verstohlen prüfte ich, ob mir jemand zugesehen hatte. Anscheinend hatte ich Glück gehabt. Nur eine ältere Dame sah mich mit einem Gesichtsausdruck an, in dem Entsetzen, Angst und Mitgefühl eine verblüffende Ampelkoalition eingingen. Dann kam auch schon der Zug, erleichtert verließ ich Hannover und sah, ganz entspannt, meinen Reisebegleitern beim Verzehren der Mahlzeit zu, die ich ihnen mitgebracht hatte.

Beobachtung eines Zonenbrötchens

Wiglaf Droste

Reisen ist herrlich: Unterwegs sein, in Bewegung sein, Fahrtwind im Gesicht – hach …! Frau Knopf chauffiert den Wagen, ist mithin Fahrwart, ich als Beifahrer bin Flüppchen-, Kaffee-, Musik-, Bütterkes- und Plauderwart. Munter und gut gelaunt nehmen wir sogar einen Anhalter mit, einen jungen Mann, der ein großes zusammengeklapptes Metallgerät mit sich führt. Er verstaut es im Kofferraum. »Mein Bauchmuskeltrainer«, sagt er später stolz und möchte darüber reden. Da fahren wir leider schon und können ihn nicht mehr aus dem Wagen werfen.

Aber an der nächsten Raststätte ist er fällig. Das ist in Börde bei Magdeburg. Ich tanke und wasche die Scheiben, Frau Knopf hat derweil ein Brötchen gekauft. Das Brötchen heißt »Just for fun – der Frischesnack« und ist laut Etikett angeblich ein »Salamibaguette«. Hergestellt wurde es bei »Hess-Snack« in 14822 Borkheide, ist also ein waschechtes Zonenbrötchen mit Hess-Appeal. In einem Anfall temporärer Bewusstlosigkeit beiße ich dennoch hinein. Schon auf der Zunge beginnt die Kaumasse zu zischen und zu britzeln, in der Kehle bleibt sie stecken. Ich greife zur Wasserflasche. »Nein!«, ruft Frau Knopf. »Kein Wasser – Cola! So was muss man mit Cola wegspülen!«

Ich tue wie mir geheißen; der Börder Zonenbrötchenpfropfen wird in einer Colaflut die Speiseröhre hinabbefördert, dann ist es besser. Ich rekonvalesziere, fühle mich aber nicht transportfähig. Es wird ein paar Tage dauern, bis ich mein Lieblingspräteritum werde sagen können: Ich genas.

»Lass mich hier liegen, es ist nur eine Würzfleischwunde«, ächze ich cowboyhaft. »Ohne mich hast du vielleicht eine Chance.« Frau Knopf fackelt nicht lange und fährt los. Kurz vor der Autobahnauffahrt steht ein weiterer Anhalter. Er hat keinen Bauchmuskeltrainer bei sich, sondern etwas sogar noch Verabscheuungswürdigeres: eine elektrische Gitarre. Frau Knopf lädt den Stromgitarristen ins Auto und braust davon.

Ich bleibe und beobachte das Zonenbrötchen. Es liegt in der prallen Sonne und verändert sich nicht. Es schimmelt nicht, es stinkt nicht – es ist geimpft, fitgespritzt, gedopt. Tagelang liegt es in der Hitze, die ihm kein Fitzelchen Leben einhaucht. Man kann einem Zonenbrötchen nicht beim Sterben zusehen, denn es ist schon tot.

Ich harre aus und werde zum späten Wiedervereinigungsgewinnler. Nie scheute ich mich, die Bewohner der Zone mit dem gemeinen Wort Zonis zu belegen, so wie man ein Brot mit Schlimmeaugenwurst belegt. Doch hier, in Börde, lasse ich Zurückhaltung walten, denn ich lerne die allerreizendsten Damen kennen. Sie sehen mich mit meinem Zonenbrötchen sitzen; neugierig schnuppernd kommen sie näher, und ich stelle ihnen den gummigen Happen als Gregor Gysi vor. Dann sagen sie, wie sie heißen, und es wird ein bisschen traurig. Wenn jemand Sandy heißt oder Mandy, dann ist das der Ersatz dafür, dass die Eltern nicht uneingeschränkt reisen durften: Mandy heißen statt Reisefreiheit.

Der Einkauf als inneres Erlebnis

Buddhismus für Fortgeschrittene: Einkaufen bei Karstadt

Wiglaf Droste

Zu den schönsten Dingen des Lebens gehört das Liegenbleiben. Deshalb wird es, wie alles Schöne, geahndet. Wer liegen bleibt, wo alles aufspringt und in ungelenke Unrast verfällt, erweckt den Argwohn arbeitsamer Hektiker. Oder auch nur ihren Neid: Handwerker werfen morgens um sieben ihr Kriegsgerät an, weil niemand schlafen darf, wenn der Handwerker wacht. Stadtreiniger zerren Mülltonnen so laut durch die Höfe, dass alle, die gar nicht schuld sind an ihrem Stadtreinigerleben, dennoch dafür büßen müssen. Eine Abmahnung besonderer Art handelt sich ein, wer samstags seine Einkäufe nicht bis 14 Uhr erledigt hat: Er wird mit Karstadt nicht unter drei Stunden bestraft.

Wohnt der Delinquent im Berliner Stadtteil Kreuzberg, bedeutet das: Karstadt Hermannplatz. Da muss er hin und seine soziale Maßnahme antreten. In Erwartung kommender Schrecken stapft der Verurteilte los. Seine Geisteshaltung ist ernst und gefasst. Auf dem Weg zu Karstadt Hermannplatz liest er an einer Hauswand: »Wer wählt, entmündigt sich selbst.« Ein schönes Paradox – ist doch Mündigkeit erst die

Voraussetzung, überhaupt wählen zu können. Indem ich wähle, zeige ich Mündigkeit – und werfe sie gleichzeitig weg? Wie jetzt?

Beim Gehen, das wussten schon die Peripatetiker, lässt sich gut grübeln, und die Zeit verfliegt. Am Wegesrand locken Lokale – Zum Hammer heißt eins, Abenteuer aus einer anderen Welt versprechend. Die Kneipe gegenüber verheißt noch mehr: Blauer Affe. Das lässt an Walter Serners famose Kriminal- und Kaschemmengeschichtensammlung »Zum Blauen Affen« denken. Leider ist die Assoziation ganz falsch: Bei diesem Blauen Affen handelt es sich um eine Neuköllner Bierhölle, die nur betreten soll, wer auch bereit ist, alle Hoffnung fahren zu lassen. Wie überhaupt die Gegend rund um Karstadt Hermannplatz als Schultheiß-Fegefeuer aufschimmert, als seelisch aufgegebenes Gebiet.

Nun heißt es tapfer sein: Karstadt Hermannplatz ist nah. Hinein geht es in die Unterwelt, in die Lebensmittelabteilung im Keller. Die aber nicht mehr Lebensmittelabteilung heißt, sondern »Marktplatz«. Im »Marktplatz« gibt es einen »Brot-Shop«, eine »Tee & Kaffee-Corner« und einen »Fisch-Point«, andererseits aber auch eine »Wurst-Theke«. Warum heißt sie nicht »Sausage-Counter«? Hier sind, wie man so sagt, die Verantwortlichen gefordert. Zum Nachbessern. Denn wenn schon sprachlicher Wirsing, dann bitte mit ganzheitlichem Ansatz.

»Die Fülle des wahllos Konsumierten wird unheilvoll. Sie macht es unmöglich, sich zurechtzufinden, und wie man im monströsen Warenhaus nach einem Führer sucht, wartet die zwischen Angeboten eingekeilte Bevölkerung auf den ihren.« Das schrieb Theodor W. Adorno in seiner »Minima Moralia«. Adorno hat nie bei Karstadt Hermannplatz eingekauft.

Hier sucht niemand mehr einen Führer. Die Hoffnung, irgendjemanden zu treffen, der auskunftfähig wäre, hat sich längst verflüchtigt. Blutige Anfänger machen vielleicht noch den Fehler, Rat zu erbitten. Die Antwort, so sie eine erhielten, könnte sie nur in noch tiefere Verzweiflung stürzen. Und so sieht man die Kundschaft stoisch ihre Gitterwagen schieben, kreuz und quer, waagerecht, senkrecht, diagonal, ein rätselhaftes Muster zeichnend. Es gibt nur eine gültige Regel: Alles ist da, aber nichts ist irgendwo. Ist das Buddhismus? Eine Prüfung? Oder sogar, um einmal das pornografischste Wort deutscher Zunge zu benutzen, ein Mächtigkeitsspringen?

Keiner weiß das. »Alle stehn zusammen / egal, woher sie stammen / alle stehn zusammen / bei Aldi vorm Regal«, singt der in Kreuzberg lebende Funny van Dannen in seinem Gassenhauer »Berlin International«. Aber das hier ist nicht Aldi. Das hier ist Karstadt Hermannplatz. In Neukölln, und darüber hat van Dannen ein anderes Lied geschrieben: »Es gibt schon so viel und es wird immer mehr / und wir können alles kaufen / Aber am besten ist immer noch: saufen saufen saufen / saufen saufen saufen saufen / saufen, fressen und ficken / saufen saufen saufen und die Kinder Bier holen schicken.« Das ist gar nicht lustig gemeint. Das ist eine Sozialstudie.

Die man vor sich hin trällert, während man sediert seinen Wagen schiebt. Schon seit einer halben Stunde ist man da, doch im Wagen befindet sich nichts, denn nichts konnte bisher gefunden werden. Dafür aber biegt nun tatsächlich Herr van Dannen um eine Regalecke. Er hat einen kleinen Jungen im Einkaufswagen. Hat er ihn gerade gekauft? Will er ihn umtauschen? Er weiß es nicht mehr. Er ist seit einer Stunde hier und hat alles vergessen. Leeren Blicks zieht der Melancholiker weiter auf seiner elliptischen Bahn. Um 18 Uhr, wenn Karstadt Hermannplatz schließt, wird ein Wärter ihn sanft, aber bestimmt nach draußen begleiten.

Auch Danny Dziuk, der mit »Überwintern« das Lied der Lieder schrieb für alle, die den Berliner Winter fürchten, weil sie ihn kennen, sieht man umherirren. In seinem Wagen befindet sich ein Dreiliterfässchen Beck's Bier. »Ich habe mir ein Glas Bier gekauft«, sagt er und diffundiert Richtung Kasse. In seiner Hand hält er einen Einkaufszettel, auf dem mindestens 30 Posten zu sehen sind. An der Kasse wartet eine Frau auf ihn. Es ist eine gute Frau. Als sie Einkaufsliste und Wageninhalt miteinander vergleicht, schimpft sie nicht. Ihr Blick spielt stark ins Verständnisvolle. Sie weiß um die Dinge. Sie weiß um Karstadt Hermannplatz.

Stunden vergehen. Findet man nicht, was man kaufen wollte, kauft man, was man findet: »If you can't be with the one you love, love the one you're with.« Zumindest dieser Hippie-Alptraum ist bei Karstadt Hermannplatz Wirklichkeit geworden. Und Ernst Jünger, ein Träumer anderer Träume, hätte nach einem Besuch bei Karstadt Hermannplatz einen Essay geschrieben: »Der Einkauf als inneres Erlebnis«. Doch Ernst Jünger ist tot. Wir müssen selber einkaufen gehen.

Das beklagt auch die Biologin und Alltagsforscherin Dr. Claudia Aldenhoven. Sie gesteht, bei Untersuchungen über die Sucht nach Karstadt Hermannplatz selbst süchtig nach Karstadt Hermannplatz geworden zu sein. Eine Equipage von drei vollgeladenen Wagen wuchtet sie vor sich her. Hassliebe sei es, was sie antreibe, behauptet sie. Das Reden über Karstadt lässt ihr rotes Haar noch roter leuchten. Bei ihrer Hassliebe scheint es sich um die seltene Mischung aus 99 Prozent Liebe und einem Prozent Hass zu handeln. »Hier«, sagt sie, »es gibt eine österreichische Sauerkonserve namens Der Gurkenprinz! Der Gurkenprinz! Hahaha!« Sie stiebt davon. In einem Kriegsroman würde die Szene mit dem Satz enden: »Wir sahen sie nicht wieder.«

Die Kasse ist erreicht, endlich. Die Kasse. Endlich zahlen dürfen: Erlösung, Katharsis, alles. Aber noch ist es nicht so weit. Vor die Kasse hat ein pädagogisch-sadistischer Gott die Kassenschlange gestellt. Profis wissen das und haben sich Lektüre mitgebracht. Gern genommen wird Henryk Broders 1987 erschienene Aufsatzsammlung »Ich liebe Karstadt«. In der Titelgeschichte schrieb Broder, damals hauptsächlich in Jerusalem lebend: »Jedesmal, wenn ich nach Köln komme, um meine Mutter zu besuchen, renne ich als erstes in die Karstadt-Lebensmittelabteilung und staune: Was für eine Ordnung! Was für eine Auswahl! Was für ein Überfluß! Diese nicht endenwollenden Theken mit Käse, Wurst und Konserven! Wie geschmackvoll präsentiert! Und wie billig!« Und auch der Leser dieses hymnischen Stakkatos gerät ins Staunen: Wie viele Ausrufungszeichen! Gleich sechs hintereinander!!!!!! Und war Karstadt in Köln 1987 so anders? Oder bloß Broder dem Laden sklavisch verfallen?

Jemand stupst an meine Schulter. Ist es eine dieser erleuchtungsfernen Gestalten, die aggressiv werden und durchdrehen, wenn das Leben ihnen Gelegenheit gibt, durch Warten klüger und weiser zu werden? Im Gegenteil. »Huhu«, sagt Gisela Güzel. Sie kauft seit acht Jahren bei Karstadt Hermannplatz ein und hat es in »Karstadt-baut-um-am-Hermannplatz« umgetauft. Ich sage auch »Huhu« und spinkse in ihren Wagen. Ich fasse es nicht. Gisela Güzel hat es fertiggebracht, einen ganz normalen Einkauf zu tätigen. Sie hat nur gekauft, was sie haben wollte, nichts sonst. Und vor allem: Sie hat es gefunden! Wie? Hat sie geheime Verbindungen? Ist Günstlingswirtschaft im Spiel?

Erschüttert verabschiede ich mich und trage meine sieben Tüten nach Hause. An der Häuserwand steht, ich bin ganz sicher: »Wer keine Hoffnung hat, kann nicht gewinnen. Wer auf Karstadt hofft, hat schon verloren.«

Grün im Gesicht

Zur Erinnerung an die Bioläden der ersten Generation

Wiglaf Droste

Eine seltsame Beklommenheit umhüllt einen, wenn man einen Bioladen betritt. Eben noch munter und guter Dinge, findet man sich schlagartig in einem Paralleluniversum wieder, von dem man nur eines weiß: Hier hast du keine Freunde, hier bist du ganz allein. Selbst häufige, regelmäßige Wiederholung hilft nicht; es tritt keine Gewöhnung ein, der Grusel bleibt.

Woran liegt es? Ist es der etwas staubige, leicht muffige, zuweilen auch ins Faulige spielende Geruch? Ist es diese gedämpfte, beinahe sakrale Stimmung, mit der die eher banale Verrichtung eines Einkaufs zu einem Akt höherer Bewusstheit stilisiert werden soll? Ist es das instinktive Misstrauen gegenüber Bürgern, die zugunsten eines gesünderen Lebens für alle – und wehe nicht! – ausgerechnet Reisschleim und Tofuwurst kaufen und verkaufen?

Sind es die gestrengen Blicke, an denen Dr. Röntgen seine Freude gehabt hätte? Diese Der-liebe-Gott-sieht-alles-Mienen, die die Kundschaft durchleuchten: So, du willst hier also ein Brot kaufen? Bist du dafür denn qualifiziert? Und gehörst du überhaupt dazu, zu uns? Du siehst aber gar nicht so aus, als ob du dich richtig ernährst, du mit deiner Edeka-Tüte … Naja, dein Geld nehmen wir, aber gern gesehen bist du hier nicht, Fremder.

Einkaufen im Bioladen ist wie Konfirmationsunterricht: Man fühlt sich ständig ertappt. Ein Sünder ist man, und das kriegt man auch immer schön reingereicht. Der alternative Protestantismus müffelt nach Geiz und Getreide; seine Protagonisten sind mürrisch, übellaunig, rechthaberisch und geschlechtsneutral aussehende Figuren, die eine Aura derart kniepiger Zugekniffenheit umgibt, gegen die selbst ein Zeuge Jehovas noch Hedonismus und Daseinsfreude verströmt.

Flink schnappt man sein Brot und tritt ins Freie; puuh, durchatmen, wie früher, nach dem Kirchgang, raus in die Welt, die voller Schrecken sein mag, aber verglichen mit einem Bioladen doch immer ein Ort des Trostes ist. Der Punk an der Ecke trinkt schon am Morgen Bier; ich gebe ihm Geld für mehr davon, denn er ist ein Verbündeter.

Wenn die Volksgesundheit wackelt

Wiglaf Droste

Der deutsche Staat steht kopf. Von seinen angestammten Terrains hat er sich zurückgezogen und das Feld sogenannten »privaten Anbietern« überlassen – sodass beispielsweise die Qualität der Krankenpflege ausschließlich den Gesetzen des Profits unterworfen ist. Statt sich um das zu kümmern, was des Staates ist, mischt sich der Staat immer stärker in das ein, was ihn nichts angeht: das Privatleben seiner Bürger. Der derzeitige deutsche Innenminister Wolfgang Schäuble ist, zurückhaltend gesagt, ein Sicherheitsfanatiker, der den Bürger gern rund um die Uhr überwachen und ausforschen möchte – alles aus guten, präventiven Motiven, versteht sich. Das wäre nicht weiter beunruhigend, wenn es eine wache, selbstbewusste Öffentlichkeit gäbe, die individuelle Freiheitsrechte gegen die Sicherheitsbegehrlichkeiten eines überbordenden Ministers verteidigte. Aber die Deutschen sind eher allzu sehr bereit, sich ihre Rechte nehmen zu lassen. Gelernt ist gelernt, der Untertan wohnt vielen Deutschen inne und lässt sie reflexhaft Gehorsam absondern.

Was ein guter Bürger ist, bestimmt nicht er selbst, sondern der Staat. Ein Raucher ist ein schlechter Bürger – nicht, weil er sich selbst schadet, sondern weil er sogenannte »Folgekosten« verursacht, die »von allen getragen werden müssen«, wie es dann säuerlich heißt. So leicht kann man zum Volksfeind werden, zum »Volksschädling« – so wurde das vor 60, 70 Jahren in Deutschland genannt. Das trübe Gerede von Volksgesundheit und Volksgemeinschaft erlebt eine Konjunktur – im Mai 2007 entdeckten der deutsche Verbraucherschutzminister Seehofer und seine Leute das Übergewicht als Quell des Übels. Bis zu 70 Milliarden Euro sollen die Krankheiten kosten, die durch falsche Ernährung entstehen, und bezahlen muss wieder einmal der Volkskörper, also das Phantom namens »Wir alle«, das immer aus der Trickkiste herausgekramt wird, wenn in der Währung moralischer Soße gerechnet wird, weil eine andere nicht mehr vorhanden ist. Und dieses künstlich erzeugte »Wir alle«-Kollektiv soll in pekuniäre Panik versetzt und gegen das meist unterprivilegierte Übergewicht in Stellung gebracht werden.

Ob die Zahlen, die in den Ring geworfen werden, überhaupt seriös sind, weiß niemand, es geht vielmehr darum, die Beißreflexe einzuüben: »Kuck mal da, der Dicke, für den müssen wir die hohen Krankenkassenbeiträge zahlen! Oder da, dieser labile Raucher – für so was soll ich mich krumm legen?« So reden sie dann im Jeder-gegen-jeden-Land, und je mehr Leute mitjabbeln, desto weniger bemerken sie, wie verrückt sie sich haben machen lassen.

Es gibt falsche Ernährung, es gibt industriell hergestellten Massenmampf, der weder schmeckt noch gesund ist. Nach Paragraf eins der allgemeinen Weltgeschäftsordnung heiligt der Profit jedes Mittel, und was verkauft werden kann, wird verkauft, auch wenn es sich um Giftmüll handelt. Man könnte die Herstellung von Billigpampf erschweren oder sie als vorsätzliche Körperverletzung unter Strafe stellen. Nichts davon haben der Staat und seine Vertreter vor, denn dazu müssten sie die Geschäftsordnung ändern. Lieber setzen sie auf angst- und neidinstinktive Mobilmachung, auf soziale Ächtung derer, die sich von den Produkten der Lebensmittelindustrieschurken ernähren. Das hat mit den Rauchern schon gut geklappt, nun kann man es mit den Übergewichtlern tun – während man umgekehrt den Gute-Bürger-Strebern Fleißheftchen schenkt, in die sie ihre guten Noten eintragen können, in den Fächern richtige Ernährung, ausreichend Bewegung und Das-Gesundheitssystem-nicht-Belasten-also-nicht-in-Anspruch-Nehmen. Die Entmündigung wird mit Prämien versüßt: Wer brav ist, zahlt weniger und darf sich noch in dem Gefühl sonnen, nicht nur ein guter Bürger zu sein, sondern auch ein besserer, wertvollerer Mensch als die disziplinlosen Raucher und Fresser.

Wenn jemand von sich aus und für sich gesund leben will, ist dagegen nichts zu sagen, er muss sich deshalb nicht schämen; sich gut zu ernähren, sich zu bewegen, Freude zu empfinden, wenn man sich laufend, schwimmend, radelnd, kraxelnd verausgabt, ist gut und schön – aber, wie auch die Religionsausübung, ein reines Privatvergnügen. Kein Staat hat sich da hineinzumischen, es geht ihn nichts an. Fehlt dem Staat und seinen Organen dieses Grundverständnis, hat er sich in einen zudringlichen, bevormundenden Apparat verwandelt.

Es gibt ein Recht auf Rausch und auf Unvernunft – die menschliche Psychohygiene verlangt danach, sie ist so strukturiert. Und der schöne Ruf, ein Volksfeind zu sein, soll doch bitte hart erarbeitet werden. Früher musste man dazu mindestens schwul, Jude, schwarz und Kommunist sein, am besten alles auf einmal – dass rauchende, unbewegliche, übergewichtige Sitzsäcke in den Rang von Volksfeinden erhoben werden, haben sie nicht verdient. Beim Kollektiv der Guten lieber nicht dabei sein zu wollen, ist schließlich eine Frage der geistigen Haltung und kann nicht simpel erraucht und ersessen werden.

Knust oder Knifte?
Wie das Brot zur Sprache kommt

Wiglaf Droste

»Wer möchte den Knust?«, fragte meine Mutter, denn der Knust, das harte Endstück des Brotes, hatte in der Familie mehrere Verehrer. Mein Vater, meine Brüder und ich hatten kräftige Zähne im Mund, nur Omma musste den Knust aus Gebissensgründen verschmähen. Knust klang nicht nur gut, Knust schmeckte auch ganz besonders rustikal und gemütlich.

Das galt auch für die Kniften, die uns in die Schule mitgegeben wurden. Knifte ist ein anderes, schöneres Wort für Klappstulle – stulle, als Adjektiv, heißt schließlich stumpf, gaga, matt und blöde. Das erfuhr ich allerdings erst später, etwa zu der Zeit, als ich lernte, dass eine Schnitte nicht notwendigerweise eine Scheibe Brot sein muss; Schnitte ist auch die Bezeichnung für ein appetitliches Mädchen. »Kuckma die schicke Schnitte!«, riefen wir als Pubertäter nicht selten, fern der Ahnung, wie stulle wir waren. Ein befreundeter Fotograf, der zum Gelderwerb hin und wieder Aufnahmen von Models machte, nannte diese Tätigkeit salopp »Schnitten schießen«.

Anders als Schnitten sind Schnittchen wirklich nur Schnittchen: liebevoll angerichtete, geviertelte Brote, also nicht jenes trostlose Zeug, das in manchen Kommissar-Wallander-Krimis von Henning Mankell aufgetischt wird, auf dass der Mensch ewig in Furcht lebe vor pappigen Erzeugnissen mit dem mundaustrocknenden Namen belegte Brote.

Wie kräftig und saftig klingt dagegen die Knifte! Ich weiß noch, wie meine kleine Schulbrottasche roch, nach Leder und nach Brot, und die Düfte von Cervelatwurst, Schinken, Braunschweiger, Käse und geschältem Apfel schwirrten auch in der Tasche, die nachmittags, wenn ich Indianer war, mein Jagdbeutel war, gefüllt mit Pemmikan, der eisernen Ration der

Rothäute. Eingewickelt waren die Kniften in Pergamentpapier, das aber ausschließlich Butterbrotpapier hieß. Der Schritt vom Brot zum Butterbrot ist der vom simplen Stillen des Hungers zu Genuss und Luxus. Umgekehrt stimmt das auch: Wenn einer dem anderen sprichwörtlich nicht die Butter aufs Brot gönnt, will er ihn armselig vegetieren sehen. Weshalb man sich ja auch von niemandem die Butter vom Brot nehmen lassen soll.

Als ich einem Rheinländer eine Knifte, also eine Butterbemme anbot, lehnte er dankend ab – den Kanten möge er nicht so gern, sagte er. Für ihn war die Knifte, was für mich der Knust war. Es gibt noch andere verlockend klingende Wörter für den knuffigen Brotrand: Knörzel, Kruste, Krüstchen und Kürste, und in Sachsen heißt er Ranft, im Diminutiv Ränftel, mit ä – hat also nichts mit der alten DDR-Undergroundcombo Renft zu tun. Wohingegen der holländische Rock'n'Roll-Sänger Herman Brood tatsächlich etwas von einem Grundnahrungs- und Überlebensmittel hatte: »Ohne Brood kann man nicht leben«, hieß es auf einem seiner Plakate, und in seinen selbstverschwenderisch alles hergebenden Konzerten löste Brood diesen Satz restlos ein. Als der Musiker am 11. Juli 2001 vom Dach des Amsterdamer Hilton Hotels in den Freitod sprang, hinterließ er einen Zettel mit dem Abschiedssatz »Brood is op« – Brot ist alle.

So traurig mich das stimmte, so angenehm unchristlich war es. Der Christ hat zum Brot ein verkniffenes, zwanghaftes Verhältnis; aus einem essbaren Brotlaib macht er gleich den heiligen Leib Christi, und der schmeckt nach Sauertopf und Erpressung – oder, in Form der Hostie, nach gaumenklebrigem Esspapier. Ein früherer Freund, der als Pfarrerssohn in der Lüneburger Heide aufwuchs, berichtete von der Drangsal mit Brotes Hilfe. Dem jeweils folgsamsten und streberhaftesten seiner Kinder räumte der Pastorenvater am evangelischen Esstisch eine Sonderstellung ein und sprach salbungsvoll: »Du warst heute artig, du darfst das Brot brechen.« Bei solcher Beseppelung kann man weit mehr brechen als das Brot.

Auch dass er nicht vom Brot allein lebe, muss sich der Mensch schon ziemlich lange anhören und also dauernd nach Höherem streben, um seiner Existenz eine schwerkulturelle Berechtigung zu geben; in einem Akt der Notwehr wurde das zur Zivilisationsleistung verpflichtende Diktum »Der Mensch lebt nicht vom Brot allein« durch einen raueren Reim ausgekontert: »Er braucht dazu auch Schnaps und Wein.« Ähnlich erging es Goethes tragikheischender Zeile »Wer nie sein Brot mit Tränen aß«; auch mit ihr trieb der Volksmund respektlose Dönnekes: »Wer nie sein Brot im Bette aß / weiß nicht, wie Krümel pieken.«

Um sein Bett überhaupt vollkrümeln zu können, muss man das Brot erst mal haben. Wie kommt der Mensch zum Brot? Gemäß der traditionellen protestantischen Arbeitsmoral hat er es sich zu verdienen, im Schweiße seines Angesichts. Das tägliche Brot wird erworben in Diensten des Brotherrn, bei dem der Abhängige entsprechend in Lohn und Brot steht. Dieses streng archaische Patriarchenmodell wurde modernisiert und sprachlich aufgemöbelt, die Verniedlichung hielt Einzug. So kam der salopp und dufte klingende Brötchengeber in die Welt, bei dem Papi analog und quasi im Vorbeigehen seine Brötchen verdient, um die sich am Sonntagvormittag fröhlich grinsende Rama-, FloraSoft- und Sanella-Familien versammeln. Doch obwohl sich das Brötchenverdienen angeblich so viel lockerer vollzieht als der Broterwerb, hat sich die Angsthasen-Einheits-Hymne der angestellt Beschäftigten nicht verändert. Lauter denn je wird sie geschmettert: »Wes Brot ich ess, des Lied ich sing.«

Brot und Spiele heißt das Futter für die Massen; am Brot kann gespart werden, an den Spielen nie. »Freiheit und Brot!« dagegen ist die erste Forderung der Revolution. Die Modifikation »Land und Freiheit!« meint nichts anderes: Es geht um das Land, auf dem man unabhängig sein Brot erwitschaften kann. Brot ist ein Synonym für Leben und Überleben, und frei sein kann nur, wer Hunger nicht leiden muss – während das esoterische Geschwätz von der »inneren Freiheit« nur dumm ist, geradezu dumm wie das Brot. Der Dummheitsvorwurf an das Brot klingt absurd – wieso sollte ausgerechnet Brot intelligent sein? Und doch ist die Invektive wirkungsvoll: Als ich, Vertreter traditionell brotlos genannter Künste, über einen in Berlin amtierenden Chefredakteur wahrheitsgemäß schrieb, ich hätte schon Toastbrote verzehrt, die ihm an Klugheit weit überlegen waren, ließ er ein Publikationsverbot verhängen. Diesen Brotschuh zog er sich an.

Es gibt viel verbalen Blödsinn mit Brot, oft mit religiöser Patina: »Brot für die Welt«, den Karnevalswitz »Aber die Wurst bleibt hier« inklusive; die ersten Frauenläden nach 1968 nannten sich vollprogrammatisch »Brot & Rosen« – das klang gut, aber auch sehr gewollt. Gegner des Silvesterfeuerwerkswesens forderten »Brot statt Böller«, woraus einige Nichtliebhaber katholischer Schriftstellerei »Brot statt Böll« machten, was nicht ganz abwegig war – schließlich hatte Heinrich Böll mit seinem »Brot der frühen Jahre« seinen Anteil an der galoppierenden Brotmetapherei.

Was aber jedem Brot die Kruste und jeder Knifte den Knust ins Gesicht haut, ist die Schwartau-Marmeladenreklame, die ich im Sommer 2004 erstmals sah: »Wellness aufs Brot«. Als ich diesen Schischi las, fiel mir der Titel eines Gewaltfilms ein: Ein Mann sieht Brot. Wie mag der Werbetexter aussehen, der das ersann, »Wellness aufs Brot«? Ich weiß es nicht, ich träume nur: Mögen eine knäckebrotene Libido und ein finncrispiger Teint sein gerechter Lohn sein, sein täglich Brot.

Brotrezepte

Vincent Klink

Sonntag im Winter, kein Brot im Haus. Da geht doch niemand freiwillig aus dem Haus, nur um ein Brötchen zu kaufen und sich womöglich auf glattem Trottoir den Hintern zu brechen. Also begann ich mich mit der Brotbackerei zu beschäftigen. Es galt eine große Kunst zu erlernen – viele Versuche blieben erfolglos. Die Brote kamen zwar duftend aus dem Ofen, erinnerten aber entweder an monströse Muffins oder an etruskische Ausgrabungen.

Das wurde erst besser, als ich auf 1050-Weizenmehl zurückgriff. Ein helles Mehl, das mir gefällt, wurde ich doch als Bub mit sogenanntem Kommissbrot großgezogen. Heute schätzt man die steinharten Vollkorn-Ziegelsteine, weil man sich heftig einredet, sie seien so gesund. Das sind sie wahrscheinlich auch. Aber letztlich entscheidet das Gefühl, die Psyche, was der Mensch als schön und gut oder als schlecht und dumpf empfindet. Ich glaube fest daran, dass total gesundes Schrotbrot, welches die Ernährungsberater in Freudengeheul ausbrechen lässt, für die Gesundheit nur zuträglich ist, wenn man es mit Lust isst und nicht hinunterwürgt, weil die positiven Inhaltsstoffe dauernd vor dem geistigen Auge vorbeiziehen.

Kurz und gut, Schwarzbrot mag ich nicht. Also her mit dem Weizenmehl, dessen Zusatzzahl 1050 bedeutet, dass noch ein gewisser Anteil der Schale des Korns mit eingemahlen wurde. Irgendwann stieg ich auf die praktische Trockenhefe um. Die Brote gediehen, solange ich sie flach hielt und nicht versuchen wollte, dicke, traditionelle Laibe zu backen. Als dann eines Tages mein Ofen seinen Geist aufgab, kaufte ich mir auf den Rat einer Bäuerin einen Ofen mit stiller Hitze. »Stille Hitze«, das hörte sich für mich so verlockend an, dass ich ungeprüft der

Frau Folge leistete. Es geschah ein Wunder: Die Brote gediehen noch besser; egal, ob ich mal schlampig, mal gewissenhaft hantierte; selbst, wenn der Teig nicht genug Zeit zum Aufgehen bekam. Vielleicht ist es nur der Stolz auf das eigene Produkt?

Was soll's – Hauptsache, man hat seine Freude und sein Erfolgserlebnis. Beim nächsten Ofenkauf also darauf achten, dass sich der Umluftpropeller abschalten lässt.

Brotsuppe mit Speck, Bier und Salbei

2	altbackene Brötchen
50 g	Speckwürfel
4	Schalotten
2	Zehen feingehackter Knoblauch
1 TL	Bio-Gemüsebrühe instant
$^1/_2$ l	Braunbier
$^1/_2$ l	Wasser
2 TL	Kümmel (mit einigen Tropfen Öl feingehackt)
1	Salbeizweig
1 EL	Butter
$^1/_2$	Stange Lauch in Würfeln
3	getrocknete Tomaten, gewürfelt
1 TL	zerdrückter Pfeffer, evtl. Salz

Die Hälfte der Brötchen in dünne Scheiben schneiden. Die Hälfte des Specks wird fein gewürfelt und mit den Brötchenscheiben in einer Pfanne mit Olivenöl kross geröstet. Anschließend warm stellen. Das restliche Brot in Würfel schneiden und mit dem restlichen gewürfelten Speck und den Schalotten anrösten. Knoblauch, getrocknete Tomaten und den in feine Streifen geschnittenen Salbei in den Topf geben, mit einem halben Liter Wasser und dem Bier auffüllen und fünfzehn Minuten durchkochen. Gesalzen wird erst ganz zum Schluss, denn der Speck enthält viel Salz. Brühe noch einmal mit dem Lauch aufkochen. Der Lauch wird nur vier bis fünf Minuten gekocht. So bleibt er knackig, bekömmlich und gibt der Suppe Frische.

Die Suppe in Tellern anrichten, die gerösteten Speck- und Brötchenscheiben obenauf geben und alles mit reichlich geschrotetem grobem Pfeffer bestreuen

Königsbronner Mattheis

Königsbronn ist ein kleiner Flecken auf der schwäbischen Alb. Dort war Georg Elser zu Hause, der Mann, der im Münchner Bürgerbräukeller ums Haar den Gröfaz in die Luft jagte. Dieses Rezept für ein Armeleuteessen (Mattheis: Hat ma kois back mer ois) verdanken wir Arno Luik, der auch aus dieser Gemeinde stammt.

375 g	Mehl
30 g	Hefe
125 g	weiche Butterflocken
1	Ei

Mit Milch alle Zutaten geschmeidig anteiglen. Dreißig Minuten gehen lassen. Ausrollen und als dünnen Fladen auf ein gebuttertes Blech geben. Kümmel und Salz drauf, bei 180 Grad ausbacken.

150 g	Ricotta
2	Lauchzwiebeln

Das Originalrezept wird nun nach Saison angereichert. Speckstreifen geben wir drauf und feingeschnittene Lauchzwiebeln. Die Fladen werden ungefähr fünfzehn Minuten gebacken. In den letzten fünf Minuten wird Ricotta auf die Fladen gekrümelt und anschließend grob gestoßener Pfeffer darübergestreut.

Lammfilet in Brotkruste

6	Lammfilets
4	sehr dünn (2 mm) geschnittene Brotscheiben
1	gehackte Schalotte
$\frac{1}{2}$	Knoblauchzehe
1 TL	feingehackter Rosmarin
1 EL	feingehackte Petersilie
$\frac{1}{8}$ l	Sahne
2 EL	Olivenöl

Mit ganz frischem Brot geht's nicht. Einige Tage alt sollte es sein. Mit der Brotschneidemaschine tranchiert man hauchdünne Scheiben. Hat man das Brot geschnitten, wird es in Frischhaltefolie aufbewahrt, es würde sonst fest und spröde. Die Lammfilets pfeffern und salzen. Zwei davon werden möglichst fein geschnetzelt und im Cutter mit Sahne, Pfeffer, Salz und den Kräutern zermixt. Das Brät sollte nicht sehr fein sein. Lässt man den Cutter zu lange laufen, könnte die Masse gerinnen. Also, kurz gecuttert und grobe Bindung, das genügt. Die vier restlichen Filets werden in Olivenöl von allen Seiten braun gebraten. Länger als eine Minute dauert das nicht. Filets etwas abkühlen lassen. Die Brotscheiben mit dem Brät bestreichen, ganz wie beim Butterbrot. Mit den Filets belegen und einwickeln.

Die Brotröllchen in reichlich Olivenöl von allen Seiten kross braten und anschließend für zehn Minuten in den auf 180 Grad geheizten Ofen geben. Danach in der Nähe des Ofens fünf Minuten rasten lassen, damit sich die Säfte im Inneren des Fleischs gut verteilen. Der Länge nach tranchieren. Servieren mit Olivenölsauce, mit Bohnen oder buntem Gemüse der Saison.

Hutzelbrot aus dem Schwarzwald

600 g	getrocknete Aprikosen
200 g	Amarenakirschen
500 g	Dörrzwetschgen
125 g	Korinthen
125 g	Sultaninen
300 g	Zucker
1,5 kg	Roggenmehl
20 g	Hefe
¼ l	Wasser
1 EL	Zucker
1 EL	Salz
250 g	gehackte Walnüsse
40 g	Zitronat, gewürfelt
40 g	Orangeat, gewürfelt
1½ TL	Zimt
1 TL	Nelkenpulver
⅛ l	Rum

Aprikosen, Kirschen, Korinthen, Sultaninen und Zwetschgen mit 300 Gramm Zucker aufkochen und in ein Sieb geben. Die Brühe auffangen und die Früchte klein schneiden. Das Roggenmehl in eine ausreichend große Schüssel geben und eine Vertiefung in das Mehl drücken.

Darin mit der Hefe, etwas Zucker und etwas von der Brühe einen Vorteig anrühren. Wenn der Vorteig Blasen geworfen hat, mit dem Mehl und etwa 400 Milliliter Brühe zu einem Brotteig verarbeiten, der etwa eine Dreiviertelstunde geknetet werden muss. Ist der Teig zu fest, noch etwas Brühe dazugeben. Etwas Brühe zum Bestreichen übrig lassen.

Dann kommen die gehackten Nusskerne, das Zitronat und Orangeat, Zimt- und Nelkenpulver, Rum und Salz hinzu. Nachdem alles gut durchgearbeitet ist, sodass die Zutaten möglichst gleichmäßig im Teig verteilt sind, mit nassen Händen fünf längliche Laibe formen und auf ein mit Mehl bestäubtes Brett setzen. Über Nacht ruhen lassen. Am nächsten Tag in dem auf 180 Grad vorgeheizten Backofen neunzig Minuten backen. Bevor die Laibe in den Ofen kommen und nochmals fünf Minuten vor dem Herausnehmen werden sie mit dem Rest der Brühe bestrichen, so bekommen sie eine dunkle, glänzende Farbe.

Vincents Frühstücksbrot

Irgendwann kauft man sich einige Päckchen Trockenhefe. Somit ist man vor deutschen Bäckerei-Umtrieben gefeit. Der Teig ist in fünf Minuten angerührt.

500 g	Mehl 1050
1	Päckchen Trockenhefe oder ein halber Würfel frische Hefe
1 TL	gestoßener Koriander
½ TL	Meersalz
	Wasser
1 TL	Olivenöl

Den Ofen auf 240 Grad vorheizen. Zwei Tassen warmes Wasser in eine große Schüssel geben. Die Hefe dazu und gut mit dem Wasser verrühren. Mehl, einen Esslöffel Öl dazu und alles zu einem Teig verkneten. So viel warmes Wasser dazugeben, dass der Teig fest bleibt, aber trotzdem etwas in die Breite geht. Die Teigschüssel mit Klarsichtfolie verschließen und in die Nähe der Heizung stellen. Teig dreißig Minuten gehen lassen.

Backblech mit Antihaftpapier auslegen. Einen großen, altmodischen Esslöffel nehmen, in Öl tauchen, kinderhandgroße Nocken abstechen und auf das Backblech geben. Die Nocken mit einem feuchten Tuch abdecken und dreißig Minuten gehen lassen. Sie werden etwas in die Breite gehen. Die Fladen in zirka fünfzehn Minuten braun backen.

Wenn Instinkte stinken

Wiglaf Droste

Wenn man mit Vornamen Heinz heißt, ist das weder besonders toll noch besonders tragisch. Wenn aber der Nachname Ketchup ist, wird die Sache bedenklich.

Heinz Ketchup ist ein aufdringlicher Mann, der sich gern auf möglichst großen Plakaten sieht. Dabei versucht er zwanghaft, lustig zu sein; dass es ihm stets misslingt, macht ihm nichts, wenn er nur gesehen wird. Der jüngste Versuch von Heinz Ketchup, Reklame für sich zu machen, geht so: Heinz Ketchup bezeichnet sich selbst als »Schampus für Würstchen«.

»Schampus für Würstchen« – es ist nicht zu singen und nicht zu sagen. Jeder, der ohne Not die gleichermaßen proletige wie aufschneider- und aufsteigerhafte Vokabel »Schampus« im Munde führt, soll von der zähen Last seiner Existenz befreit werden; dasselbe gilt übrigens auch, wenn er sich eine »Caipirinha« als »Caipi« bestellt. Und dann fragt man sich: Wer ist mit Würstchen gemeint? Tatsächlich die Erzeugnisse aus fein gemahlenem Fleischabfall, die in einen Darm gekippt und später als Bock zur Bratwurst gemacht werden? Oder sind die eigentlichen Würstchen nicht die Auf- und Wegesser dieser kulinar-sadistischen Produkte?

Dennoch habe ich mir Heinz Ketchup gekauft. Wegen der niedrigen Instinkte. Weil ich manchmal Dinge tue, von denen ich hinterher sage: »Das war gar nicht ich. Das war nicht Dr. Droste, das war Mister McDonald's.« Obwohl ich McD meist noch verhindern kann. Wenn eine Burger-King-Filiale in der Nähe ist.

Burger King ist die etwas kleinere Sünde. Wieso das? Die Hamburger dort sind doch größer als bei McDreck! Stimmt. Aber es gibt weniger Burger-King-Filialen als McDonald's-Stinkbombenverkaufsbuden. Deshalb ist Burger King nicht ganz so schlimm.

Minutenlang geht man vor Burger King auf und ab. Man will nicht. Man will. Man will lieber nicht und eigentlich doch. Man verliert. Man verliert fast immer gegen die Saubande. Und schleift einen Mann namens Fleisch Brocken nach Hause. In einer braunen Papiertüte. Heimlich. Asozial. Man fühlt sich von sich selbst ertappt.

Zu Hause wartet Heinz Ketchup. Heinz Ketchup ist der Kumpel von Fleisch Brocken. Die beiden gehen so richtig aufeinander kaputt. Die brauchen und bedingen sich. Die stehen aufeinander und ineinander. Heinz Brocken und Fleisch Ketchup, meine niedrigen Instinkte.

Auch mir stinkt's

Vincent Klink

Edward Whymper, man erinnert sich, war im Zweitberuf Erstbesteiger des Matterhorns. Ursprünglich hatte er jedoch von englischen Zeitungen den Auftrag, den beginnenden Alpinismus mit dem Zeichenstift festzuhalten und den Engländern das Aussehen der Berge nahezubringen. So durchstreifte er mit dem Zeichenblock tagelang Zermatter Terrain. Von einer längeren Exkursion in der reinen Luft des Gebirges zurückkehrend, so schreibt er in seinen Memoiren, roch er ungefähr sechzig Gläubige, die einem Feldgottesdienst beiwohnten, schon aus zwei Kilometer Entfernung. Wo Mensch ist, da riecht's.

Heute, nachdem der Badetag zunehmend nicht nur ausschließlich samstags stattfindet, riecht es anders, haben sich synthetische Tünche und Hygiene über uns gelegt. Reinlichkeit könnte man als Kulturleistung bezeichnen, bedeutet sie doch auch Rücksichtnahme, denn Gerüchen ist schwer zu entkommen. Die Nase ist ein malträtiertes Organ, aber Gott sei Dank ungeübt und als wichtiges Warninstrument mittlerweile weit hinter dem Auge zurück. So viel gibt es auch nicht mehr zu riechen. An Benzin, Gummi und sogenannte technische Gase wie Abgas haben wir uns gewöhnt. Die Wochenmärkte mit all ihren Gemüsen und Salaten sind schön anzusehen, die Ware ist mittlerweile jedoch stets in handelsfähigem Zustand, also nicht ganz reif, geruchsneutral und meist noch in Folie eingeschweißt. Keine Melone und kein Pfirsich machen sich mausig, und die an den Ständen hängenden toten Hasen kenne ich nur noch aus frühester Kindheit. Der Zustand der Reife ist zu nah am Verfall, als dass der Wirtschaftskontrolldienst diese Gratwanderung heute noch zuließe.

Organisches Leben ist vergänglich, blüht auf, reift endlich und geht in Fäulnis über. Die Banane ist auf ihrem Höhepunkt, wenn sich bereits die ersten dunklen Flecken zeigen. Das wäre aber zu nah am Vergänglichen, in der Nähe des Niedergangs.

So kann man Armut riechen, und Reichtum stinkt, entgegen der Volksmeinung, nicht, weil Geld nämlich nicht stinkt und uns diese Tatsache zahllose junge Diplomatenkofferträger beschert hat, die keine schmutzigen Hände mehr haben. Allesamt haben sie ihren total deodorierten Body perfekt in Schuss. Niemand riecht mehr nach dem, was er ist, sondern alles hat Zeitgeist zu verströmen, und der ist synthetisch. Sogar die Bäckerläden – pauschal gesagt: die Brötchenauftaustationen – verströmen einen impertinenten Brotduft, der erst in den letzten zehn Jahren aufkam, eben seit der Zeit, als im westfälischen Holzminden die künstliche Aromaindustrie reüssierte.

Mit dem Essen zu Hause weiß man auch nicht mehr, wo man dran ist. Die Hühnchensuppe, die Bratensauce haben einen Fleischgeschmack, den die Natur so heftig gar nicht liefern könnte. Der Erdbeerjoghurt verbreitet einen Aromawahnsinn, dass die reifen Erdbeeren unserer Heimat dagegen keine Chance haben.

Gute Nahrung hat selten einen starken Auftritt. Gutes Essen aber riecht zurückhaltend, nicht super oder spitze oder geil, nein, einfach gut. Das solide Gasthaus erkennt man am Geruch. Betrittst du eine Wirtschaft, so schließ im Flur mal kurz die Augen, checke die Lage, bleibe oder flüchte.

Warum ist keiner in Deutschland gegen verbranntes Frittenfett allergisch, muss ich mich oft fragen. Äußerlich treiben wir einen abnormen Reinlichkeitswahn, regen uns über jeden Zigarettenraucher auf, aber eine todkranke Fritteuse wird akzeptiert, obwohl sie ein Funzelgas abstrahlt, das man nie mehr aus den Klamotten kriegt.

Gutes Essen riecht, und Fraß stinkt. Mit dem Menschen kam die üble Ausdünstung in die Welt. Und wie bei Edward Whymper stimmt es immer noch, dass große Menschenansammlungen gern arg stinken. In den Fußgängerzonen, diesen Konsumpisten, findet nur noch das Hochamt der schnellen Mark statt.

Und es stinkt! Billige Latschen werden verkauft, T-Shirts verramscht, und das alles inmitten der Angriffsattacken von Frittenfett und zwiebelscharfem Mayo-Gurken-Sound. Ach ja, und die Musik spielt auch dazu: Gestank im Ohr.

Heute noch Sonnenblumen, morgen schon Olivenöl

Vincent Klink

Das Olivenölkomplott ist kein neuer Roman von Robert Ludlum, sondern ein Krimi aus dem richtigen Leben. Also hört: Die Ernährungswissenschaft ist ein Bauchladen, der denen feilbietet, die Geld geben. Und Geld gibt es u. a. von der Nahrungsmittelindustrie. Sie unterstützt die Forschung an Universitäten und honoriert genehme Gutachten. Kurzum, sie hat die Pfoten auf der Alma mater und damit die Möglichkeiten, sowohl Verbraucher als auch Lebensmittel zu manipulieren. So kam die Mär unter die Leute, dass mehrfach ungesättigte Fettsäuren der Born gesunden Lebens seien. Diese kommen in der Margarine vor, und damit wurde so lange geworben, bis es der letzte Depp kapiert und die Margarineindustrie viel verdient hatte.

Im Olivenöl kommen diese MUF (mehrfach ungesättigte Fettsäuren) so gut wie nicht vor. Olivenöl besteht fast ausschließlich aus einfach gesättigten Ölen. Trotzdem sinkt nicht durch Margarine, sondern durch vermehrten Olivenölkonsum die Gefahr des Herzinfarkts. Das Öko-, Bio- und Betroffenheitsgefasele um Fettsäuren stimmt also hinten und vorne nicht. Die ganze Fettangstmache der Margarineindustrie ist eine Übertölpelung, ein Anfixen, um die Bevölkerung vom künstlichen Brotaufstrich abhängig zu machen.

Was wirklich stimmt: Auf Kreta decken Männer – gemäß einer umfangreichen Studie – ihren täglichen Kalorienbedarf aus 42,8 Prozent Fett, hauptsächlich Olivenöl. Warum aber werden sie steinalt? Warum hat diese Insel die niedrigste Herzinfarktrate Europas? Da Margarine mit ihren berühmten MUFs nicht ins Feld geführt werden kann, müssen jetzt die einfach ungesättigten Fettsäuren herhalten. Dass sie plötzlich der Hit sind, liegt auch daran, dass sie sich industriell herstellen lassen. Denn schon denkt die Margarineindustrie daran, ihre Produkte umzudesignen (Branchenjargon: umficken).

Dennoch: Nach gängiger Lesart der Wissenschaft sind die einfach ungesättigten Fettsäuren des Olivenöls wertlos. Die segensreichen Wirkungen des Olivenöls seien eher bei den Begleitstoffen zu suchen. Die bulgarischen Forscher Petkov und Manolov wiesen bereits in den siebziger Jahren nach, dass der Bitterstoff Oleuropein den Blutdruck senkt. Dieser ist auch der Ausgangsstoff für die antimikrobiell wirkende Elenolsäure und für Dihydroxyphenylethanol (meine Güte, welch Wort). Ich will keine Chemievorlesung halten, daher dies nur noch am Rande: Insgesamt sind noch ein gutes Dutzend weitere Stoffe, mit sehr komplizierten Namen, im Olivenöl enthalten, die großteils noch unerforscht sind. Also her mit dem Olivenöl! Und damit beginnt das Dilemma. Jeder Bauer zwischen Kleinasien und Portugal verkauft sein handwerklich gepresstes Öl nicht unter fünfzehn Mark. Echtes, kalt gepresstes Olivenöl, und da sind die gesunden Begleitstoffe hauptsächlich drin, kann im deutschen Handel also unmöglich unter zwanzig Mark angeboten werden. Dass manche Designer-Weingüter der Toskana ihr gelbes Gold für bis zu fünfzig Mark pro 0,7-Liter-Flakon anbieten, ist ein anderes Kapitel. Der Supermarkt in meinem Heimatort bietet die 0,7-Liter-Buddel der höchsten Qualitätsstufe für unter fünf Mark an. Da fragt sich der aufgeweckte Laie: »Haben die das Zeug geklaut, oder ist es die Beute verschwundener LKW, die so oft auf italienischen Parkplätzen gekapert werden?« Möglich wär es. Sicher ist, dass Beschiss im Spiel ist. Konrad Grob und Ernst Romann von der Züricher Lebensmittelüberwachung haben tagtäglich damit zu tun, dass der im Vergleich zu anderen Ölen relativ hohe Verkaufspreis und das Image des Olivenöls ganze Industrien zum Betrug verlocken. Bereits der Fremdölzusatz weniger Prozente genügt, um aus dem Ölhandel eine Goldgrube zu machen. Nach einer Veröffentlichung der Züricher Lebensmittelkontrolleure gibt es inzwischen Neuzüchtungen von Sonnenblumen, die in der Zusammensetzung ihrer Fettsäuren dem Olivenöl entsprechen. Unerwünschte, weil verräterische Begleitstoffe der Blumen lassen sich dabei problemlos entfernen. Die Verfälschungen sind so gewinnträchtig, dass sich teure Analysegeräte in nur wenigen Tagen abzahlen lassen. So verfügen die Ölganoven über besser ausgerüstete Labore als ihre meisten Gegenspieler, zum Beispiel die der bundesdeutschen Lebensmittelüberwachung.

In ihrer Studie »Gepanscht wird nach allen Regeln der Kunst« geben die Züricher Lebensmittelkontrolleure eine gängige Rezeptur der Fälscher bekannt. Als Grundstock für das Kunstöl dient eine Oleinfraktion des Palmöls mit einem sehr hohen Anteil an Palmitinsäure. Um die Fettsäurezusammensetzung des Olivenöls zu imitieren, gleicht man das Zuviel an Palmitinsäure mit etwa der doppelten Menge eines Sonnenblumenöls aus, dessen Fettsäuren hauptsächlich Ölsäuren sind. Zwar enthält auch Sonnenblumenöl Palmitinsäuren, aber entschieden weniger als Olivenöl. Eine andere Stoffklasse, die das Sonnenblumenöl verraten würde, sind die Sterine. Sie müssen erst »korrigiert« werden. Da diese Mischung außerdem zu wenig Sterine aufweist, gibt man noch Oliventresteröl hinzu. Es verleiht dem Ölgemisch genau die kräftig grüne Farbe, die Konsumenten als Beweis für die Echtheit des Olivenöls halten. Aber auch nach den offiziellen Analysemethoden ist dieses Öl jetzt kaum mehr von natürlichem Olivenöl zu unterscheiden. Damit auch der Geschmack stimmt, braucht es jetzt nur noch einen kräftigen Schuss an original-gepresstem, sehr aromareichem Olivenöl. Auf diesen Umwegen lässt sich trefflich »Olio Extra Vergine« herstellen, die höchste Qualitätsstufe mit höchstens einem Prozent freier Fettsäuren. Mittlerweile steht auf fast allen Produkten »kalt gepresst«. Aber selbst bei nicht gepanschten Ölen gibt es einen bedeutenden Unterschied. Kleine Ölmühlen setzen aus den Oliven eine Maische an und quetschen ihr Öl in Pressen aus, eine Zubereitung, wie man sie vom Apfelmost her kennt. Der Pressdruck (Reibung erzeugt Wärme) erwärmt die Oliven dabei auf zirka 30 Grad Celsius. In der Industrie benötigt die Verarbeitung von vielen Tonnen aber einen weit höheren Druck. Die Olivenmasse erhitzt sich dabei auf über hundert Grad. Von »kalt gepresst« dürfte hier nicht mehr die Rede sein, und es prangt dennoch auf den Etiketten.

Letztendlich ist dieser Bezeichnung nur dahingehend zu trauen, dass das Öl überhaupt gepresst und nicht durch Chemikalien oder Zentrifugen separiert wurde.

Was nun? Sollen wir wieder zurück zu Schweineschmalz und Butter? Das wäre bestimmt keine schlechte Idee, denn das beliebige Karussell der Ernährungswissenschaft wird diese Produkte sowieso irgendwann mal wieder aufs Pferdchen setzen. Schließlich legte meine Oma mit diesem »Giftzeugs« (Ich heb die Hand zum Schwur) in ihren letzten Jährchen ein geradezu obszön zähes Finish hin und schaffte fast die Hundertermarke. Eine Ermunterung letzter Hand noch: Erhitzte, billige Olivenöle – auch wenn kalt gepresst daraufsteht – sind auf alle Fälle nicht gesundheitsschädlich und zum Kochen gut geeignet. Wertvolle, teure Öle haben, um es nochmals zu bekräftigen, mehr Vitamine und sonstige vitalisierende Inhaltsstoffe. Solche Ware kauft man am besten im Weingeschäft, wo sie von Weingütern als Nebenprodukt im Sortiment gehandelt werden. So eine Flasche kostet gut und gern dreißig Mark – schließlich sind viele Sonnenstrahlen darin eingefangen – und hält einen dunklen Winter lang. Wer sein Brot in Olivenöl tunkt und isst, verspürt mediterranes Lebensgefühl, auch wenn es draußen friert und schneit.

Quelle: Konrad Grob und Ernst Romann: »Gepanscht wird nach allen Regeln der Kunst. Die Erkennung gefälschter Olivenöle und die Konsequenzen für die Lebensmittelkontrolle« aus: Mitteilungen aus dem Gebiet der Lebensmittelhygiene. S. 99 bis 111, Zürich 1993

Spargelschänden mit Nestlé & Co.

Claudia Aldenhoven und Wiglaf Droste

Aus den Versuchsküchen von Biskin, Knorr, Maggi und Thomy: Sauce Hollandaise

Wozu noch etwas selber machen, wenn es alles schon fix und fertig gibt? Sogar das Rührei, Klischeemahlzeit für den Mann mit den klassischen zwei linken Küchenhänden, muss nicht mehr eigenhändig in die Pfanne gehauen werden. Die fürsorgliche Lebensmittelindustrie hält es, im Duett mit einem Aufbackbaguette, als Mikrowellenmahlzeit im Kühlfach bereit.

Beinahe so leicht zuzubereiten wie ein belgisches Rührei ist eine Sauce Hollandaise. Deshalb wird sie auch mannigfaltig als Fertigprodukt angeboten, in flüssiger wie in pulverisierter Form. Speziell zur Spargelzeit drücken die Firmen Biskin, Knorr, Maggi und Thomy ihren praktischen Essensersatz in die Einkaufsregale und Kochtöpfe einer Welt, in der Käufer und Probanden längst identisch sind. In einem freiwilligen Selbstversuch haben wir ein halbes Dutzend dieser Erzeugnisse getestet:

Knorr Raffinesse ZitronenButterSauce

Tütensauce. Packungsaufschrift: »Diese edle Saucenkomposition mit Butter und einer feinen Zitronennote macht Essen zur Raffinesse.« Beim Aufschneiden entströmt der Tüte schlagartig Milchpulvergeruch, danach der Hautgout einer ungelüfteten Großküche, der dem servierfertigen Produkt erhalten bleibt und sich durch das Erhitzen sogar noch verstärkt hat: Abwaschwasser mit Essensresten könnte nicht besser schmecken. Salz, Glutamate und Zitronenspüli gehen auch farblich eine interessante Verbindung ein und ver-

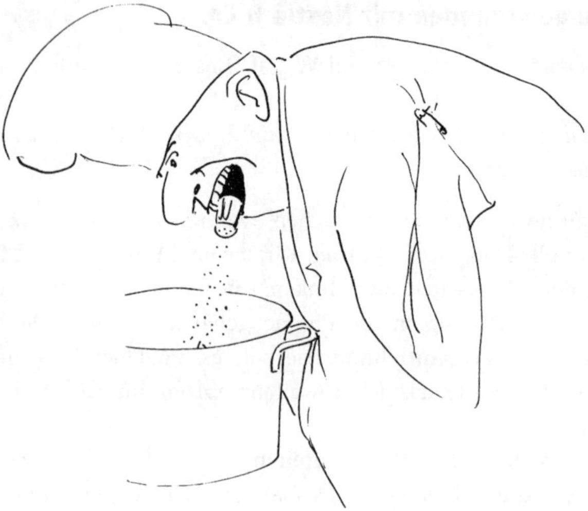

schmelzen zu einer nasenschnottengrünen Masse von ausflussiger Konsistenz. Hersteller Knorr, mit Sitz in der Republikanerhochburg Heilbronn, schwärmt auch vom »Treffpunkt Küche«. Bitte die Fenster weit öffnen.

Maggi Feine helle Holländische Sauce (Nestlé)

Tütensauce. Packungsaufschrift: »Mit Sahnepulver, Butter, Eigelb«. Empfehlung vom Hersteller: Pulver in halb Wasser, halb Milch auflösen, um die Sauce »cremiger« zu machen. Pulver grünlich. Nach dem Auflösen fahl, falb, sämig und salzig. Zieht beim Erkalten Fäden. Entwickelt beim Trocknen die Konsistenz von Knetmasse und kann, z. B. als Fensterkitt, einer würdigeren Bestimmung zugeführt werden.

Knorr Feinschmecker Zubereitung für Sauce Hollandaise

Tütensauce, Zusatz von 125 g Butter. Packungsaufschrift: »Pfiffige Variationen mit geriebener Orangenschale und O-Saft, geriebenem Käse oder einem Schuss Weißwein«. Das Trockenpulver ist parmesanartig, der etwas glutamatige Geruch insgesamt aber erfreulich schwach. In flüssige Form gebracht, entwickelt der »BESTFOODS-Markenartikel« mit zunehmender Erwärmung erstaunlicherweise den Geruch von Trockenfisch (Bacalhau). Der jedoch wird durch starken Zusatz von Zitronensäure etwas ausgebremst und in die Schranken gewiesen. Zwar gelingt es den Herstellern nicht ganz, den Geschmack der hinzugefügten Butter vollständig vergessen zu machen, aber der Hinweis »jetzt noch feiner« auf der Packung irritiert. Wie mag die Sauce vorher gewesen sein? Unfein? Nicht auszudenken.

Meisterklasse Maggi Kochstudio Sauce Hollandaise (Nestlé)

Tütensauce, Zusatz von 125 g Butter. Packungsaufschrift: »Eine meisterlich abgerundete Zubereitung mit Eigelb. Die weltweite Erfahrung von Nestlé garantiert Qualität und Sicherheit für Ihre Ernährung.« Vor allem garantiert sie ein mangogelbes, salziges Pulver mit strengem Brühwürfelgeruch. Die Tüte schmückt ein echter Verbrechersatz: »Butter kann nach Wunsch gegen Margarine ausgetauscht werden.« Nein! Niemals! Margarine ist Mord! Nur Butter ist Mutter! Im Fall der Maggi Meisterklasse aber ist die Butter ohnehin nur eine symbolische Grabbeigabe; die Konsistenz ist mondamindicklich, der Geschmack gipsig. Die Salzwüste kann so nah sein.

Biskin Sauce Hollandaise

Flüssigsauce im TetraPak. Packungsaufschrift: »Mit pflanzlichen Fetten, tafelfertig.« Schon beim Öffnen heftiger Schmelzkäsegeruch. Von da an geht's unrettbar bergab. Geschmack pappig, im Abgang leicht frittenfettig. Aussehen salatmayonnaisig, eiterstichig. Beim Erwärmen dünnflüssiger, schleimbildend, zitronensäurig, im Abgang jetzt noch pommesbudiger. »Kein Gerinnen«, prahlt die Packung. Das stimmt; kein Entrinnen aber auch – vor einer Art Plastikfolie, die sich über die Zunge legt und starke Husten- und Würgreize auslöst. Auch das Auge wird voll bedient: Der Flüssigkunststoff wirft Blasen und schäumt auf. Beim Erkalten eine Art Lymphaustritt; im Backofen entwickelt sich strenger Gummireifengeruch mit Karamellnote. Hersteller Biskin vergibt das Prädikat »Chefköche empfehlen«; dabei dürfte es sich um Patrons handeln, die den Kantinenküchen in Baustoffhandlungen vorstehen. Verwendungszweck: keiner, Nebenwirkungen: Fragen Sie nicht, das Gesicht ist gerade erst abgeheilt.

Thomy Les Sauces à la Hollandaise (Nestlé)

Ebenfalls eine Flüssigsauce im TetraPak schlägt sich, TetraPak verträgt sich. Packungsaufschrift: »Mit pflanzlichen Fetten, Sauce zu edlen Gerichten, Erwärmen und Genießen«. Geschmack schon im kalten Zustand brenzlig; weckt Erinnerungen an längst verdrängte Urinproben aus Kindertagen. Beim Erwärmen böse Anmutung von Kompost-Zigarettenkippen-Gemisch. Nach dem Erkalten lt. Beobachtung von Cand. Med. Franziska Wodarz starke Ähnlichkeit mit Leichenfett. Bewirkt mülliges Aufstoßen, Magen-Darm-Alarm und den Ausruf: »Wenn wir morgen krank sind, wissen wir warum.« Gegenmittel: in warmem Wasser verdünnter Balsamico-Essig, Stoßseufzer: »Alles für die Wissenschaft!«

Für eine richtige Sauce Hollandaise braucht man Butter, Zitronensaft, Senf, Eigelb, Salz, Pfeffer und eine Prise Zucker, und wem die Sauce gerinnt, der kann sie mit etwas geschlagener Sahne retten. Das ist kinderleicht, kostet nicht viel und schmeckt mjammi. Trotzdem traktieren Millionen Menschen nicht nur sich selbst mit Schmodder aus dem Hause Fertig, sondern ruinieren auch unschuldigen Spargel. Warum? Ist der Verzehr von Techno-Saucen ein gängiges Mittel, um todsicher eine Krankschreibung zu erwirken? Eine moderne Form temporärer Selbstverstümmelung? Der Wunsch, ganz ohne Bombardement zum Kollateralschaden zu werden? Die Weiterentwicklung der serbischen Bohnensuppe also? Ist es ein heimeliges Gefühl, wenn die eigene Küche riecht wie eine Dunstabzugsanlage von McDonald's? Wohnt in jedem Menschen ein heimlicher Gastronom, der davon träumt, sich an kranken Gästen gesundzustoßen?

The answer, my friend, is blowing in the Maggi-Kochstudio.

Aus deutschen Landen frisch ins Klo

Vincent Klink

Sähe die Welt des Essens und Trinkens so aus, wie es sich die ehemalige Verbraucherschutzministerin Künast wünscht, dann könnte man die dummfrechen Sprüche der Centralen Marketing-Gesellschaft der deutschen Agrarwirtschaft (CMA) als branchenübliche Übertreibungen schamloser Werbefuzzis durchgehen lassen. Doch noch fehlen die entsprechenden Gesetze, und bis dahin kann die CMA weiter wohlkalkulierte Täuschungsmanöver in ihren Kampagnen einsetzen. »Aus deutschen Landen frisch auf den Tisch« umgarnt sie in ganzseitigen Anzeigen den ahnungslosen Bürger. In der Tat, da ist nichts gelogen, alles stimmt. Das kleine Wörtchen »frisch« fegt alle Zweifel hinweg.

Man sollte bei Restaurantbesuchen mal darauf achten. »Alte Seezunge, alte Pfifferlinge«, das schreibt kein Koch auf die Speisekarte. Was wir dort finden, ist die rudelartige Präsenz des Wörtchens »frisch«. Was aber ist im CMA-Jargon damit gemeint – frisch aufgetaut? Aufgetaut, dann wieder gefrostet, und noch mal frisch aufgetaut? Frisch regeneriert, wie man wiederbelebte Totgerichte in der Kantinenfachsprache nennt? Frisch aus der Mülltonne oder eben frisch aus Deutschland? Das Huhn, beispielsweise: frisch aus dem schuhkartongroßen Quälknast, durch Roboter gekillt, in drei Sekunden entfedert, dann ausgenommen, durchs Eiswasser gezogen, ruckzuck tiefgekühlt und steril in Folie gezogen. Ein CMA-Paradeprodukt, frischer und hygienischer geht's nicht mehr. Auch auf Putenfleisch klebt das CMA-Qualitätssiegel, und gelogen wird, dass sich die Spaltenböden biegen: »Star erster Güte, mit allen Vorzügen ausgestattet, die man sich wünschen kann«; »Der Vogel gibt sein Bestes!« Doch stopp, so richtig gelogen ist das nicht. Die mit Medikamenten traktierten Viecher geben wirklich alles, ihr Bestes. Kurz und gut, nennen wir diese Machenschaften schlicht Volksverarschung.

Hauptgesellschafter der zweifelhaften Firma sind die Wahnsinnslobbyisten Raiffeisen- und Bauernverband. Beide Verbände sorgten dafür, dass der kleine Bauernhof zum Sterben verurteilt wurde. So halbierte sich in der Amtszeit des Bauernpräsidenten Freiherr Heeremann die Zahl der landwirtschaftlichen Betriebe: Den kleinen Bauern ging es immer schlechter, die großen wurden üppig unterstützt. Da gibt es wenig Demokratie – die Großbauern bestimmen den Kurs. Wer als kleiner Bauer heute noch diesen Verbänden angehört, muss sich die Beschimpfung Vollidiot gefallen lassen.

180 Millionen Mark – ein Viertel dieser Summe kommt aus dem Steuerzahlertopf via EU noch hinzu – verwendet die

CMA darauf, uns weiszumachen, deutsche landwirtschaftliche Erzeugnisse seien samt und sonders Spitzenklasse. Die Flunkerprosa ist es auf alle Fälle, zum Beispiel die zynische Feststellung »Fleisch ist Leben«. Welches Leben ist da gemeint? Das Elendsleben der Nutztiere, an dem sich trotz heftiger Proteste gar nichts ändert? Und was für ein Leben ist das, wenn Tiere ihre eigenen Artgenossen in Pillenform verspeisen sollen?

Als die BSE-Krise die Rinderzüchter buchstäblich auf den Grund ihrer Jauchegruben abgurgeln ließ, kamen die CMA-Einpeitscher verschärft zum Einsatz: 1,5 Millionen Mark Werbegeld wurden auf die Bundesbürger abgefeuert und so viele Gütesiegel aufs Fleisch gepappt, dass die Rindviecher mehr Etiketten trugen als Schumi und seine Rennwagen.

Die Qualitätskriterien für ihre Ware entwickeln die Agrarverbände weitgehend selbst. Man wird in Zukunft vielleicht einige Zugeständnisse beim Einsatz von Antibiotika und der Salmonellenüberwachung machen, doch im Großen und Ganzen werden Lebensmittel ohne Künast-Ökosiegel wie bisher nur zweitklassige Ware sein. Es wird weitergewurstelt, nicht nur mit Antibiotika. Der Giftkoffer bleibt weiterhin geöffnet für Carbadox und Olaquindox, sogenannte Wachstumsförderer; Schilddrüsenhemmer machen die Tiere träge, sodass sie besser Fleisch ansetzen; Glucocorticoide, Hormone der Nebennierenrinde, werden gegen Stress eingesetzt, und Psychopharmaka und Betablocker gegen Tierverzweiflung und Irrewerden in engen Ställen ohne Auslauf.

Nach wie vor leiden Tiere auf Spaltenböden und wachsen oft genug ohne Tageslicht heran, und weiterhin karrt man sie stundenlang zu den Schlachthöfen. Dies alles zu verschleiern, dafür muss ein neues Siegel her, sollte längst da sein. Hinter den Kulissen hört man hektisches Laborieren, als werkle Dr. Mabuse nun endlich bekehrt an anthroposophischem Holzspielzeug. Alles wird bleiben, wie es immer war, aber ein neu-

es Qualitätssiegel soll den Bürger ruhigstellen, ihm vorgaukeln, es hätte sich alles zum Guten gewendet. Der Bürger soll nicht betrogen werden, aber es geht nun mal nicht anders. Sonst könnte man ja Eierkartons präziser beschriften: »Käfigei« könnte man draufschreiben, oder »Stehblueseier« für die sogenannte Bodenhaltung. Auf dem Tiefkühlbeutel könnte statt des CMA-Signets das Wörtchen »Quälhuhn« die Wahrheit sagen. Mit solchen Botschaften käme der gehetzte Bürger sehr schnell klar. Damit können aber die Tierschinder nicht leben, und um die sorgt sich der Staat mehr als um den stinknormalen Lohnsteuerpflichtigen.

Der Markt ist mit vakuumiertem, sauer schwärendem Quälfleisch verstopft. Es ist so zart, weil es sich durch sogenannte »Fleischreifung« im Vorstadium der Zersetzung befindet. »Rohr frei!«, hört man aus der Zentrale: Der Scheiß muss entsorgt werden, und 80 Millionen unzerstörbarer deutscher Mägen stehen bereit. Kein Problem – in uns allen steckt ja auch ein Quäntchen Todessehnsucht, sonst würden wir nicht

Felswände erklimmen oder uns fortdauernd in den Straßenverkehr stürzen.

Wir haben ein Recht auf vergiftete Currywürste, ein Recht auf Selbstversuche mit versteckten Fetten und auf die Zentralfritteuse. Aber führen wir uns endlich vor Augen, dass wir uns bequem eingerichtet haben und befriedigt in die überbordenden Auslagen der Lebensmittelgeschäfte gucken. Doch: Masse ist nie Klasse, sie bringt bloß Kasse. Was wir brauchen, ist ein Angebot, das inhaltlich erkennbar und abzuschätzen ist. Anders gesagt: »Durchgesägt ist fast der Ast, Gott schütz uns fest, auch Sie, Frau Künast!«

Die Wespe

Ein Abschiedswort

Wiglaf Droste

Hart auf die Probe gestellt wird die Liebe zur Kreatur durch die Existenz der Wespe. Die Wespe ist ein Fehlgriff der Schöpfung, sie entbehrt jeglichen Charmes. Kampffliegerartig und im Rudel überfällt sie den freudig sich zur Nahrungsaufnahme anschickenden Menschen, stürzt sich unterschiedslos auf Schinken, Marmelade, Zuckerdose, Ei und Säfte und will uns den Tag vergällen. Das soll ihr nicht gelingen.

Wespen sind so eklig, sie könnten Soldaten sein. Die Wespe ist die Arschgeige der Lüfte. Heimtückisch wirft sie sich in dunkle Getränke, bevorzugt in schwarzes Bier, in dem man sie nicht sehen kann. Wer unvorsichtig zu Flasche oder Glas greift, hat seinen letzten Trunk getan – die Wespe sticht ihn in den Schlund, und er muss jämmerlich ersticken, falls nicht gerade ein des Luftröhrenschnittes kundiger Mediziner zur Hand ist.

Die Wespe lernt auch nichts dazu. Unresozialisierbar

bleibt sie der Feind. Hochaggressiv kamikazt sie sich in das Gesicht des friedfertigen Mannes, der seiner Süßen gerade ein Brötchen bebuttert. Ihn wagt die Wespe zu attackieren – ihn, der sie stets partizipieren ließ an Nahrung und an Getränk, der sie, wenn sie voll rücksichtsloser Gier in seinen Fruchtsaft stürzte, vorsichtig mit der Gabel rettete und behutsam in die Luft und zurück ins Leben warf. Doch damit ist jetzt Schluss – denn die Wespe, statt den großmütigen Rettungssanitäter nun zu meiden und zu verschonen, greift ohne Umschweife wieder an. Es soll das letzte Mal gewesen sein:

Nun gibt es keine zweite Wange mehr,
der Vorrat an Geduld ist aufgezehr
t, jetzt gibt es, Wespe, richtig Stunk,
jetzt bist du fällig, hic et nunc.

In einem taktisch raffinierten Manöver zieht sich der vom Gandhi zum Molotow Gewandelte zurück und überlässt der Wespenhorde die Saftkaraffe. Versteinerten Herzens lässt er die Aggressoren ersaufen – und spült sie, dreizehn sind es, toilettenabwärts in den Hades. Versonnen sieht er ihnen nach und denkt bei sich: Ich hatte euch gewarnt; das habt ihr nun davon, ihr Unbelehrbaren, nöiiich … Dann tritt der Held hinaus und sagt es der Welt: Dreizehn auf einen Streich – tapferes Schneiderlein, das tu mir nach!

Einiges über den Koch, samt Rezepten & Warnungen

Sitting Küchenbull

Wiglaf Droste

I'm gonna sing: hey Zwiebelring,
auch du, my little chicken wing,
swing her zu mir, zu Mutter.
I wanna shout out Sauerkraut,
yeah, shout it loud and shout it proud:
Ich spare nicht mit Butter.

Cry me a river Spiegelei
auf einem Berg Kartoffelbrei
I do it mit Spinat.
Yes, I will croon the Freilandhuhn,
vom white wine ist es schon ganz duhn
und innendrin sehr zart.

Mein Lieblingsduft heißt Rotweinhauch
I'll never need no Waschbrettbauch,
ich stemme keine Hantel.
Ich steh am Eigenherd und brat',
I'm gonna fart the Zwiebeltarte
im coolen Schinkenmantel.

Hoch in der Gunst steht Bratendunst.
Was ist die wichtigere Kunst,
das Kochen oder's Singen?
Dies ist mein erstes Menschenright:
I'm gonna fight for Essenszeit! – – –
Man mag den Nachtisch bringen.

Ernte in Zipplingen

Vincent Klink

Wie gelähmt stand ich da und sah an mir hinunter. An der speckigen Lederhose, an den Schenkeln entlang, die an Haselnussstecken erinnerten, vorbei am aufgerissenen Knie kullerte ein Rinnsal, das sich in seltsame Stiefeletten ergoss, die alten Schnürstiefel meines größeren Bruders, die ihm zu klein geworden waren und auch mich schon unerträglich drückten. Ich hatte mal wieder in die Hose gepinkelt. Zwar gab es Büsche und Bäume, Winkel hinter dem Stall, der

Scheuer oder der Hufschmiede, jede Menge Gelegenheit zum ungestörten Pissen, doch ich war als Vierjähriger noch längst nicht stubenrein. Die Kunst des männlichen Wasserabschlagens, diese deutsch-maskuline Hauptdisziplin, hatte ich noch nicht intus.

An jeder Ecke, gern auch auf freier Strecke zeigt der Germane gerne, was er hat, da ist er noch so richtig eigeninitiativ, ein echter Steher. Für mich jedoch noch kein Gedanke daran. Ich hatte gute Gründe, mein Pipi bei mir zu behalten. Die Toilette beim Hufschmied und Bauern Oettle in Zipplingen war nämlich keine Toilette, sondern ein Scheißhaus rustikalsten Zuschnitts. Aus heutiger Sicht zwar höchst ökologisch, aber nicht gerade komfortabel. Unter dem Schweinestall waberte schwarz von Fliegen die Jauchegrube, und knapp daneben residierte der Notdürftige auf einer Holzkiste mit Loch. Panische Angst schüttelte mich, in diesen Orkus hineinzufallen. Auf der ausgesägten Öffnung hockend, hatte man nicht nur mit dem pestilenzschwärenden Odeur von unten zu tun: auch von der Horizontalen her drohte Horror. Zwar trennte mich ein angenagter Bretterzaun von den Säuen, aber diese machten sich einen Jux daraus, nach mir zu schnappen und ihre Kiefer wild ins Holz zu schrappen. Die Schweinsäuglein funkelten wild, als wollten sie mit Türspionen auf mich schießen. Wie Zweibeiner, hochgestellt auf den Hinterklauen, standen sie an der Brüstung und wollten zu mir übersetzen. Sie fuchtelten mit den Vorderläufen, um meine Nase zu erwischen. Damals erfuhr ich, dass Schweine keinen Mundgeruch haben. Ich hatte wenig Chance, den üblen Spielchen der Borstentiere zu entkommen. Sollte ich mich an der Nase packen lassen, ausgerechnet von diesen Viechern, die ich als ungefähr so vertrauenerweckend wie feuerspeiende Drachen empfand, oder ins höllenartige Kackloch fallen? Der grunzende Lärm, die Nasenfolter waren geradezu infernalisch. Kurzum, die sanitären Verhältnisse waren nicht so beschaffen, dass die Inkontinenz eines Vierjährigen die Besserung zum Trockenbiotop erfahren hätte.

Ins ländliche Gulag wurde ich häufig verfrachtet, da waren noch einige Geschwister, und Mutter war froh, wenn sie den einen oder anderen Balg irgendwohin packen konnte. Klein-Vince, Angsthase, rachitisch, blauädrig, durchsichtig und mager wie ein angeknabberter Fruchtzwerg, sollte nach dem Willen seiner Eltern offensichtlich zu einem harten Typen gebogen werden: der Bauernhof als Trainingscamp. Scheuer, Viehstall, die Wohnung daneben und gegenüber die Schmiede – ein schön arrondiertes Anwesen war das, mitten im Ries, der Gegend um Nördlingen. Eine stille Landschaft, berühmt für Gänse. Lange her, dass einmal ein Meteorit die Einöde auf vierzig Kilometer kreisrund eingedellt hatte.

Das Landleben brach mit ähnlicher Vehemenz über mich herein. Hart wurde ich nie, später dann immerhin recht schwer, was damals jedoch überhaupt nicht zu ahnen war. Aber hart wie Kruppstahl? Fehlanzeige.

Der deutsche Mann hatte den Krieg verloren. Die Erziehung der Adenauerzeit zielte jedoch offensichtlich darauf hin, dass er bald wieder instand gesetzt werde, um einen neuen zu beginnen. Als Sechsjähriger war ich immerhin aus der schlimmsten Heul- und Memmenphase heraus. Zum Frühstück durfte ich schon Milchkaffee trinken, die gleiche Sorte wie Bauer Josef, Kathreiners Malzkaffee. In riesigen Schalen kam er zu Tisch und der Hefezopf wurde hineingebrockt. Das hatte Qualität und gab Kraft. Ich hatte die nicht so nötig, aber der Bauer, die Bäuerin Theres und die Magd. Frühmorgens hatte Josef noch einige Pferde beschlagen, er war schließlich der untere Schmied. Ich war fasziniert von den stiebenden Funken und auch von den Gerüchen verbrannten Horns.

Während der Ernte blieb für diese Verrichtungen nicht viel Zeit. Es war Herbst und das Korn musste geschnitten werden. Wichtigste Hilfe war das Ross. Es hieß Flinkaß und wurde gepflegt, wie man heute die Stoßstangen poliert, denn es stellte einen großen Wert dar. Unzählige Maschinen konnte man dem Tier anhängen – vom Pflug über die Egge, Mähmaschine, Heuwender, selbst Ährenbündler gab es. Als Basisequipment war aber damals die Mähmaschine schon der totale Fortschritt. Damit zog das Tier seine Bahnen. Das Korn fiel in exakter Reihe und die Frauen bündelten die Ähren mit Garbenschnüren.

Erntezeit, die ganze Verwandtschaft war angereist, um zu helfen. Es war ein Wettlauf mit dem Wetter, und ich erinnere mich noch der schwarzen Wolken, die sich über Schloss Baldern zusammenklumpten. Eine Wand mit Blitzen zerhackend, kam das Unwetter auf uns zu wie eine überdimensionale Wagnerkulisse. Ein letzter Karren musste so schnell wie möglich beladen werden; keine Zeit mehr, um das Korn auf zwei Fuhren verteilt in die Scheune zu bringen. Die Männer brüllten, das Pferd wieherte und nahm die Unruhe der Menschen auf. Die Weiber arbeiteten still und hektisch, trauten sich gar nichts zu sagen. Auf den Wagen wurde getürmt, was die Achsen hielten, er setzte sich quietschend in Bewegung und Josef drosch auf den Gaul ein. Der fast haushoch beladene Holzwagen taumelte eine Böschung hinab: Genremaler der Romantik hätten nach ihren Pinseln geschrien. Ich trabte mit, die Erntehelfer stolperten hinterdrein, nach Atem ringend. Ich hüpfte auf die Deichsel. Bauer Josef war ein stiller Mensch, heute nicht: Ich wurde angeschnauzt und sprang wieder ab. Genau im rechten Moment. Ratternd ging es durch eine Senke, ein großes Schlagloch brachte den Karren ins Wanken.

Er fiel nicht gleich um. In gebremster Fahrt pendelte er heroisch, als stemme er sich gegen die Gravitationsgesetze, mal nach rechts, mal nach links, immer heftiger, und dann: Das Pferd wieherte und bäumte sich auf, der Bauer schwang die Peitsche und schrie gemeinste Flüche. Das eisenbereifte riesige Gefährt kapitulierte und neigte sich knarzend; schleppend, wie ein sterbendes Tier. Fast glaubte ich, es stöhnen zu hören, es legte sich immer mehr zur Seite, kapitulierend, wollte nicht mehr. War der Wagen zuerst langsam aus dem Gleichgewicht geraten, so stürzte er den letzten Meter mit satter Wucht endgültig auf die Flanke, als wolle er sagen: So, Schnauze voll, ich steh nie mehr auf. Mir wurde zugerufen, zum Bauernhof zu rennen und den Rest der Verwandtschaft zu mobilisieren. Auf mich kam es an, ich rannte in stolzem Bewusstsein, dass ich die Katastrophe aufhalten konnte, die Ernte retten. Die Lungen brannten, Seitenstechen plagte mich, aber ich konnte in weniger als fünf Minuten meine Botschaft bei den Dreschern in der Scheune absetzen.

Vollkommen aus der Puste verharrte ich und wartete auf friedlichere Zeiten. Irgendwann kam der Wagen in Sicht. Schwere Tropfen fielen. Das Gefährt wurde mit Karacho durchs Scheunentor laviert. Das geschnittene Korn war in Sicherheit, der Wagen in der Scheune. Die feuchten obersten Garben wurden aussortiert, um sie anderntags im Hof als Garbenmännchen zum Trocknen aufzustellen. Die Stimmung der Beteiligten war zwar irgendwie errettet froh, aber ein umgestürzter Wagen war eine gewisse Hypothek. Das bedeutete unter diesen abergläubischen Menschen kein gutes Omen. Auf alle Fälle galt dies Malheur als Hinweis auf des Bauern Geiz. Dabei stimmte das ganz und gar nicht, man war zwar sparsam, es gab immer einfaches, aber sehr gutes Essen.

Bauer Josef warf mit etwas bekümmertem Gesicht die Garben in die Dreschmaschine. Die Aufregung hatte ihm zugesetzt, wohl kaum die Vorahnung, die Verwandtschaft beim sonntäglichen Kirchweihfest in Bopfingen, dem nächsten größeren Ort, noch freigiebiger als sonst verköstigen zu müssen.

Die Maschine faszinierte mich. Den Lärm, der aus den Tiefen des Ungetüms kam, konnten meiner Ansicht nach nur Kobolde verursachen, die in den Eingeweiden der Maschine in Streit geraten waren. Die Drescher hielten mit schwarzen Gesichtern die Maschine in Gang und arbeiteten in dichtem Nebel falben Staubs. Die Frauen knoteten die Garben auf und Josef warf sie in den Schlund, als gelte es, ein gefräßiges Tier zu füttern. Hinten ergossen sich die Körner auf einen Haufen. Mit einer Schaufel wurde die Ernte in Säcke gefüllt. Das Korn war trocken, von guter Beschaffenheit, nicht schimmlig oder sonst wie fehlfarben wie in den letzten zwei Jahren. In Reihen protzten die Säcke wie eine militärische Abordnung dicker Männer. Das bedeutete pures Geld. Am Abend wurde durchgezählt – erst dann war klar, ob der Erntetag ergiebig gewesen war und ob sich die Plackerei das Jahr über rentiert hatte.

Es war Oktober, das Schwein geschlachtet, die Würste hingen im Rauchfang, und die Kartoffeln füllten den Keller. Der Garten war abgeerntet, die gelben Rüben und die Sellerieknollen in Sand eingeschlagen. Birnen und Äpfel reiften auf roh gezimmerten Holzetagen. Kraut war eingehobelt und in Holzbottichen mit Steinen beschwert worden. In Zubern gärten die Zwetschgen. Es war geschafft, alles unter Dach und Fach. Einen Kühlschrank oder gar eine Tiefkühltruhe hatten die Leute in der Stadt, hier war man noch nicht so weit. Manches war vom Verderb bedroht und die Kochkünste zielten hauptsächlich darauf ab, die Lebensmittel über die Zeit zu retten. Da wurde eingedünstet, eingesalzen, luftgetrocknet und vor allen Dingen mehr gevespert als übers restliche Jahr hinweg.

Es waren die üppigsten Monate, aber die Gedanken an den Winter, über Generationen gefestigt, beeinflussten sicher das hamsterartige Verhalten der Landbewohner. War die Ernte mager ausgefallen, so konnte es in der dunklen Jahreszeit sehr karg werden. Auf der schwäbischen Alb war vor noch nicht einmal hundertfünfzig Jahren die Nahrung im Januar so knapp, dass es die Leute auf die verschneiten Hochflächen trieb, um an die Vorräte der Mäuse zu kommen. Man folgte den Spuren im Schnee bis zum Mausloch, um dieses dann auszugraben und so an die paar Körner im Nest der Nager zu gelangen. Angesichts drohenden Mangels kann man die Dankbarkeit der Bauern nachempfinden, wenn Scheune und Keller gut gefüllt waren.

Trotz härtester Arbeit waren Erfolge nie gesichert, Missernten oft unerklärbar. Ohnmächtig musste wochenlanger Regen hingenommen werden. Der Bauer schritt sein Feld ab, und bestimmt nicht mit einem Gedicht von Peter Rosegger auf den Lippen: fluchend sah er zu, wie ihm die Ernte zusammenschimmelte. Aus dieser Tradition kann man verstehen, dass der Landwirt heute zwar auch noch an Gott glaubt, aber erst, nachdem er die Seelsorge vom Pharmavertreter empfangen hat. Gott ist längst nicht so zuverlässig wie die ambulante Agrarchemie.

Von Nitrophoska-Blau hatte die Bäuerin Theres damals noch nichts gehört, Jesus war noch Chef im Ring. Ich hüpfte neben dem Leiterwagen einher. Theres, gebeugt und von Arbeit schlank, zäh und mit steter Melancholie in den Augen, immer in Schwarz, Bluse wie Rock, zog befriedigt Richtung Kirchberg. Viktualien wurden zum Mesner gekarrt. Jeder Bauer gab dem Pfarrer etwas zur Ausschmückung des Altars. Wir hatten Korngarben auf der Karre, sauber geschrubbte Futterrüben, einige Brotlaibe, von frischem Mehl gebacken. Eine Seite Speck war auch geladen. Es war der Speck vom Frühjahr, den man, nachdem die Kirchweihsau zerlegt war, gern als Kirchenopfer gab. Kürbisse zierten den Altar, Korngarben und Blumen schmückten die geweihten Räume ebenso. Auf Rüben war eigentlich gepfiffen, dem Pfarrer war Speck wichtig, denn der ging nach den kirchlichen Festivitäten direkt in seine Speisekammer, und wehe, es war kein Fläschchen Schnaps dabei. Da wurde dann in der Predigt auch mal gemault und den Landmännern die geizigen Köpfe zurechtgestoßen.

Erster Oktobersonntag, Erntedankfest in Zipplingen, eine

Woche nach Michaelis. Ich war schon zeitig zur barocken Kirche mit ihrem Zwiebelturm gelaufen, die inmitten des flachen grünen Ries auf einer der seltenen Anhöhen stand.

Mir ging es nicht um den Gottesdienst, sondern ums Glockenläuten. Die großen Buben der Dorfjugend rauften sich regelrecht darum. Da durfte nicht jeder ran. Der Pfarrer suchte die geeigneten Kerle aus. Drei Buben, jeder hing am Glockenseil. Oben wummerten die bronzenen Ungetüme, unten im Turm wackelten buchstäblich die Wände. Die Glocken zogen die Seile beim Auspendeln mehr als drei Meter in die Höhe – wer dran hing, hatte die reinste Kirmesfreude. Auf und ab ging es, wie bei der Achterbahn. Drinnen rumorten alsbald lateinische Rezitative, das Hochamt dehnte sich über zwei Stunden. Die Ministranten schwangen das Weihrauchfass, das feinziselierte Gerät immer am Glühen. Im dichten Qualm wurde mir bald schlecht. Das war mir schon peinlich. Das Land, die Natur liebt die Schwachen nicht. Ich war ein verdammter Schwächling, ließ mir aber, so gut es ging, nichts anmerken. Irgendjemand schaffte mich an die frische Luft. Es war nun schon elf Uhr, später Morgen und niemand hatte gefrühstückt, denn die Kommunion kann ja nur auf nüchternen Magen empfangen werden. Ich hätte ja große Lust auf so ein »Gutsle« gehabt, war aber noch Jahre davon entfernt.

Später in der Bauernstube wurde dann das Defizit schnell ausgeglichen. Die ganze Blase saß um einen Tisch. Theres, die Magd und die weibliche Verwandtschaft hatten schon morgens um halb acht mit der Kocherei begonnen. In der Küche war der gemauerte Backofen am Bullern, im Herd knisterte das Holz. Im Schiff, einem im Holzherd eingelassenen Warmhaltebassin, stand der hohe Topf mit der Fleischbrühe und den Klößchen drin. Wichtig war, dass mehr Fettaugen rausguckten, als später dann über den Tellern hingen. Also Klößchensuppe mit Schnittlauch, gemischter Braten von Kalb, Rind und Schwein. Agathe, die Haushälterin meines Opas, schabte den letzten Teig aus der Spätzleschüssel und schnitt ihn auf einem uralten Brettchen ins kochende Wasser.

Kartoffelsalat wurde in die Stube getragen, und ich fing gleich an zu naschen. Das waren Qualen, mit Hungerkrämpfen auf die Suppe warten zu müssen! Ich bekam eins auf die Pfoten, denn es war noch nicht gebetet worden. Theres stimmte den Singsang an, ein Ritual, das mich zunächst fast peinlich berührte. Eine Art schlechtes Gewissen überkam mich, weil ich angesichts von Kartoffelsalat den lieben Gott vergessen hatte. Das Landvolk war mit Gott enger verbandelt, hatte in Einzelheiten miterlebt, wie alles wuchs – auch oft erlebt, wie alles wieder verdarb –, und freute sich nun über das, was auf dem Teller lag, freute sich im Wissen um die Arbeit darum. Seltsam jedoch, kein Gedanke daran, dass man um die geschlachteten Tiere hätte trauern können, obwohl man mit Schwein, Kalb und Rind viele Monate gemeinsam verbracht und die Tiere beim Namen gekannt hatte.

Man aß schweigend, in Erfüllung langer Vorfreude. Außer gerauchtem Speck hatte keiner der Anwesenden die letzten vierzehn Tage Fleisch in den Magen bekommen. Schlachtfeste haben es an sich, dass doch nicht alles konserviert werden kann, nicht alles in den Rauchfang gehängt, in Pökellake versenkt, in Dosen abgekocht wird. Es blieb genug übrig, um jeden Tag ein kleines Fest zu bereiten und sozusagen gegen den Verderb anzuessen.

Die Frauen machten zusammen den Abwasch, und die Männer saßen draußen vor dem Haus auf der Holzbank. Mit dem dumpf sedierten Blick des Überfressenen blinzelten sie in die Sonne und verdauten still vor sich hin, sammelten Kraft fürs Fest. Der laue Wind fächelte Marschmusik zu uns herauf. Klänge der Verlockung, und als die Frauen mit roten Händen und ebensolchen Backen vor uns standen, kontrollierte Josef den Geldbeutel, sodass es alle sehen konnten. Jetzt war der Bauer dran, unten am Dorfplatz einige Biere zu spendieren. Die Kapelle blies, was die Lungen hergaben, und mit großen Augen bestaunte ich die schwingenden Dirndlröcke und die jauchzenden Tänzer. Eine »Bluna« hatte ich in der Hand, die erste Limo seit Monaten, denn zu Hause gab es immer den grauslichen Johannisbeersaft, sauer wie Essig und trüb wie Schlammkreide. Mein Fest hieß »Bluna« – und zuschauen, wie sich die Dorfdeppen den letzten Rest von Hirn mit Weizenbier auswuschen.

Betrunkene gab es hier genug. Einige Meter von mir entfernt hatte ein Ungetüm von Mannsbild einen Kameraden im Schwitzkasten, drumherum standen Kerle und brüllten vor Lachen. Für mich eine seltsame Welt. Mir war aber bereits bekannt, dass die gewalttätige Heiterkeit irgendwie mit dem Bier zusammenhing. Da sah ich ihn dann, einen Mann mit einer Nase, die rot war, als wollte sie explodieren. Er versuchte aufzustehen, krachte dann aber wieder mit breitem Gesäß auf die Holzbank und kippte fast hintenüber. Der Maßkrug fiel um. Der Mann war aber gerade mit seinen Händen unterm Tisch zugange. Dann rauschte ein Bächlein auf mich zu.

Erst sehr viel später sollte ich von der urdeutschen Sitte des Harnens unter Biertischen hören. Wer München besucht, dem empfehle ich, auch wenn er nicht japanisch spricht, sich das Hofbräuhaus anzugucken. Der traditionsschwangere Boden dort ist wie der eines Viehstalls konstruiert: Unter den Tischen verlaufen die Pissrinnen – daher auch der Ausdruck »Bierschwemme«. Damals wusste ich davon jedoch noch nichts. Meine »Bluna« umklammernd, floh ich vor den Fluten. Bloß weg hier, dachte ich, manche werden ja nie erwachsen!

Nachtschattengewächse

Vincent Klink

Nachtschattengewächs, so nannte mich früher meine Mutter, wenn ich abends mal eine Stunde zu spät nach Hause kam. Hätte ich im Biologieunterricht besser aufgepasst, dann wäre mir das eher als Ehrentitel vorgekommen. Zu den Nachtschattengewächsen zählt nämlich auch das Bilsenkraut, das einst im Bier enthalten war. Die Kirche hatte es dann aber verboten, denn mit der Substanz war Bier schöner als Gott, beziehungsweise man fühlte sich nach dem Trunk dermaßen erhaben und gutgelaunt, dass der Vatikan fürchtete, seine Schäfchen zu verlieren, weil diese sich selbst als Gott empfanden. Und es heißt ja: »Du sollst keinen anderen Gott neben mir haben.«

Ein besonders gewitztes Pflänzlein ist die Engelstrompete, auch Trompetenbaum genannt (Datura suaveolens). Man sieht sie vor Hauseingängen unschuldig blühen, doch kaum jemand weiß, dass sie weit mehr zu bieten hat als den schönen Anblick. Die Pflanze kann man essen, als Tee aufbrühen oder getrocknet rauchen: »Dramatischer Zwischenfall beim Schulsportfest in Oberbayern: Engelstrompete gekaut – 9 Schüler in Klinik«, so die *Bild*-Zeitung Mitte Juli 2000.

Die Pflanzenfamilie der Nachtschattengewächse beherbergt zusätzlich drei für mich lebenswichtige Angehörige, welche jeden Koch abheben lassen. Dies aber nur, wenn die Ware gereift und einigermaßen biomäßig gezogen wurde. Da wäre die bereits erwähnte Kartoffel, der Paprika und die Tomate, die man in alten Zeiten für temporären Liebeswahnsinn verantwortlich machte. Sie enthält, wie die Kartoffel, in den grünen Teilen Solanin, das sich jedoch beim Kochen verflüchtigt.

Das für Paprika typische Alkaloid »Capsaicin« ist eigentlich eine Gruppe von eng verwandten Alkaloiden, den Capsaicinoiden. Tiere haben dafür nichts übrig, doch Menschen können danach süchtig werden. Der von der Schärfe herrührende Schmerz fördert die Ausschüttung von Glückshormonen.

Ursprünglich war aller Paprika scharf in die Kehle beißend. Er stammt von der Beißbeere ab und musste viele Hürden nehmen, bis er in unsere Küche gelangte. Die Vorbehalte waren begründet, denn nur langsam konnte ihm die Schärfe ausgetrieben werden, sodass wir mittlerweile zwischen scharfen Peperoni und den milden Gemüsepaprika wählen können.

Fischpaprika (Burgenland)

300 g	Fischfilet (Seelachs)
1	gelbe Paprika
1	rote Paprika
1	grüne Paprika
2	Fleischtomaten
1	große Gemüsezwiebel
1	gequetschte Knoblauchzehe
1 EL	mildes Paprikapulver
$^1/_4$ l	Gemüsebrühe
4 EL	Olivenöl
1	Zweig Thymian
1 TL	gestoßener Kümmel
2	Knoblauchzehen

Paprika, Zwiebel und Tomaten in haselnussgroße Stücke schneiden. Zwiebel in etwas Olivenöl mit Knoblauch andünsten und die Paprika dazugeben. Mit etwas Gemüsebrühe ablöschen. Thymian dazu und fünfzehn Minuten kochen lassen. Abschmecken mit Pfeffer, Salz und etwas gestoßenem Kümmel. Nun die gewürfelten Tomaten und die restlichen Zutaten zum Paprika geben. Nicht den Fisch – der wird in Stücke geschnitten, gepfeffert und gesalzen. Sobald das Gemüse kurze Zeit (zirka drei Minuten) durchgekocht ist, legen wir den Fisch darauf. Deckel drauf und bei kleinstem Feuer acht Minuten ziehen lassen. Die Fischstücke eventuell auf halber Garzeit umdrehen. Das ganze Gericht wird entgegen burgenländischer Tradition ausnahmsweise mal mit möglichst wenig Öl gekocht.

Gefüllte Auberginenröllchen mit Tomaten-Paprika-Ragout

Für die Füllung (ergibt 4 Portionen):

700 g	Tomaten
1	rote Peperoni
1	gelbe Paprikaschote
2	Knoblauchzehen
2 EL	Olivenöl
	Salz, Pfeffer

Für die Auberginenroulade:

2	mittelgroße Auberginen
8–10 EL	Olivenöl
	Salz, Pfeffer
30 g	Pinienkerne
80 g	Zwiebeln
2	Scheiben Kastenweißbrot
4	Zweige Minze
100 g	Feta-Käse
1	Ei
2 EL	Parmesankäse

Die Tomaten überbrühen, abschrecken, häuten, vierteln, entkernen und in grobe Stücke schneiden. Peperoni und Paprikaschoten halbieren und entkernen. Peperoni quer in feine Streifen schneiden. Paprika in zwei bis drei Zentimeter große Stücke schneiden. Knoblauch fein würfeln. Olivenöl in einem Topf erhitzen, Knoblauch, Peperoni und Paprika darin kurz andünsten. Tomaten zugeben und bei milder Hitze zehn Minuten garen. Mit Salz und Pfeffer würzen und in eine Auflaufform geben. Auberginen längs in drei bis vier Millimeter dicke Scheiben schneiden. Olivenöl in einer Pfanne erhitzen und die Auberginenscheiben darin von beiden Seiten kurz und scharf anbraten. Mit Salz und Pfeffer würzen und auf Küchenkrepp abtropfen lassen.

Füllung: Pinienkerne klein hacken und in einer Pfanne ohne Fett goldbraun rösten. Zwiebeln fein würfeln. Kastenweißbrot entrinden und in kleine Würfel schneiden. Die Minzblätter von den Zweigen zupfen und grob hacken. Feta-Käse fein würfeln. Alles mit dem Ei vermengen und mit Salz und Pfeffer abschmecken.

Wir geben einen Esslöffel Füllung auf das schmale Ende der Auberginenscheiben und rollen diese zu einer Roulade. So fortfahren, bis Füllung und Auberginenscheiben aufgebraucht sind.

Die Rouladen auf das Tomaten-Paprika-Gemüse setzen. Deckel drauf und bei kleinem Feuer zehn Minuten dünsten. Anrichten und mit Parmesan bestreuen.

Scharfer Paprika-Dip

Eignet sich für gebratenes Fleisch, Fisch oder für Krustentiere. Kann man zu Kaltem oder Warmem servieren.

2	klein gewürfelte rote Paprika
2	Fleischtomaten
2	gewürfelte Schalotten
1	gequetschte Knoblauchzehe
1 EL	Estragonessig
2 EL	Olivenöl
$\frac{1}{8}$ l	Weißwein
3 TL	Agavendicksaft
1 Bund	gehackte Petersilie
1 Msp.	Cayennepfeffer
	grober schwarzer Pfeffer
	evtl. entfettete Fleischbrühe

Paprika, Schalotten und Knoblauch in einer Pfanne in Olivenöl so lange rösten, bis alles etwas Farbe annimmt. Mit der Gemüsebrühe ablöschen, den Agavendicksaft und die Tomatenwürfel dazugeben und bei geschlossenem Deckel weich dünsten.

Die Flüssigkeit in der Pfanne reduzieren und alles in eine Schüssel geben. Mit Olivenöl, Weißwein, Estragonessig und den restlichen Zutaten vermengen, eventuell verdünnen, dass alles dickflüssig ist.

Tomatenrelish

2	enthäutete Fleischtomaten
2	gewürfelte Schalotten
1 EL	Tomatenmark
1 TL	Zucker
3 EL	Grenadinesirup (Bio ohne Farbstoff)
1	gequetschte Knoblauchzehe
2 EL	Olivenöl

$^1/_8$ l	Gemüsebrühe
1 Bund	gehacktes Basilikum
1 Msp	Cayennepfeffer
	grober schwarzer Pfeffer

Schalotten und Knoblauch in einer Pfanne in Olivenöl kurz rösten. Zucker darüberstreuen und karamellisieren lassen. Das Tomatenmark und Grenadinesirup hinzugeben. Mit Gemüsebrühe ablöschen. So lange auf kleinem Feuer köcheln lassen, bis alles zu einer sehr dicken Sauce eingekocht ist. Die klein gewürfelten Tomaten dazugeben. Kurz aufkochen.

Alles in eine Schüssel geben. Basilikumblätter, groben Pfeffer und etwas Salz dazugeben, Olivenöl unter die Tomaten rühren.

Türkisches Huhn mit Tomatenbohnen

Für 4 Personen:

5	große Hähnchenkeulen (Freiland)
1 TL	geschroteter Damaszenerkümmel
1 TL	geschroteter Kreuzkümmel
1 TL	Oregano
$^1/_2$ TL	geschroteter Pfeffer
1 TL	Kastanienhonig
1	Knoblauchzehe
2	verschiedenfarbige Gemüsepaprika, in feine Würfel geschnitten
2	fein gewürfelte Schalotten
2	geschälte und ausgedrückte Tomaten
1 EL	Essig
$^3/_4$ l	Hühnerbrühe
2 EL	Olivenöl

Die Poulardenkeulen entbeinen. Eine Poulardenkeule fein würfeln. Die Paprikawürfel in Olivenöl so lange rösten, bis sie hellbraun sind, dann die Schalotten dazugeben und wenig später den Knoblauch. Nun das Fleisch und den Honig dazu und alles zusammen weiterrösten, sodass der Honig karamellisiert.

Tomatenwürfelchen und die Gewürze dazu. Mit Essig und einem Viertelliter Brühe ablöschen und so lange kochen, bis die Flüssigkeit einreduziert ist. Die Hälfte des Röstguts in die entbeinten und mit dem Plattiereisen flach geklopften Poulardenkeulen füllen, die vorher mit

Pfeffer und Salz gewürzt wurden. Poulardenkeulen mit einem Küchenfaden zu einer Roulade wickeln.

Die Keulen rundum goldbraun braten und für dreißig Minuten in den 160 Grad heißen Ofen schieben. Die in der Pfanne verbliebene Füllung mit dem verbliebenen halben Liter Brühe gut durchkochen und so lange einreduzieren lassen, bis eine dicke Sauce entsteht.

Die einbeinige Gans des Tierarztes

Vincent Klink

Heiligabend. Es dämmerte schon. Kaum zu zügelnde Spannung, jedoch der stinklangweilige Gang mit Oma auf den Kirchhof war Pflicht. Reizvoll war allein das Zündeln, um die roten Windlichter an den Familiengräbern in Brand zu stecken. Der ganze Friedhof erinnerte an einen ungeordneten Glühwürmchenschwarm. Es waren viele Leute unterwegs, und im Halbdunkel hatte die Szenerie etwas Unwirkliches. Mancher Grabstein, schemenhaft im Schatten, schien sich zu bewegen, als wären die Toten auferstanden.

Daheim war die Familie bereits im Wohnzimmer versammelt: Zu meinem Opa, dem alten Vinz, hatten sich Omi und Opi mütterlicherseits gesellt. Letztere stammten aus Frankfurt und lebten den mondänen Stil, der im Schwabenland völlig unbekannt war und allenfalls als Krankheitsbild hingenommen wurde.

Friedlich konnte man die Atmosphäre nicht nennen. Dies war die jährliche Geduldsprobe, demütig von allen ertragen, da vom Christkind speziell verordnet. Ich spürte das Knistern in der Luft. Nicht nur das Warten auf die Geschenke war kaum noch zu ertragen – auch mein Vater, der Tierarzt, trug zur allgemeinen Anspannung bei. Er dieselte mit seinem Mercedes immer noch bei den Bauern herum.

Endlich krachte die Haustüre ins Schloss. Der »Chef« war da, aber in welchem Zustand? Der alte Vinz, als pensionierter Oberstudienrat die fleischgewordene Ordnungsliebe, hatte Generationen von Pennälern mit dem Meerrohr deutsche Disziplin beigebogen. Beim eigenen Sohn hatte er jedoch, seiner lautstarken Selbstbezichtigung nach, völlig versagt. »Alfred!«, so der Vorname meines Papas, »Alfred! Wie siehst denn du aus? Bist wohl schon vor der Bescherung besoffen!« Mein Vater versuchte, die Anschuldigung zu ignorieren, so gut es ging. Von harter Arbeit gezeichnet, ließ er sich demonstrativ ächzend in einen Clubsessel fallen und grummelte von Bauernbrauchtum. »Ich muss schließlich mit jedem Bauern einen Schnaps auf die Weihnachtsfeiertage trinken! Dienstlich!« Er bemühte sich noch eine Weile, seine Autorität wieder herzustellen, flüchtete sich aber alsbald mit befreiendem Trotz in einen gemurmelten »Schwäbischen Gruß«, was so viel wie »Leck mich am Arsch« bedeutet. So ging's dahin, es weihnachtete sehr. Man lamentierte über die üblen Zeiten, bis alle mit dem hell klingelnden Weihnachtsglöckchen ins festlich geschmückte Zimmer gelockt wurden.

Die Singerei – »Stihiile Naaaacht« und anderes – dauerte unerträglich lange, doch Mutter ließ nicht nach. Sie war die treibende Kraft und um besinnliche Stimmung bemüht. Ich versuchte, mehr als nur ein dünnes Röcheln aus der Trompete zu zaubern. Dann wurde gebetet, danach: noch ein Lied. Das alles im Angesicht unserer Geschenke! Endlich drückte Mutter ihre Ziehharmonika zusammen. Das mit Diamantstrass verzierte Instrument – es stammte aus den zwanziger Jahren, »Paris« stand mittendrauf – schnaufte sehr erleichtert und befreit. Dann war Bescherung.

Wir waren sechs Kinder, beim gleichzeitigen Start zum Christbaum kamen einige zu Fall, wie zuvor schon Opa, der auf dem frisch gespänten und gewachsten Parkett ausgerutscht und der Länge nach hingeschlagen war. Ein alljährlicher »running gag« der »Vierfesten«, auf die bereits Wochen zuvor exzessives Putzen hindeutete. Das Jahr zuvor hatten wir uns dermaßen unter dem Tannenbaum gebalgt, dass er aus seiner Patentverankerung freigekommen und umgefallen war und Feuer gefangen hatte. In Sekunden hatten sprühende Funken das Weihnachtszimmer illuminiert. Mutter reagierte damals phänomenal, riss beide Fensterflügel auf und beförderte das sich selbst verzehrende Symbol des Friedens hinaus ins Freie. Der Schock darüber hielt nicht lange an. Dieser Heiligabend schien ungefährlich zu verlaufen. Wir versanken in der Zauberwelt unserer Geschenke, und die obligatorischen Nürnberger Bratwürste, die Papa tags zuvor fabriziert hatte, wurden samt Kartoffelsalat reingedrückt, bis die Bäuche spannten.

Die Alten hatten sich ins Raucherzimmer begeben. Immer wieder war Opas ungehaltenes Schnaufen zu vernehmen. Luft ablassend knarzte er über angeborene Dummheit, die deutsche Nationalkrankheit. Der andere Großvater – der Opi, oder schlicht Emil – war nämlich bereits 1933 in die SA eingerückt. Er hatte es dann in der Wehrmacht bis zum Major gebracht. Dieser Karriere hing er immer noch nach. »Der Führer war falsch beraten, der Nachschub hat nicht geklappt«, solcherart dreister Schwachsinn fügte meinem Schwabenopa körperliche Schmerzen zu. Sein sorgsam mit griechischer Philosophie bepflanztes Pazifistengärtchen welkte dahin. Heute kann ich nachempfinden, welch titanische Langmut er sich abverlangte, um Familienabende still duldend im Namen Christi durchzustehen. Kein Wunder, dass sich alle beteiligten Männer mit dicken Zigarren das Maul stopften. Das Zimmer war qualmgeschwängert wie nach einem Brandanschlag.

Gegen elf machten sich die Älteren auf den Weg. Das Haus war leer und wir Kinder waren im Bett. Vater und Mutter suchten nochmals die Küche auf. Ohne Gute-Nacht-Vesper konnte der Heilige Abend nicht beendigt werden. Ein Pfännchen Gänseklein kam aufs Feuer.

Das Gänseklein hatte es schon zu Mittag gegeben. Man muss sich darunter eine helle Pampe vorstellen, die unzählige kleine Fleischfitzel von Gänsemagen und -hals zusammenhielt. Die Gänsefüße mit den Schwimmhäuten ließ man selbstverständlich auch nicht verkommen, sie waren wichtige Ingredienz. Der letzte, äußerst wichtige Akt des Tages war das Salzen der Gans. Das musste jetzt noch am Abend erledigt werden, damit das Salz über Nacht bis ins Innerste vordringen würde.

Am nächsten Tag standen wir alle um acht Uhr auf. Mit Frühstück war nicht viel, denn ausgiebiges Frühstücken pflegen nur Völker, die danach den ganzen Tag nichts Rechtes mehr auf den Tisch bringen. Ein Gsälzbrot und Caro-Kaffee für uns Kinder, für die Eltern Tee dazu, das war's. Der Gasherd wurde angezündet, mit langem Arm und abgewandtem Gesicht. Noch nicht lange her, da war Mutter eine Stichflamme entgegengefaucht. Der »Granatenschlag« hatte die ebenen Seitenwände des Ofens ausgebuchtet. Das Gerät besaß seitdem keine exakten Abmessungen mehr und wirkte etwas verschoben. Trotzdem schätzte Mutter ihn sehr. Sie schaltete ihren treusten Lebenspartner auf Volldampf: Stufe drei. Für die Gans hatte das letzte halbe Stündlein an frischer Luft geschlagen.

Ein irdener Gänsebräter war bereits fingerhoch mit Wasser gefüllt und mit einigen Zwiebelscheiben versehen. Mein Vater setzte die Gans mitten hinein und schob den »Sarkophag« mit ritueller Ehrfurcht ins Rohr. An den Ofen ließ er nun niemanden mehr ran. Ab und an durfte Mutter zwar das Vieh mit dem ausgetretenen Fett übergießen, aber eigentlich war sie für den Kartoffelsalat zuständig. Für den verwendete sie nicht die berühmte »Sieglinde«, sondern etwas mehliger kochende Sorten. Die sogen die reduzierte Fleischbrühe, den Essig und das reichliche Öl besser auf. Mutters Kartoffelsalat hatte, wie Lothar Späth sagen würde, »soichnass« zu sein. Der extravagante Trick war eine Messerspitze Curry. Kaum zu glauben, aber etwas Curry war unverzichtbar, das verstärkte den Maggigeschmack. Für mich heute noch ein Suchtproblem. Während im Sommer Gurken in den Salat hineingehobelt wurden, war jetzt im Winter die Zeit der Endivie, die man, feingeschnitten, kurz vor dem Auftragen untermischte.

Immer wieder übergoss mein Vater die Gans. Mutter richtete inzwischen das Besteck auf unserem Tisch, der über das Innenleben einer Ziehharmonika verfügte und auf fünfzehn Meter ausgezogen werden konnte. Ein Brett ums andere wurde eingelegt, bis die Zimmerwände Einhalt geboten: Dreizehn Leute sollten an diesem Weihnachtsfesttag Platz nehmen. Niemand sorgte sich um die Unglückszahl – eher gab es Bedenken, die Sechs-Kilo-Gans könne nur für zwölf reichen. In einer Steingutschüssel, unter einem rotkarierten Küchentuch, ruhte der Spätzleteig und durfte nicht gestört werden. Er war sehr hart, denn Vater mochte die weichen Spätzle – die »nassen Hunde«, wie er immer sagte – nicht. Mutter war mit der Suppe beschäftigt. An Weihnachten war das immer eine Markklößchensuppe. Der feine Schnittlauch hierfür kam von Töpfen, die auf der Fensterbank darauf warteten, immer wieder geschoren zu werden.

Um halb zwölf klingelten die Altvorderen an der Tür. Omi hatte sich zur diesjährigen Wintersaison lila-silbrige Löckchen gedreht, schürzte mit geübtem Snobappeal ihren kirschroten Mund und fuchtelte mit dem Lorgnon herum, wenn sie nicht gerade demonstrativ die silberne Zigarettenspitze zur Decke streckte. In ihren bis zu den Ellenbogen reichenden Seidenhandschuhen war sie für schwäbische Verhältnisse reichlich aufgedonnert, wenn nicht gar ein Ärgernis. Opi Emil versäumte nicht, wie beim Appell die Hacken zusammenzuschlagen. Vinz, der Schwabenopa, ignorierte diesen Anblick, putzte seine randlose Brille und zog die Denkerstirn skeptisch nach oben. Er zückte seine Taschenuhr, um gewohnheitsmäßig zu prüfen, ob der Stundenplan stimmte.

Mutter schöpfte reihum die Suppe ins Festtagsgeschirr, und alle waren in übertriebener Sonntagslaune. Vater nahm sich nicht viel Zeit für den kulinarischen Prolog. Dafür stand in der Küche zu viel auf dem Spiel. Alle Gänse schauen gleich aus, sind aber doch völlig unterschiedlich. Die Garzeiten können gut und gern um eine Stunde differieren. Heute war ein Glückstag, die Stricknadel, die Vater wie ein Torero in die Keulen trieb, fand keinen Widerstand und ließ sich ebenso leicht wieder herausziehen. Das Tranchieren begann. Einen Schlegel zweigte er ab und deponierte ihn in der »Speis«. Morgen war auch noch ein Feiertag, für Vater jedenfalls. Die berühmte einbeinige Gans des Tierarztes wurde in die restlichen Teile zerlegt. Meinem Bruder war erfolgreich eingeredet worden – er glaubt bis heute daran –, der Fettbürzel sei das Beste. Er erhielt ihn als Statussymbol des Erstgeborenen. Meine vier Schwestern und ich erfreuten uns an den Flügeln und der knusprigen Haut. Wir waren herrlich zufrieden, denn viel Soß', Spätzle und Kartoffelsalat waren die Eckpfeiler unseres kulinarischen Verständnisses.

Von allem gab es reichlich, doch wir aßen mit größtmöglicher Geschwindigkeit: Der Nachschlag ist des Deutschen liebstes Gericht. Allein Opa, der die Philosophie des Maßhaltens der griechischen Denker zeitlebens vertreten hatte, war angewidert von unserer Hemmungslosigkeit. Irgendwann wurde mir schwindlig. Raus an die frische Luft, Bruder Werner folgte, und auch Vater. Man ging schweigend ums Haus. Die Binsenwahrheit, dass ein schwäbischer Schmaus in katholischen Haushalten in zwei Teile zerfällt, leuchtet ein: Erst der ungestüme Genuss, dann ein kleiner Rundgang »zum Setzenlassen«, um dann noch mal richtig zuschlagen zu können. Ein womöglich altgermanischer Brauch, als man noch nicht wusste, ob der nächste Tag eine erfolgreiche Jagd versprach.

Die sonntäglich aufgekratzte Tischfreude war längst stumpfem Trotz gewichen. Aber kann man unwiederbringliche Freuden ausschlagen? Unmöglich! Wer wollte eingedünstete Herzkirschen mit Grießschnitten ablehnen? Ich war auf eingedünstete Herzkirschen richtig wild. Wenngleich mir Kirschen immer den Anschnauzer des Vaters einbrachten, mit dem buchstäblich nicht gut Kirschen essen war. Wie wir alle, biss er hin und wieder auf einen Kern, und irgendwelche Indizien sprachen dafür, dass ausgerechnet ich beim Entsteinen im Sommer geschlampt hatte. Gott sei Dank hatte das Kirschendessert seinen Auftritt, wenn die Wirkung des allgemeinen Völlegefühls sich wie sanfter Tüll über die Tafelrunde senkte. Außer den Großeltern waren alle am Rande des Komas. Man schwieg. Die Herren schnullten träge an den dicken Zigarren und blickten in ihre Schnapsgläser. Allgemeines Dösen.

Kinder erholen sich schnell. Während ich mit der Märklineisenbahn spielte, wurde der Umgangston im Herrenzimmer und in der Bibliothek gelassener. Jetzt war's genug. Trotz aller Gegensätze, Ecken und Kanten der Beteiligten herrschte Eintracht. Lag es daran, dass man noch einen Funken Religiosität im Leib hatte, oder war es das friedensstiftende Ensemble von Bordeauxrotwein, Gänsefett und Verdauungslikören?

Gans viele Rezepte

Vincent Klink

Engadiner Graupensuppe

Diese Suppe aus dem schweizerischen Kanton Graubünden – dort, wo das Engadiner Tal liegt – enthält manchmal einige Salami- oder Salsizscheiben. Fleisch kommt darin nicht vor. Aber wer hat schon Fleischbrühe vorrätig? Außerdem ist Fleischbrühe ohne Fleisch wie Eis am Stiel ohne Eis, also nichts für uns. Ich habe mir deshalb erlaubt, die Brustkern-

knochen ins Spiel zu bringen. Die werfen wir nach der ganzen Prozedur nicht weg, sondern fieseln von ihnen das Fleisch ab, hacken es klein und geben es zur fertigen Suppe dazu. Und wenn alles gut geht, schauen mehr Augen aus der Suppe heraus als in sie hinein.

2 EL	Graupen (möglichst große Perlgraupen, die der Berliner »Kälberzähne« nennt)
1	Zwiebel, feingehackt
	Knoblauch
200 g	Rinderbrustkernknochen
je 2 EL	Karotten, Sellerie und Lauch, sehr fein gewürfelt
2 EL	Speck, fein gewürfelt
1 Bund	Blattpetersilie
1 TL	getrockneter Majoran

Zwiebel, Knoblauch, Speck in etwas Butter andünsten und mit einem Liter Wasser auffüllen. Brustkernknochen dazu und eine Stunde kochen. Dann die Graupen hinein und wiederum zwanzig Minuten weiterkochen. Die letzten fünf Minuten kommen das klein gewürfelte Suppengemüse und der Majoran dazu. Vor dem Anrichten den Brustkernknochen entfernen, das Fleisch davon ablösen, klein hacken und wieder in die Suppe geben. Petersilie einstreuen. Probieren, wie es mit dem Salz steht. Etwas grober schwarzer Pfeffer oben drüber macht sich gut.

Gänsebraten

1	junge Gans (ca. 3 kg)
1 EL	Beifuß, gerebelt
1 TL	Lavendel
	reichlich Salz und grober Pfeffer
2 Tassen	Röstgemüse: Zwiebel, Karotte, Sellerie, in Würfel geschnitten
½ l	Rotwein

Gesamte Bratzeit mindestens 2,5 Stunden

Der Ofen muss zuerst auf 180 bis 200 Grad vorgeheizt werden. Die Fettpolster der Gans mit einer Stricknadel oder großen Spießgabel anstechen. Die Flügel und den Hals klein hacken. Die Gans (mit der Brustseite nach oben) möglichst schon am Vortag mit reichlich Salz, Pfeffer, Beifuß und Lavendel einreiben.

Mit der Hälfte des Röstgemüses gefüllt, kommt die Gans in eine ihr ausreichende Kasserolle, die einen Zentimeter hoch mit Wasser gefüllt ist. Die Knochen liegen auch schon drin. Die Kasserolle für eine Stunde in den Ofen schieben. Die Gans ab und zu mit dem austretenden Saft übergießen. Nun das restliche Röstgemüse dazugeben. Immer wieder die Gans übergießen und das Röstgemüse und die Knochen vom Kasserollenboden lösen. Beginnt das Gemüse zu dunkeln und röstet im reinen Fett, so muss etwas Wasser aufgegossen werden.

Ob die Gans fertig ist oder nicht, das entscheidet die Stricknadel. Sie wird durch die dickste Stelle der Keule getrieben und muss sich leicht ein- und ausführen lassen. Die Gans kommt auf eine Anrichteplatte und wird am offenen Ofenloch geparkt. Den Bratensatz in einen kleineren Topf passieren. Nach einer Ruhezeit von ein bis zwei Minuten kann man das Gänseschmalz abschöpfen. Den restlichen Bratensaft mit etwas Mehlbutter binden und einem Viertelliter Rotwein aufkochen, eventuell mit Pfeffer und Salz abschmecken. Das Gänseschmalz in warmem Zustand in kleine Marmeladegläser füllen und kühl stellen.

Rotkohl

1/2 Kopf	Rotkohl
25 g	Preiselbeerkonfitüre
25 g	Johannisbeerkonfitüre
1	Lorbeerblatt
1/2 TL	grob gestoßener grüner Pfeffer
2 EL	Balsamico-Essig
1/8 l	kräftiger Rotwein
1 Msp.	gestoßener Wacholder
1	Nelke
1 Msp.	Piment, gestoßen
2	Schalotten, in feine Scheiben geschnitten
1 EL	Gänseschmalz
	Salz

Den Rotkohl vierteilen, vom Strunk befreien und in möglichst feine Scheiben schneiden. Je feiner der Kohl geschnitten ist, umso kürzer wird die Garzeit, die ungefähr eine halbe Stunde beträgt. Die Schalotten mit etwas Gänseschmalz hellblond rösten, dann kommt alles hinein, Kohl und Gewürze – nicht aber die beiden Konfitüren. Während des Kochvorgangs immer wieder das Unterste nach oben drehen und die übrige Zeit bei geschlossenem Deckel garen. Nach einer Viertelstunde die Konfitüren hinzugeben und fünfzehn Minuten weiterkochen. Den Deckel abnehmen und auf größtmöglichem Feuer unter ständigem Umrühren so lange kochen, bis aller Saft reduziert ist und das Kraut anzubrennen droht. Restliches Gänseschmalz unterziehen und anrichten.

Serviettenknödel

1/2	Kastenweißbrot
1/4 l	Milch
3	Eier
20 g	Speck, gewürfelt
1	Zwiebel, feingehackt
	etwas gehackte Petersilie
	Salz, Pfeffer, Muskatnuss

Heutzutage verwendet man für dieses Gericht keine Serviette mehr, sondern Klarsicht- und Alufolie. Man sollte auch ruhig mehr davon machen, als man momentan verzehren will, denn anderntags kann man die

Knödelscheiben anbraten und als Salat anmachen oder nur gebraten zu Kopfsalat reichen.

Das Toastbrot in zirka einen Zentimeter große Würfel schneiden. Die Milch zum Kochen bringen und über die Brotwürfel geben. Zudecken und ziehen lassen. Speck und Zwiebeln in Würfel schneiden und anbraten. Inzwischen die Eier in einer Schüssel verquirlen. Die Eier, den Speck und die Zwiebel zu den Brotwürfeln geben. Gehackte Petersilie einstreuen. Mit Salz, Pfeffer und Muskatnuss abschmecken. Dann in Klarsichtfolie ausrollen, den Knödelteig dabei länglich in der Mitte anrichten. Die Folie zu einer Rolle zusammenschlagen, die Enden eindrehen und mit Alufolie umwickeln. Die Rolle in einen mit Wasser gefüllten Topf geben und vierzig Minuten bei kleinem Feuer sanft kochen.

Auspacken, in Scheiben schneiden, mit brauner Butter beträufeln und servieren.

Karamellbirne mit orientalischen Gewürzen

4	reife Birnen (Williams Christ, Dr. Guyot oder Kaiser Alexander)
500 g	Zucker
2	Vanilleschoten, ausgekratzt
je 1 TL	Koriander, Nelke, Sternanis, Zimt, schwarzer Pfeffer, alle Gewürze im Mörser zerstoßen
1 TL	fein gewürfelte Zitronenschale
1 TL	fein gewürfelte Orangenschale
je $^1/_2$ TL	Piment, Nelke, Kardamom
1	Schnapsgläschen Williams-Christ-Schnaps

500 Gramm Zucker mit einem Achtelliter Wasser kochen. Wenn der Karamell zu bräunen beginnt, mit einem weiteren Achtelliter Wasser verdünnen. So lange kochen, bis die Konsistenz eines leichten Sirups entsteht. Die im Mörser gestoßenen Gewürze und die Vanille dazugeben und die vom Kerngehäuse befreiten Birnen darin ziehen lassen.

Die Birnen sind in dieser Lösung einige Tage haltbar – sie werden sogar immer besser. Man kann sich über dieses Dessert aber auch gleich hermachen. Wem die grob geschroteten Gewürze unangenehm sind, der sollte alles durch ein Sieb gießen. In einer Schüssel, mitten auf den Tisch gestellt, kommen die Birnen am besten zur Wirkung. Man kann sie kalt essen, aber lauwarm entfaltet sich das Aroma am intensivsten. Dazu passt

Vanillemousse

$^1/_8$ l	flüssige Sahne
2	ausgekratzte Vanilleschoten
4 Blatt	eingeweichte Gelatine zufügen (je nach Jahreszeit, im Sommer 5 Blatt, im Winter 4 Blatt)
8	Eigelbe
180 g	Zucker
800 ml	geschlagene Sahne

Die flüssige Sahne, den Zucker und die Vanille fünf Minuten kochen. Gut verrühren, sodass sich der Zucker völlig auflöst. Eigelb dazugeben und bis zur Rose aufschlagen. Gelatine daruntergeben. Einige Zeit kalt schlagen, eventuell in eine mit kaltem Wasser gefüllte Schüssel tauchen, sodass alles ungefähr lauwarm ist. Geschlagene Sahne unterheben, mit Folie abdecken und kalt stellen.

Wem Suppe, Gans und Mousse etwas mächtig erscheinen, dem sei gesagt: Wir alle wissen um die Warnungen der Ärzte, denen aber wenig zu trauen ist. Jeden Monat hören wir von neuen Erkenntnissen darüber, was gesund ist und was uns krank macht. Es gibt jedoch keine absolute Regel, an die man sich halten kann – außer jener, dass man sich zwar ein möglichst regelmäßiges Leben einrichten, bei der Auswahl der Lebensmittel aber konsequent unregelmäßig sein sollte.

Blut und Tochter

Vincent Klink

Es war der erste VW-Golf, ein wirklicher Kleinwagen, eine viereckige Kiste und das Jagdfahrzeug meines Vaters. Grünmetallic war der letzte Schrei, eigentlich war es eher eine Art Türkis, was der Papa Amigrün nannte. Der Wagen war noch schmaler als die Serienmodelle. Links und rechts fehlten die Zierleisten, Türgriffe waren auch nicht mehr vorhanden und die Türen etwas eingedellt. Die Karre wirkte wie ein Stück Kuchen, das man in eine zu enge Schachtel gepresst hatte. Papa fuhrwerkte mit einem kleinen Schraubenzieher in den Resten des Schlosses herum, um uns die Tür zu öffnen. Wie es zu der aerodynamischen Verschlankung gekommen war, davon später.

Dann saßen wir drin, am Steuer der Zweizentnermann, daneben Eva, meine Tochter, ich verdrückte mich nach hinten zwischen die Gummistiefel und Utensilien des Tierarztes, die allesamt nach Kuhstall stanken. Anschnallen war verpönt und etwas für Weicheier. Papa war bester Laune, um nicht zu sagen: in aggressiver Angriffsstimmung. Es ging auf die Jagd, und es fehlte nur noch das zur Attacke röhrende Jagdhorn. Keine fünfzehn Minuten, da waren wir schon im Zielgebiet. Der Stadtwald Taubental war bloß ein paar Steinwürfe vom Bahnhof entfernt. Das war nicht gerade der ideale Platz für waidmännische Kontemplation, denn die Schonungen waren bei schönem Wetter voll von Liebespaaren und Spannern. Papa war städtischer Beamter, Chef des Schlachthofs, CDU-Mitglied und deshalb »für 'n Appel und 'n Ei« an das Jagdrecht dieser städtischen Liegenschaft gekommen. Auf einem schönen Kalkweg fuhren wir hoch zum Talschluss, bogen dort ab, die Piste wurde rumpeliger, doch es kam noch schlimmer. Unbekümmert kurvte der Tierarzt zwischen den Tannen durch. Links und rechts schrappten die Baumrinden an der Karre. So wurde klar, warum unser Gefährt beidseitig eingedellt war. Paps war kreuzfidel und erklärte, ein guter Jäger gehe so wenig wie möglich zu Fuß. Seine Rede ging in Bellen über. Ums Haar hätte er den Hochsitz gerammt, so dicht setzte er das Auto an seine grob gezimmerte Abschussbasis.

Der Großjägermeister schnappt sich aus dem Kofferraum seine Bockbüchsflinte, ein edles Teil, österreichischen Fabrikats, Marke Ferlacher, und mit feinen Gravuren versehen. Damit fuchtelt er herum und bedeutet uns, marsch, marsch die Leiter hochzuflitzen. Er selbst benötigt etwas länger, ist er doch ein beleibter Gourmet mit der Obsession, anstatt eines Desserts lieber noch zwei Rostbraten nachzuschieben. So lebhaft und tatendurstig er Auto fährt, so bedächtig wirkt er, wenn seine Schuhe festen Boden berühren. Ich sehe sein kleines Tirolerhütchen die Leiter hochwackeln, es kommt immer näher, und es wird offenbar, warum er die Kopfbedeckung seinen Speckdeckel nennt. Er bläst wie ein Wal, ist aber endlich oben und hockt sich neben uns. Eva staunt ihn an wie ein unverhofft ausgegrabenes Mammut. Er keucht immer noch, und ich merke, der Boss zwingt sich zur Bedächtigkeit. Er greift unter die Jacke, wo er gewöhnlich seine Smith & Wesson (eine 38er-Magnum ist für Wilderer nicht das Gesündeste) stecken hat, und holt einen edlen Flachmann heraus. Ein tiefer Schluck, und er wird spürbar ruhiger. Seine Backen werden noch feuriger, und ich frage mich, ob so ein glühender Ofen von den Rehen nicht meilenweit auszumachen ist. Vom Obstler wird mir nichts angeboten, was ich auch nicht zu hoffen gewagt habe. Dazu fehle mir noch die sittliche Reife, wie der Alte jeweils räsoniert.

Mit leisem Klick wird das Gewehr entsichert und auf dem Querbalken des Ansitzes in Richtung erhoffter Opfer gehalten. Wir hören ein Rascheln und halten den Atem an. Die Spannung steigert sich ins Fiebrige. Da! Zweige schlagen, und Papa murmelt: »Arschlöcher, gottverdammte Pilzsammler, irgendwann knall ich diese Missgeburten ab.« Den Exekutionswunsch quetscht er nur noch leise zwischen den Zähnen hervor. Inzwischen kaut er auf einer getrockneten Bauernbratwurst herum, gibt mir auch ein Stück ab. Er murmelt etwas von »Die Amis haben ihren Kaugummi, wir unser Geräuchertes. Dreimal darfst raten, was besser ist. Idioten!«. Damit waren, glaube ich, die Amis gemeint. Ich will etwas antworten und kriege dafür ein knappes »Schnauze« an den Kopf geschmissen. »Vertreibst die ganzen Viecher.«

Wir hocken eine Ewigkeit. Ich wundere mich über meine Tochter Eva, sie ist erst fünf Jahre alt und verharrt still wie ein Holzstock. Sie spürt, dass es hier um Geister und Dämonen geht. Sie schmiegt sich an mich, friert wohl ein bisschen.

Alle halten den Atem an: Ein Reh tritt aus der Schonung, keine 50 Meter entfernt. Papas Auge hängt am Zielfernrohr, wie der einäugige Finne in die Schnapsflasche stiert. Finnische Schnapsflaschen sind schnell leer, aber die Schonung vor uns füllt sich. Ein ganzes Rudel. Ich kann mir vorstellen, was in meinem Vater vorgeht, sicher denkt er jetzt an die Feuerkraft eines Maschinengewehrs. So aber muss er sich entscheiden, wählen zwischen einem großen Bock oder einem schmalen Rehkitz, die Ricken (Rehmütter) kommen ohnehin nicht in Frage. Kitze haben zwar nicht so viel »Material« wie der schwere Bock, geben aber einen unvergleichlich besseren Braten ab. Das weiß ich schon lange. Die ständigen Predigten meines Vaters haben aus mir einen passablen Koch und Jagdspezialisten gemacht.

Trotzdem, ich bin bei der Jagd noch nie dabei gewesen, und mir fährt der Schreck in die Gedärme, dass ich fast vom Hochsitz falle. Der Schuss wummert durch das ganze Tal, und man wundert sich, dass der unglaubliche Knall nicht die Bäume entlaubt. Das Rudel spritzt auseinander. Eine Sekunde später liegt die Schneise ruhig, und mir ist, als wäre nicht nur ich gelähmt, sondern die ganze Natur. Wie der Sekundenzeiger einer batterieschwachen Uhr zuckt ein Bein des kleinen Rehs hin und her. Lautlos, nichts rührt sich sonst, die Vögel sind verstummt, der Wind hat innegehalten, kein Blatt rührt sich, die Natur steht starr.

Der Nimrod neben mir stemmt sich hoch und ist wieder in seiner Welt. Wir klettern vom Hochsitz, und ich denke mir: »Ich hab schon unzählige Rehrücken gebraten, Pasteten gefüllt und Rehkeulen geschmort, aber schießen könnte ich die Tiere nicht. Gäbe es keine Jäger, müsste ich mich mit dem Wild begnügen, das Selbstmord begangen hat.«

Paps ist ein ungewöhnlicher Jäger, er hat keinen Lodenkittel an, sondern ein normales Hemd, über dem sich eine enge Wollweste spannt wie die Wurstpelle über einer dem

Platzen nahen heißen Roten. Allerdings hat er unter seinem gewaltig vorstehenden Bauch eine Kniebundlederhose hängen. Aus dem Schenkeltäschchen zieht er seinen Nicker. So nennt sich das Messer, das dazu benutzt wird, das Tier aufzubrechen. Der Mann ist altgedienter Veterinär und kein Typ der zimperlichen Sorte. Wir sind am Ort der Hinrichtung. Vater dreht das Tier mit dem Bauch nach oben. Es liegt still und ergeben auf dem Rücken, zuckt nicht mehr und macht den Eindruck, als hätte es sich hier freiwillig hingelegt und für uns geopfert.

Vater fährt mit dem Messer zwischen Haut und Bauchdecke. Er zieht den Nicker vom Stummelschwanz bis unters Kinn des Tiers. »Willst du das Vieh ausnehmen, bist schließlich Koch?« Ich kann nur stammeln: »Nö, Paps, ich will kein warmes Fleisch anfassen. Das bin ich überhaupt nicht gewohnt. Ich krieg's nich hin!« In seinen Augen sehe ich die Gier und auch die Freude, die schon der Neolithiker gehabt haben muss, wenn er mit Beute beladen die heimischen Höhlen ansteuerte. Gebannt schaue ich auf die riesige Wunde, aus der die grünen, dampfenden Gedärme quellen. Dann fällt mir mit Schreck meine Tochter ein. Mein Gott, wird sie einen seelischen Schaden davontragen? Ich nehme sie in den Arm und bedecke mit flacher Hand ihre Augen. Sie wehrt sich stürmisch, stößt einen ärgerlichen Schrei aus und hüpft zwei Schritte von mir weg auf das Gemetzel zu. Fasziniert sieht sie hin und zeigt grenzenlose Bewunderung für den blutbeschmierten Waidmann. Von einem Bein aufs andere hüpfend kräht sie: »Opa, kochst du das nachher?« Opa nickt heftig. Sie dann wieder: »Mit viel Soß?« Die beiden verbrüdern sich richtiggehend. Der Waidmann holt seine Siebensachen aus dem Auto. In einem Plastiksack verschwindet die haarige Beute. »Den Kittel ziehen wir erst aus, wenn das Fleisch gereift ist.« In eine weiße Plastikwanne kommt das Geschlinge: Herz, Leber und Lunge, die alle aneinanderhängen. Die grünen Gedärme fliegen ins Gebüsch, und Opa sagt zur Enkelin: »Weißt, die Füchse wollen auch was haben.«

Eva quietscht rum, als hätte sie schon lange nichts mehr zu essen bekommen. Opa schleift den Plastiksack mit der Beute. Eva schnappt sich einen Zipfel des Sacks und hängt sich dran. Fürchtet sie, um die Braten zu kommen? Ich trage die Schüssel mit den Innereien. Opa führt Selbstgespräche und redet von gebratener Rehleber in Majoran. »Leberknödel wären auch nicht schlecht«, meint er. Eva fängt wieder zu hüpfen an und kräht: »Leberknödel, Leberknödel.«

Mir schwirrt der Kopf. Was geht hier vor? Habe ich als Erziehungsberechtigter völlig versagt? Ist meine Tochter ein Tier wie mein Vater?

Bei ihm kann ich das Verhalten ja verstehen. Alte Russlandkämpfer sind Leute der Tat, und das lange Leben führt ja meistens nicht zu Einsichten, sondern zur Verhärtung. Von ihm erwarte ich keine Sentimentalitäten. Die Härten des Lebens machen den ungestümen Jüngling zum zivilisierten Menschen und im Alter wieder zum Tier. Und das Kind? Ist es genetisch wie ein Raubtier programmiert und wird erst durch Erziehung zum guten Menschen?

Die Jagd war vorbei, und im Forstfahrzeug verbreitete sich fresslustige Stimmung. Der Alte redete dauernd vom Essen, und Eva war fasziniert: »Aus der Rehkeule könnten wir dünne Schnitzel schneiden und sie mit Pilzen füllen.« Eva guckte ihren Opa an wie ein Wundertier.

Nichts gegen Diskussionen über Rezepte und übers Kochen. Doch ich konnte darauf keinen Gedanken verschwenden. Die beiden waren auf den vorderen Sitzen am Schwelgen, und ich machte mir ein schlechtes Gewissen. Wie konnte es sein, dass die angesichts eines toten Tieres vom Mampfen redeten?

Ich wollte genauer wissen, warum sich die Zivilisation bei meinen Blutsverwandten dermaßen verschoben hatte. Ein

Freund empfahl mir einen Kinder-Psychotherapeuten in Freiburg. Der sei Spezialist für gewalttätige Kinder. Genau, damit hatte ich mich sowieso mal befassen wollen, seitdem ich im Stuttgarter Kunstmuseum lange das Bild eines Kinds des Malers Otto Dix betrachtet hatte. Dix hatte den richtigen Blick, ohne die Gefühlsduselei des stolzen, depperten Papas. Fein und doch intensiv gemalt, schaute seine Tochter mit gehässig verzogenem Mund und den Augen eines Killers in die Welt hinaus. Soll noch einer sagen, in jedem Kind werde der Frieden neu geboren. Nö, Kinder sind die nackte Gewalt.

Noch am selben Tag rief ich an. Der Therapeut redete auf mich ein, sanft bemüht, mich zu therapieren: Das Töchterlein sei völlig okay. »Erst mit der Pubertät trennen sich im Kind das Innen und das Außen. Das Kind ahmt auch nach: Wenn die Mutter das Hauskaninchen nicht aufessen kann, dann folgt das Kind diesem Muster.«

In einem Jägerhaushalt würden andere Verhaltensweisen vorgelebt. Außerdem meinte der Arzt: »Kinder kommen mit solchen Realitäten sehr gut klar, schlimmer wären Fantasien aufgrund von Erzählungen über das Totschießen von Tieren.« Ich erinnerte mich daran, wie lustig ich es einst gefunden hatte, Frösche aufzublasen; mein aktuelles Verhalten war das Resultat von Kultureinfluss, von Abwägen und Erwägen.

Grau ist alle Theorie. Am Abend des Massakers bereitete Opa seinen berühmten Aufbruch, also Herz-Leber-Lunge in Blutsauce. Ich durfte am Schmaus teilhaben, was nicht selbstverständlich war, denn der Aufbruch galt seit »Werk und Mensch, Zucht und Sitte« des in Jagdkreisen immer noch präsenten Großjägermeisters und Abschusstheoretikers Hermann Göring als eine Art Zaubertrank: »Die Kraft und Schnelligkeit des Tiers geht in den Essenden über.«

Das blutige Gericht hatte Folgen: Mit der Zeit wurde das Töchterlein von der Zivilisation unterwandert und ist heute Vegetarierin.

Ab zu den Fischen

Vincent Klink

»Ohne Proviant könnt ihr nicht los«, dröhnte Vater, »so gute Kalbszungen wie bei uns hier hat der Franzos' nicht.« Der Alte sprach aus Erfahrung, berief sich auf schwäbisches Brauchtum und fing dann noch davon an, dass man bei den alten Chinesen sowieso nicht verreise. Verwandte müsse man besuchen, aber freiwillig ins Ungewisse zu touren, das sei hanebüchener Leichtsinn. Elisabeth und ich, frisch verheiratet, verreisten trotz der Warnungen des Alten, aber mit enormen Vorräten. Die Versorgung war gesichert, was uns zunächst immer wieder froh stimmte. An jeder Autobahnraststätte waren wir um die mitgeführten Wurstbrote dankbar wie für einen Pilgersegen.

In Cavalaire an der Côte d'Azur hatten wir ein Häuschen gemietet, eines der gehobenen Art, mit Atrium und Hausbar. Der Bungalow lag nur wenige Meter vom Strand an einem Weg, der sich vom Les-Maures-Gebirge zum Meer hinunterwand. Von dort kam am dritten Ferientag die Schlammwoge, die ein gewaltiges Unwetter in den Bergen über uns auf die Reise schickte. Der Hohlweg, ähnlich einem Wüsten-Wadi, schwoll zur infernalen Wasserstraße. Mittendrin ging unser Auto den Bach hinab und stand am nächsten Morgen auf der Stranddüne, wenige Schritte von den brechenden Wellen entfernt. Zwei Tage lang schrubbten wir den Schlick aus der Wohnung, und in den Pausen machten wir uns über die mitgebrachten Fressalien her.

An der Strandpromenade im nahen Ort erstand ich eine Schnorchelausrüstung, made in Taiwan. Das Schnorcheln war herrlich, aber die Unterwasseraussicht hatte nichts mit den Bildern aus den Tauchkatalogen gemein – mein alter kotgrüner VW-Variant von der Düne oberhalb hätte gut zum Unterwasser-Szenario gepasst. Voll mit bizarrem Krempel, erwies sich der Meeresgrund als ein Sperrmüllparadies mit großem Sortiment, von Autoersatzteilen bis hin zum Kinderwagen. Eine mannigfaltige Welt, bunter als jedes Korallenriff. Die Fische schienen sich dort wohlzufühlen. Allerdings hielten sie offenbar nichts von meiner Anwesenheit. Sie flohen mich. Jagdfiebrig schnorchelte ich weiter und gewahrte einige schluckaufartig dahinsegelnde Gebilde. Es waren kleine Kalamare. Ich brachte meine Blödsinns-Kinderharpune in Anschlag – und was glaubt ihr, was ich traf? Gar nix! Heute muss ich sagen: Gott sei Dank. Die Fischer hatten es schon schwer genug. Zu nachtschlafender Unzeit fuhren sie weit ins Meer hinaus, um vor der Küste wie Glühwürmchen am Horizont zu irrlichtern.

Am nächsten Morgen sah ich am Hafen die Capitanos herrlich bunte Fische aus ihren Booten tragen. Ihre gefangenen Octopusse schmetterten sie an die Kaimauer, dass es nur so krachte; als wollten sie an den als Meeresungeheuer zu Unrecht denunzierten Pulpo alle Ängste weiterreichen, welche durch Seemannsgarn Fangarme zu Schlangen werden lassen. So lange wurden sie an die Kaimauer gekloppt, bis die Seele aufatmete. Anschließend schlenderte ich über den Dorfmarkt und bewunderte dickstängeliges Basilikum, riesige Artischocken, Lammrücken, Zickleinkeulen und fettmarmorierte Entrecôtes, rote Doraden und Felsenbarben, Loups de mer, Langusten, Austern und Langoustinen. Ich seufzte. Zu Hause im Designerhäuschen brummte der Kühlschrank, vollgestopft mit schwäbischen Spitzenerzeugnissen aus Feld und Flur.

Leicht betrübt kam ich mit etwas Gemüse aus der Ortschaft zurück und warf eine aufgetaute Kalbszunge in den Marmite. Acht dieser schwäbischen Schleckwerkzeuge machten sich langsam daran, im Kühlschrank aufzutauen. Vater hatte noch ein ganzes Rinderfilet spendiert, Blut- und Leberwürstle stapelten sich sackweise im Kühlfach. Papa, der alte

Auslandsstratege, hatte mir die Würstle besonders ans Herz gelegt: »Die Provenzalen haben nur Salami, die hängt euch bald zum Halse raus. Wie wollt ihr denn einen Schwarze-Wurst-Salat fabrizieren?«

Ach, die alten Schwaben, ihr Verproviantierungswahnsinn musste wohl ein Kriegsschaden sein. Auf den Autobahnen kann man noch heute die Rentner erkennen. Ihre Wohnmobile hängen tief in den Achsen, der Auspuff schreddert funkenstiebend den Asphalt – die ganze Karre ist voll mit Dosenwurst.

So war ich aufgewachsen: Die Klink'sche Familie pilgerte immer nur mit Proviantanhänger an südliche Strände. Als Kind glaubte ich noch den Altvorderen. Ein altdeutsches Kreuz, seit Jahrhunderten glaubt man den Alten. Da kann ich nur neidisch auf die Nachkommen der antiautoritären Erziehung blicken.

In Cavalaire-sur-Mer, unweit des gestrandeten VW-Kombi, qualmte die Küche, eine Kalbszunge nach der anderen wurde in raffinierten Variationen weich geköchelt. Hätten die Restaurantbesitzer im Ort die Kocherei dort beobachtet, sie hätten uns teutonische Umsatzterroristen glatt erschlagen. Zur Abwechslung war nun das Rinderfilet dran. Fünf Kalbszungen machten sich noch im Kühlschrank breit. Die jungvermählte Elisabeth kaute und mampfte schicksalsergeben, wie es sich gehörte. Sicher war das der Zeitpunkt, als ihr dämmerte, dass man Männern nicht bedingungslos Gefolgschaft leisten sollte, ja, hier begann sie wohl, sich »einen eigenen Kopf zu machen«. Mein Waterloo.

In unserem Depot lagerten nur noch vier Kalbszungen und einige Leberwürste. Ich hatte mir ausgerechnet, dass wir, wenn wir uns ranhielten, an den beiden letzten Urlaubstagen doch noch Freigang bekämen, um ein Restaurant aufzusuchen. Es sollte früher geschehen. Wir entledigten uns abrupt der schwäbischen Tradition, wonach das Leben eine einzige

Regional-Speisekammer zu sein hat. An einem schönen Morgen brach Elisabeth in Kriegsgeschrei aus: »Ich lasse mich scheiden, wenn noch einmal Kalbszungen auf den Tisch kommen!« Sie hatte nie kochen gelernt und es bisher als glückliches Schicksal verstanden, mit einem Koch vermählt zu sein. Von wegen: »Woher sollte ich wissen, dass du nur ein, zwei Gerichte kannst? Mach allein weiter, ich gehe ins Dorf zu ›Chez Paul‹ – es gibt noch andere Köche auf der Welt, die muss man nicht mal heiraten!«

Die spinnt doch, dachte ich. Und schließlich war ich hier der Herr im Hause! Völlig verunsichert und ratlos verrührte ich etwas »Beurre manier« in den Kalbszungenfond. Die von zu Hause mitgebrachten Kapern verströmten ihren betörenden Duft, der aber nicht mehr richtig in meiner Nase zünden wollte. Ich ging in mich. »Was habe ich falsch gemacht? Warum drehen die Weiber immer so schnell durch? Sagte nicht Vater, sie hätten 50 Prozent weniger Gehirnmasse?« Ich schaltete auf stur, war ich doch noch in der Tradition der deutschen Helden erzogen worden, nach des Führers Melodie: »Hart wie Kruppstahl, flink wie die Windhunde!« Da stand ich nun in der dampfenden Küche und wartete, bis die Kalbszunge weich wurde. Die durfte das, nicht aber ich, und mit diesen Gedanken leerte ich die letzten Bierflaschen »Dinkelacker, die Schwabenperle«. In mir grummelte es. Zwei Kästen heimatliches Bier – eindeutig zu wenig proviantiert – total falsch berechnet.

Ich war auf dem Sofa eingeschlafen, als mich Gerumpel aufschreckte. Elisabeth kam heim, riss ein kleines Beistelltischchen um und war in befremdend heiterer Laune. Nette Leute hätte sie im Restaurant getroffen. »Ja, ja, nette Leute, alles fängt nett an …«, mit diesen Gedanken sackte ich wieder weg. Am folgenden strahlenden Morgen hüpfte das Weib durchs Atrium. »Komm mit zum Frühstück, ich treffe mich mit den netten Leuten im Dorf. Croissants, hast du schon mal davon gehört? Café au lait, Jambon Cru, Beurre de sel? Komm mit!« Ich trottete brav mit, denn die Einladung war mir in ungewohnt heftigem Ton an die Ohren geschmettert worden.

Ich erinnere mich an meinen Münchener Küchenchef im Restaurant Humplmayr, der mich folgendermaßen beurteilte: »Klink, du bist ein Arschloch, aber du lernst schnell!« Ich glaube, damals in diesem kleinen Café in Cavalaire habe ich einiges dazugelernt. In der Ehe übernahm die Gattin das Ruder, und fortan dackelte ich hinterher. Ich hatte auf ganzer Strecke verloren. Aber mir dämmerte auch Einsicht.

Gerade war ich dran, die restlichen Kalbszungen und Leberwürste wegzuwerfen, da fiel mir Elisabeth in den Arm: »Bist du verrückt, so etwas schmeißt man nicht in den Abfall, das kriegen die Fische!« Sie hatte schon wieder recht, und ich folgte ihr zum Strand. Unser Variant war von einem Tochterunternehmen des ADAC von der Düne entfernt und in eine Werkstatt gebracht worden. Auf dieses frei gewordene Plätzchen Erde stellten wir uns wie die Königskinder, welche die Welt beschenken wollen, und warfen im hohen Bogen unseren Kühlschrankinhalt in die Fluten. Ich maulte noch ein bisschen was von »viele Fische hat's da übrigens nicht«, war ansonsten kleinlaut und kämpfte mit erschüttertem Ego.

Drei Tage Urlaub blieben uns noch. Einen Euroscheck nach dem anderen löste ich ein. Mit unserer Meeresgabe hatten wir so sehr gegen schwäbische Sitte und Brauch verstoßen, dass Proviant, wenn er eine Seele hätte, längst vom Vatikan heiliggesprochen worden wäre. Auf verheerende Weise hatten wir aber vor allem an der größten schwäbischen Tradition, nämlich der Sparsamkeit, gerüttelt. Wie Adam und Eva durch die Lust auf den herrlichen Apfel verließen wir gesicherte Gestade, von den Vorfahren ererbte Vernunft. Wir gerieten auf die schiefe Bahn des Genusses und haben es bis heute nicht zu einem Eigenheim geschafft. Am letzten Ferientag gingen wir vor der Abfahrt noch einmal wehmütig und glücklich zugleich an den Strand: Hier in Cavalaire hatten wir »das Leben« kennen gelernt. Ich entdeckte es dann zuerst. War es ein toter Fisch? Da, noch einer! Elisabeth schrie auf, sie war auf ein sandpaniertes Etwas getreten, weich und glibberig – das Meer hatte die Kalbszungen wieder ausgespien, sie moderten im Sand. Nichts wie weg von dieser Schande, diesen Zeugnissen schwäbischer Spießigkeit!

Wenig später fuhren wir in Richtung Heimat. Die Welt war ganz anders, plötzlich wussten wir, dass es in Valence ein Restaurant »Pic« gab, und unweit von Lyon verballerten wir den letzten Euroscheck bei Paul Bocuse.

Fischrezepte

Vincent Klink

Gestern hat es mich gepackt und ich bin zum Fischen gefahren. Habe meine Rute ausgeworfen. Es ist ein gutes Fischwasser, kristallklar und jede Menge Bachforellen drin. Fliegenfischen ist ja eine sportliche Tätigkeit und es geht nicht darum, eine Riesenbeute heimzuschleifen. Bald hatte ich meine drei Forellen, die man aus Fliegenfischers Sicht nur selbst verspeisen oder verschenken darf. So bin ich noch die paar Kilometer weiter gefahren, nach Calmbach im Nordschwarzwald, und habe in der Fischzucht von Alexander Berger und seiner Frau Kerstin einen Schwung Bachforellen mitgenommen. Zu Hause habe ich aus Neugierde eine Wildforelle und eine Zuchtforelle in den Rieslingsud geworfen. Einen Unterschied konnte ich nicht ausmachen, höchstens, dass die Zuchtforelle etwas saftiger wirkte, was daran liegen mag, dass sie etwas fetter geraten war.

Es geht also, man kann Zuchtforellen in optimaler Qualität erzeugen. Ganz klar, dass sie bei bestem Futter und bei lockerem Besatz teurer sein müssen als intensiv gezüchtete Fische. Woran erkennt man eine artgerecht gezüchtete Forelle? Ganz einfach: Achten Sie mal darauf, was für gequälte Kreaturen meist im Fischgeschäft im Bassin darben. Die Schwänze sind stummelartig und oft auch die Nasen abgerubbelt. Intensivzuchten füllen ihre Teiche mit viermal mehr Fischen als mein Schwarzwälder Forellenzüchter. So stehen die Tiere dicht an dicht und können nicht frei schwimmen, stoßen dauernd aneinander und scheuern sich gegenseitig ab.

Gebratene Forellen schmecken mir am besten. Wenn ich allerdings den feinen differenzierten Geschmack der Forelle testen will, dann wird sie gekocht. Sehr frische Forellen haben noch viel Gewebespannung in sich und beim Kochen zerreißt es sie, als hätte der Koch mit dem Suppenschöpfer draufgehauen. In meiner Lehrzeit taten wir das auch wirklich bei altem Fisch, denn die Gäste wussten noch, warum eine Forelle so explodiert auszusehen hat. Gebratenen Forellen tut es gut, wenn sie wenigstens einen Tag alt sind. Sie liegen so brav in der Pfanne und bekommen eine gleichmäßige Kruste.

Warum die vielen Worte? Mir geht es darum, den Zuchtfisch zu fördern. Zu viele Jahre hatte man nur die billige Produktion im Fokus. Mittlerweile sind aber die Meere nahezu leer und der Koch muss sich Gedanken darüber machen, wie mit Qualität die Zukunft des Fischs gefördert werden kann.

Forelle mit Sommerkräutern und Leinöl

Für 2 Personen

6	neue Kartoffeln
1/2 Bund	Basilikum
5 Zweige	Thymian
10	Salbeiblätter
2 Stiele	Blattpetersilie
1	Brötchen vom Vortag

4	Bachforellenfilets mit Haut
	Salz, Pfeffer
1 TL	Mehl
1	Ei
½ EL	Olivenöl
1 TL	Speisestärke
125 ml	Weißwein
1	Schalotte
4 EL	Leinöl

Die Kartoffeln gut waschen und bürsten und mit der Schale weich kochen.

Die Kräuter abspülen, trocken schütteln und grob zerzupfen. Brötchen grob würfeln und zusammen mit den Kräutern in einen Cutter geben und fein zerkleinern.

Den Backofen auf 60 Grad Ober-/Unterhitze (Gas Stufe 1) vorheizen.

Die Fischfilets mit Salz und Pfeffer würzen. Die Fleischseite mit Mehl bestäuben, durchs verquirlte Ei ziehen und mit der Kräuterbröselmischung panieren. In einer Pfanne mit Olivenöl (Leinöl ist nicht hitzestabil) die Filets sowohl auf der Hautseite als auch auf der panierten Seite jeweils drei Minuten braten. Aus der Pfanne nehmen und im Ofen warm stellen.

Stärke mit einem Esslöffel Weißwein auflösen. Schalotte schälen, fein schneiden und in der Fischpfanne anschwitzen. Restlichen Wein zugeben und ein paar Minuten kochen lassen, dann die angerührte Stärke unterrühren, eine Minute gut durchkochen und das Leinöl mit einem Schneebesen unterrühren. Die Sauce mit Salz und Pfeffer abschmecken.

Fischfilets mit der Kräuterpanade nach oben anrichten und mit der Sauce umgießen. Die neuen Kartoffeln dazu reichen. Dazu passt noch sehr gut Blattsalat mit Vinaigrette mariniert.

Fischstäbchen

Für 2 Personen

Fischstäbchen, das mag Jung und Alt. Macht man sich die Dinger selber, dann weiß man, was sich unter der Panade verbirgt. Nimmt man wie in unserem Fall Seelachs statt des dezimierten Kabeljaus, dann kann man sich bei Greenpeace sogar noch ein Schulterklopfen abholen.

300 g	Seelachsfilet, gewolft
2	Brötchen, gerieben
1	Ei
1 EL	feingehackter Salbei
1 Msp.	Muskatblüte
3 Msp.	frisch geschroteter Koriander
	Pfeffer, Meersalz
	Mehl und Ei zum Panieren, Olivenöl zum Ausbacken

Den Seelachs durch den Wolf drehen, das Ei, einen Esslöffel geriebenes Brötchen, die Kräuter und Gewürze untermischen und mit Pfeffer und Meersalz abschmecken. Die Masse daumendick auf ein Blech streichen und fischstäbchenähnliche Klötzchen ausschneiden.

Panieren: Zuerst in Mehl wenden, dann in Ei und zum Schluss geriebenes Weißbrot andrücken.

In einer Pfanne fingerhoch Olivenöl erhitzen und die Fischstäbchen auf der einen Seite ausbacken, dann wenden und auch auf der anderen Seite braun backen.

Vor dem Anrichten mit Meersalz bestreuen.

Dieses Gericht gilt beispielhaft. Wer gute Grundprodukte verwendet, kann auch sogenannte Küchenkamellen zur Delikatesse hochjazzen. Ideal dazu: Pommes und selbst gemachte Mayo.

Mayonnaise

2	Eigelbe (unbedingt Bio, besser noch Demeter)
2 TL	Meerrettichsenf (Dijonsenf)
1 EL	Weißwein
$^1/_4$ l	Pflanzenöl
	Salz, Pfeffer
1 EL	Essig

Diese Sauce steht nicht in bestem Ruf, was daran liegt, dass sie meistens mit billigem Öl hergestellt wird. Man greife also stets zu kaltgeschlagenen, leicht verdaulichen Ölen, die ernährungsphysiologisch hohen Ansprüchen genügen. je nach Vorliebe und Geschmacksrichtung kann man Sonnenblumen-, Oliven-, Distelöl (relativ geschmacksneutral), Traubenkernöl usw. verwenden.

Die Herstellung ist sehr einfach, und wenn sie misslingt, dann immer durch den gleichen Fehler. Mayonnaise ist eine Emulsion, also eine homogene Verbindung von Flüssigkeit und Öl. Wenn also am Anfang mit zu wenig Flüssigkeit begonnen wurde, dadurch das Gemisch zu fett wurde, so kommt es zur Gerinnung. Oder aber: Alles verbindet sich schön, die Sauce wird immer dicker, irgendwann standfest wie gerührter Gips. Und irgendwann kippt die Sauce, es ist zu viel Öl enthalten, zu wenig Flüssigkeit, es kann nichts mehr emulgieren und Flüssigkeit und Öl gehen wieder getrennte Wege, die Sauce ist geronnen.

Die Sauce kann nicht gerinnen, wenn man Folgendes beachtet: Man nimmt zwei Eigelbe. Die Eigelbe möglichst in eine kleine Schüssel geben, sodass die Besen des Handrührgeräts noch Platz darin finden.

Weißwein, Senf und Essig dazugeben, salzen und pfeffern, gut durchrühren. Wünscht man eine weniger fette Sauce, so empfiehlt es sich, etwas Bierhefe hinzuzufügen.

Unter stetem Rühren das Öl in dünnem Faden hineinlaufen lassen.

Anfangs ist das eine ziemlich wässerige Angelegenheit, dann dickt sich das Ganze langsam an und man kann das Öl ziemlich unbekümmert hineinlaufen lassen, bis die gewünschte Dicke erreicht ist.

Nur wenn eine sehr steife Mayonnaise gewünscht wird, gilt es, gegen Ende aufzupassen. Bei einer extrem steifen Mayonnaise kann es passieren, siehe oben, dass alles auseinanderläuft, die Mayonnaise ist dann überfettet.

Seppioline in Tomatensoße

Meine kulinarischen Tintenfischerlebnisse führten mich irgendwann zur besten, zartesten Sorte, dem wirklichen Tintenfisch, den Sepien. Sie sind die teuersten, weil sie die besten sind. Die Haut ist sandfarben bis rotbraun, der Körper mehr rund als lang. Ich fürchte, diese Köstlichkeiten sind an der Côte nicht mehr aufzutreiben. Auf zungenhüpfende Methode erlebte ich sie auf Capri – die stille Insel, sobald die letzte Touristenfähre den Kiel Richtung Vesuv schiebt. Letzten Juni saß ich zwischen dicht stehenden Zitronenbäumen, die letzten Sonnenstrahlen tanzten übers Tischtuch. Nebenan lagerte auf plastikschnurbespannten Rohrstühlen die Camarilla des Sängers Lucio Dalla, er höchstselbst unterm Panamahut die Rigatoni schlürfend. Der Wirt hieß Paolo oder Paolino und das Restaurant – nicht schwer zu erraten – »Da Paolo« oder ähnlich. Amüsement kam nicht nur durch die Künstlerbande am Nebentisch. Schadenfrohen Beifall erntete ein 1000-Volt-toupierter Amerikaner in rosa besticktem Gambling-Smoking. Dem Cowboy knallte eine Zitrone vom Baum über ihm mitten auf den dünn gepolsterten Grind. Seppioline wurden aufgetragen, und die fallende Zitrone war der eröffnende Paukenschlag für neues Interesse an den Gummifischen. Für die feine Gourmetküche sind Tintenfische nämlich nur bedingt einsatzfähig. Gerade dann, wenn das Menü ein wenig nach Urlaubsstimmung abgeschmeckt sein soll. Wie gesagt, die berufliche Lust und Neugierde war wieder voll da. Die Köchin im capresischen Zitronengarten hatte die Seppioline mit Tomaten, Rosmarin und passend zum Ambiente mit hauchdünnen Zitronenstreifen abgestimmt. Seppioline sind winzige Sepien und nach Kennermeinung nicht ganz so wohlschmeckend wie die großen Exemplare. Die Seppioline meiner Capri-Cucina waren jedoch durch die Soße geadelt. Da die Tentakeln nur zwei bis drei Zentimeter kurz sind und der kleine kugelige Körper der Länge nach geöffnet, verkriecht sich der Tomatensugo zwischen Arme und Körper. Ein saftiges Vergnügen.

Die Tomatensoße zu den Fischen geht folgendermaßen: Man nimmt ein Kilo Tomaten, überbrüht sie mit kochendem Wasser und zieht die Haut ab. Nun werden die Früchtchen, die so reif sein sollten, dass man sie wie die Österreicher als Paradeiser lobt, einzeln in eine wassergefüllte Schüssel getaucht und gut ausgequetscht. Das kann selbstverständlich auch an der Luft erledigt werden, dann aber spritzt das Tomatenwasser ins Gesicht und aufs Hemd, was für manchen des Werkstattcharakters zu viel sein könnte. Also gut, wir machen es unter Wasser. Im Topf nebenan dünsten in etwas Olivenöl zwei grob gewürfelte Schalotten, bis sie glasig sind. Etwas Knoblauch kommt dazu. Die Hälfte des Tomatenfleischs zugeben und aufkochen. Nach fünfzehn Minuten heftigen Kochens geben wir ein Pfund Seppioline zur Tomatensoße, füllen den Topf mit einem Liter mild gewürzter Gemüsebrühe und kochen alles mindestens eine Stunde bei geschlossenem Deckel. Dann den Deckel vom Topf nehmen und auf großem Feuer die Brühe dickflüssig einkochen. Jetzt nähert sich der kreative Moment: Feingehackter Rosmarin und ebenso feingehackte Zitronenschale und grober schwarzer Pfeffer müssen dazu. Und damit wir es nicht vergessen: die Hälfte der Tomaten ist auch noch übrig, die lassen wir mit allem zusammen noch einmal kurz aufkochen und geben nach Belieben Salz dazu.

Apropos Gemüsebrühe: Es darf ruhig ein Brühwürfel mitmachen, vorzugsweise einer von der kreuzbraven Biofirma Bruno Fischer. Für gutes Gelingen ist auf der Verpackung ein Bibelspruch eingestanzt. Meistens von der Sorte wie die Schlagertexte von Meister Guildo, etwa »Der Herr hat euch lieb, frohlocket!« und so weiter. Jeder bessere Bioladen hat von diesem Vademecum im Angebot.

Da braucht's keinen Schnorchelurlaub mehr, da ist man restlos aufs Beste zu Hause bedient.

Gefüllter Steinbutt im eigenen Fond

Dieser Fisch reicht für mindestens acht Personen, ist also ein Gericht für die gemeinsame große Tafel, für besonderen Anlass, der ist eigentlich immer gegeben, wenn man eines guten Exemplars habhaft werden kann. Der Fasan des Meeres wurde er genannt und ist sicherlich der feinste Seefisch überhaupt. Ideal eignet er sich für Gelage zum Zwecke der Versöhnung, um Gegner friedlich zu stimmen oder sie wenigstens zu beeindrucken.

Als Sinnbild des Friedlichen könnte man ihn ins eigene Wappen aufnehmen. Als Plattfisch wird er senkrecht schwimmend geboren. Als Kleinkind entscheidet er sich aber für den bequemsten Weg des Daseins. Er legt sich flach. Er passt sich in der Farbe seiner Umgebung an und erfüllt die Tarnung des Faulenzers perfekt, indem er sich kleine Steinchen unter die Haut wachsen lässt. Eigentlich sind es winzige Hornhöcker, sodass der Meeresboden sich mit ihm optisch homogen vermischt. Ein Symbol des »Undercover«, er liegt die ganze Zeit träge und möglichst am Rande der Strömung. Diese treibt ihm immer wieder leichte Beute vors Maul. So kann man auch groß und stark werden, sozusagen durch motorische Effizienz. Energiemaßnahmen am eigenen Leibe exerziert können sehr erfolgreich sein und das Hirn wächst mit. Notgedrungen wird man so zum Einzelgänger und von dort ist es bis zum Melancholiker nicht mehr weit. Seine beleidigt herabgezogenen Mundwinkel signalisieren beispielhaften Fatalismus, als wisse er von den Zeitläufen außerhalb des Wassers. Tröstlich wäre, erführe der Fisch nach seinem Tod von diesem Rezept.

Kleine Steinbutte, insbesondere jene, die nur fünfhundert Gramm auf die Waage bringen, sind allenfalls als Übungsmaterial zu akzeptieren. Nein, sie schmecken nicht ganz schlecht, fallen auch nicht unter den Hautgout der Päderastie. Doch ein bisschen schmecken sie nach dem, was der Aquafarmer ins Bassin streut. Kosten die großen Fische fast so viel wie manch kleiner Bankraub, so bewegen sich die kleinen Fische im Bereich des Automatenknackens. Wie gesagt, als Etüde vor der riskanteren Investition des wild gewachsenen Sechspfünders durchaus zu akzeptieren. Mittlerweile ist jedoch die Zucht von großen Steinbutten fortgeschritten, die Fütterungsmethoden sind optimiert und ich hatte kürzlich einen zubereitet, der von einem wilden Fisch höchstens dann zu unterscheiden gewesen wäre, wenn man beide nebeneinander probiert hätte.

1	Steinbutt
4	Schalotten, feingehackt
1	Knoblauchzehe, fein gewiegt

3/4 l	weißer Burgunder
2 cl	Ricard oder Pernod
3 Blatt	Salbei
4 EL	Ahornsirup
1	Lorbeerblatt
1 Stange	Bleichsellerie, fein gewürfelt
1	saurer Apfel, fein gewürfelt
	schwarzer Pfeffer, Meersalz, Saft und Schale einer Zitrone
	Butter für die Sauce

Im Italienischen wird das Vieh »rombo« genannt, eben wegen der verschobenen Form eines Quadrats. »Turbot« nennen ihn die Franzosen und haben ihm bereits vor Hunderten von Jahren in Anerkennung seiner kulinarischen Verdienste eigens einen gasherdtauglichen Sarkophag spendiert. Wir benötigen für dies Gericht in klassischer Manier eine Turbotière, eine rautenförmige Kasserolle mit Deckel. Nicht billig, so gegen zweihundert Euro müssen herhalten. In Ermangelung des Traditionsgeräts bzw. eines geglückten Überfalls auf den Geldbriefträger muss sich in Gottes Namen der König des Meeres in ein tief gezogenes Backblech zwängen. Fanatiker sollten sich aber eine Turbotière gönnen. Zu kaufen gibt es das Utensil bei der Firma E. Dehillerin, Paris, ganz in der Nähe der alten Hallen, oder über das Internet: www.e-dehillerin.fr.

Nun geht's los:

Zuerst geben wir drei der feingehackten Schalotten, den Knoblauch, Ricard, Ahornsirup und die Würzkräuter in ein Töpfchen. Mit einem Viertelliter Wein aufgießen und auf großer Flamme so weit einkochen, bis das Elixier zu dickflüssiger Konsistenz gerät. Nun kommt Bleichsellerie in den Topf und wenig später der Apfel. Etwas geriebene Zitronenschale und der Saft der Zitrone geben dem Gebrodel etwas ätherische Frische. Auf großem Feuer wieder dickflüssig einkochen. Zur Seite stellen und abkühlen.

Dem Steinbutt guillotinieren wir mit einem runden Schnitt den Kopf. Mit einem langen Filiermesser fahren wir an den Knochen in Richtung Schwanz dem Rückgrat entlang. Es ist besser, man hält zu tief, rammt also lieber den Knochen, als dass die Haut durchstochen wird. Die Spitze des Messers wird nun gegen die äußeren Strahlenflossen geführt. Mit der Hand können wir nun raumgreifend zwischen Gräten und Fleisch fahren, bis zum Rand, wo Fleisch in Flosse übergeht. Haben wir die eine Seite unterminiert, drehen wir unseren Delinquenten um und arbeiten uns auf der anderen Seite ebenso bis zu den allseitigen Flossen vor.

Nun wackelt die Knochenkarkasse zwischen dem Fleisch und mit einer Rosenschere zerkleinern wir das Gerüst und entnehmen die Gräten. Hat man das Gröbste entfernt, so dreht man das Tier um wie einen Handschuh. Ungeordnet stehen nun am Rand die Gräten heraus. Mit der Rosenschere werden sie so kurz wie möglich gestutzt und begradigt. Das Fleisch mit Meersalz und Pfeffer bestreuen. Wir drehen dem Fisch den Balg wieder um. Vor uns liegt er nun, bereit, sich ungehindert füllen zu lassen. Man könnte ihn mit Fischmus ausstopfen, wie das im Ancien Régime die große Mode war. Wir wählen die moderne Methode des Marinierens und verteilen das Elixier im Dunkel des Fischbauchs.

Die übrig gebliebene feingehackte Schalotte wird in die Turbotière gestreut. Dieses Spezialgerät hat auf dem Boden ein Lochgitter. Das bleibt dort, wo es ist. Wir gießen den restlichen Wein darauf und betten den Kandidaten darauf. Den Kopf legen wir dazu.

Geschafft, der Butt wird nun gedeckelt und in den auf 180 Grad vorgeheizten Ofen geschoben. Möglichst weit oben, denn die untere Seite des Fischs, die weiße Flanke, ist nur halb so dick wie die obere dunkelgraue mit den Hornhöckerchen. Also mehr Oberhitze. Eine Dreiviertelstunde lassen wir ihn vor sich hin brüten. Den Fond gießen wir vorsichtig in eine kleine Kasserolle. Der Fisch wartet bei geschlossenem Deckel. Der Fond wird aufgekocht. Ins Gebrodel lassen wir nach und nach die vorbereiteten Butterstückchen fallen. Sie emulgieren nur, wenn der Fond immerfort am Sprudeln ist, wenn nicht, muss heftigst gerührt werden. Also die Butter nur nach und nach zugeben. Die Sauce probieren, vielleicht noch mit etwas Salz speeden und fertig.

Der Held der Tafel kann nun zu den Hungrigen transportiert werden. Am Tisch wird er mit dem rombenförmigen Sieb angehoben und auf ein Holzbrett gehievt. Haben wir ihm auf dem Backblech (mit Alufolie abgedeckt) zu höheren Weihen verholfen, wird er dort direkt zerlegt. Wie gesagt, es sind ja keine Gräten drin. Nur noch die Flossengräten säumen ihn. Die Strahlengräten wandern heutzutage gerne in den Abfall. »Mon Dieu!«, hätte Ludwig der Vierzehnte aufgeschrien. Sie abzufieseln, darum haben sich Gourmets in früheren Zeiten duelliert. Der Kopf mit seinen Backen gebührt der Köchin, oder dem Chef der Köchin, falls Steinbuttköchinnen übergeordnete Chargen überhaupt akzeptieren.

Rezept

Borschtsch nach dem Codex Leninensis

Wladimir Iljitsch Vincentokow Klinkow

Zu Borschtsch in letzter Vollendung fehlten mir jahrelang einige wenige letzte Details. Das änderte sich schlagartig, als mir der Superkoch und liebe Kollege Markus Wolf sein Rezeptbuch zukommen ließ. Nein, ich schäme mich nicht, dass ich auf seine Ressourcen zurückgreifen musste.

Schließlich konnte ich, um auf diesem Gebiet zu rekognoszieren, nicht die Stasi und schon gar nicht den KGB einspannen. Mit Fug und Recht kann man behaupten, dass der

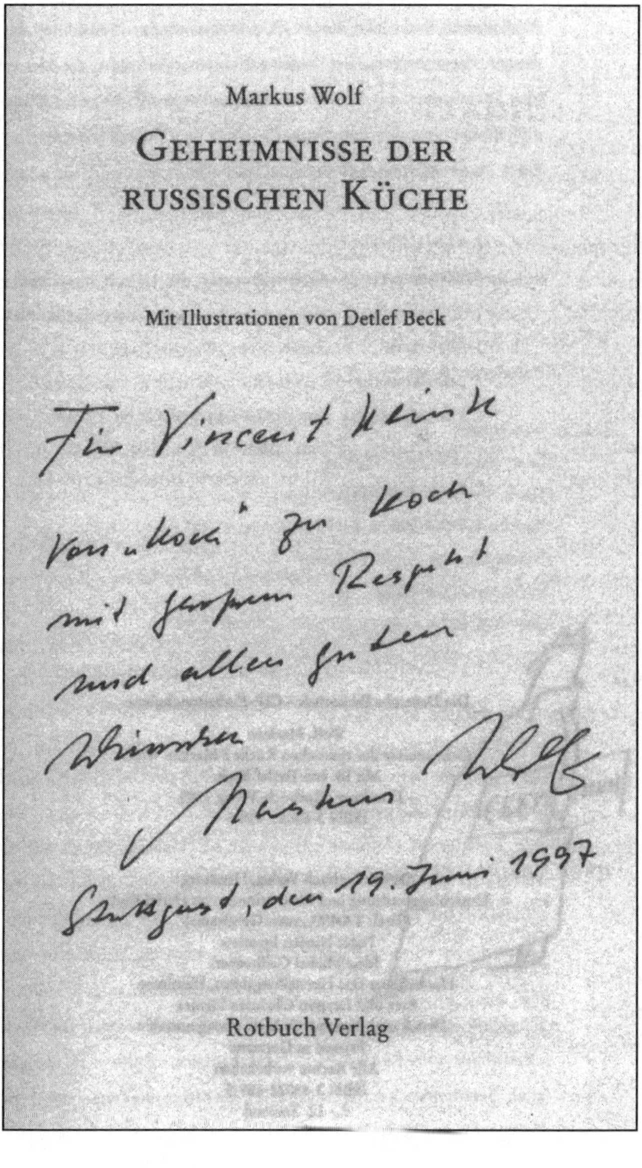
Markus Wolf

GEHEIMNISSE DER RUSSISCHEN KÜCHE

Mit Illustrationen von Detlef Beck

Für Vincent Klink
vom „Koch" zu Koch
mit großem Respekt
und allen guten
Wünschen
Markus Wolf
Stuttgart, den 19. Juni 1997

Rotbuch Verlag

Borschtsch nach dem Wodka die wichtigste Wärmequelle des kartoffelverbrennenden Kulturkreises ist. In diese rote Suppe wurde durch die Revolutionäre der ersten Stunde die Hammer-und-Sichel-Fahne getaucht, und seitdem ist diese leuchtend rot.

Wolf selbst verdankt dieser Suppe beziehungsweise der Recherche danach, dass er nach der Perestroika und nach dem Fall der Mauer für seine Geheimdiensttätigkeit nie entschieden zur Rechenschaft gezogen wurde. Der Borschtsch bescherte Markus Wolf bis zu seinem Tod einen geruhsamen Lebensabend. So kannte er nur die gesiebte Luft, die man sich mit Suppensieben zufächelt. Er kam nie ins Gefängnis, da er glaubhaft nachweisen konnte, dass seine Geheimdiensttätigkeit sich ausschließlich um Suppenrezepte drehte. Dafür konnte er auch Hunderte Stasi-Mitarbeiter in den Zeugenstand bitten. Fazit: außer Kochen nichts gewesen.

Hier nun eine Suppe der feineren Lebensart, so wie sie Lenin im Schweizer Exil vervollkommnete. Die Rezeptur wurde 1985 aus dem Mausoleum am Roten Platz gestohlen und später bei Sotheby's versteigert. Den Erlös vermutet man heute, wie auch die Reste des Bernsteinzimmers, bei der PDS. So die Auskünfte eines Liechtensteiner Treuhänders. Markus »howlin« Wolf nahm die Spur auf. Der Ruheständler ging noch einmal auf den Trail, raffte sich auf und stellte das wertvolle Dokument – na wo schon – in Vaduz sicher.

Wir wollen Ihnen nun dieses Kulturerbstück der Menschheit nicht länger vorenthalten. Hier kommt die reine Wahrheit, die Ursuppe des Sozialismus, das Heizkraftwerk. Sie hat die Kraft von Millionen fußlappentragender Babuschkas – nicht in der Volksausgabe, sondern im gehobenen K-Standard. Man besorge sich:

1 l	Fleischbrühe
1	Entenbrust
1/4	Weißkohl
1	Rote Bete
1	Schalotte
1	Knoblauchzehe, fein gequetscht
1 TL	geschroteter Koriander
2 EL	Zitronensaft
1	Bund Dill
1 Msp.	Piment
2 EL	Crême fraîche
1	gehobelte Meerrettichstange (Stange schälen und mit dem Messer dünne Schlangen abschaben)
	Salz
	Pfeffer

Die Entenbrust pfeffern, salzen und bei kleinem Feuer auf der Hautseite sanft braten. Am Anfang ganz langsam, damit das Fett genügend Zeit hat, aus dem Gewebe auszutreten. Zwanzig Minuten sollte dieser Vorgang dauern. Dann erst wird die Brust gewendet. Nach weiteren fünf Minuten ist die Entenbrust rosa gebraten und die Haut trotzdem knusprig. Diesen Trick, den sich Lenin im »Zunfthaus zum Rüden« in Zürich abguckte, sollte man übrigens allen Schlimmköchen Deutschlands verraten, die uns immer mit ihren schlapp-bleichen Entenbrüsten quälen.

Mit dem ausgetretenen Fett werden die Schalotten und der Knoblauch angedünstet. Mit der Brühe auffüllen, Koriander und Piment dazu. Das Weißkraut wird in pfenniggroße Blättchen geschnitten und kommt in die kochende Brühe. Die Rote Bete schälen und auf einer Raffel fein reiben und in die Brühe geben. Zehn Minuten kochen lassen, mit Pfeffer und Salz und Zitronensaft abschmecken und mit dem Stärkemehl, das in etwas Wasser angerührt wurde, sämig abbinden.

Die Suppe in Tassen anrichten, einen Klacks Crême fraîche, ein Dillbüschelchen und etwas abgeschabten Meerrettich obendrauf drapieren.

Ja, Genossen, das ist die wahre Sonne des Ostens, die trefflich von einigen Bechern Wodka flankiert werden kann.

Koch unter Verdacht

Vincent Klink

Vor mir glänzt ein Wulstnacken mit tiefer Kerbe, als hätte man ihm mit einem Beil in den Halsansatz gehackt. Der Mann zieht seine Schuhe aus. Ich greife mir an den Hinterkopf, um zu prüfen, ob ich über ähnliche Merkmale verfüge. Gleichzeitig bereite ich meine Nase auf das Schlimmste vor – jedenfalls auf das, was man von ausgezogenen Schuhen erwarten kann.

Die Schuhe sind groß. Die Füße aber auch: Da wäre kein Platz gewesen, um eine Handgranate zu schmuggeln. Draußen beginnt es zu dämmern. Wir sind am Radarcheckpoint des Flughafens Stuttgart, LH 346 nach Berlin. Von meinen Kochmessern habe ich mich getrennt, sie als Gepäck aufgegeben. Ich bin unbewaffnet, für einen Koch eine verunsichernde Situation. Das ist Reisen aber ohnehin. Überall in meinem Heimatort – am Arbeitsplatz, in der Stammkneipe, beim Obsthändler usf. – habe ich mir Achtung verschafft durch pünktliches Bezahlen und höflichen Umgang. Als Reisender fühle ich mich wie wehrloses Treibgut.

Ein Sicherheitsbeamter reicht mir eine Plastikwanne, mit einer Mimik, als würde es ihn nicht sehr stören, wenn ich da hineinkotzte. Der junge Mann, ganz Glatzkopf und von dooofer Selbstgefälligkeit, gebärdet sich als Chef. Der Mantel, die Jacke, Uhr, Schlüsselbund, den ganzen Kram lege ich ergeben ins Plastikwännchen. Auch mein Aktenkoffer verschwindet im Maul des Durchleuchtungsapparats. Nun die Schuhe runter, befreites Durchatmen: keine Käsfüße. Doch irgendetwas hatte an der Schleuse gequietscht. Die Gürtelschnalle war's, mit der ich mich manchmal wie ein Cowboy fühle, nur jetzt nicht. Der Securitymann untersucht das Ding wie ein Fundstück aus der Bronzezeit.

Antilope

Sie wünschen?
Antilope

Plötzlich kommen zwei Nachwuchssheriffs auf mich zu und bauen sich vor mir auf, als hätte ich ihnen gestern die Freundinnen ausgespannt: »Öffnen Sie den Aktenkoffer!« Die Herren fassen mich am Arm, sie befinden sich in einem Zustand flachatmiger Anspannung. Ruhig, doch langsam an meiner Arglosigkeit zweifelnd, klappe ich den Kofferdeckel hoch. Was könnte die Sicherheit an Bord gefährden – der Korkenzieher? Die Zahnstocher? Der Mann zu meiner Rechten brüllt mich an, Panik und Diensteifer zugleich in der Stimme: »Alle Gegenstände auf dem Tisch ausbreiten!«

An der Kontrolle hat sich eine Schlange gebildet. Die Leute starren mich an, als hätte ich der Radarfrau in den Ausschnitt gegriffen. »Den kennen wir doch, der kocht doch im Fernseh! Was ist denn mit dem los?« Verschwörungstheorien dringen nicht an mein Ohr, einige grinsen mir sogar aufmunternd zu. »Immer cool bleiben«, ruft jemand. Eins nach dem anderen lege ich auf den Tisch: Lesebrille, Gewürzgläser – gerade will ich mein Schreibmäppchen greifen, da kreischt der Sheriff: »Aufhören! Schließen Sie sofort den Koffer!« Hastig greift er zu einem Walkie-Talkie.

Mir wird so langsam alles sehr unangenehm. Verdammt warm ist es hier. Der andere Sicherheitsmann schwitzt auch. Ein echter Milchbub, auf seinem Killerbärtchen funkeln die Schweißperlen wie Tautropfen. Der wird doch hoffentlich seine Pistole stecken lassen. Vor rechten Kerlen fürchte ich mich ja nicht, aber vor Hysterikern. Ich komme ins Grübeln. Was ist hier los? Hat mich jemand denunziert, sehe ich aus wie ein Terrorist? Das hieße ja, einen Grashalm zur Eiche machen. Hinter mir wird es tumultuös. »He, geht's hier nicht weiter?« – »Lasst doch den Dicken in Frieden!« Langsam werde ich ungeduldig. Muss nun heftig schwitzen und ziehe meinen Mantel aus. Mein Bewacher zuckt zusammen, als wollte ich eine Kalaschnikow aus dem Ärmel zaubern. »Geine Bewägung mehr, betrachten Sie sich als verhaftet! Nehmen

Sie die Hände auf den Gopf!«, fistelt es in reinstem Sächsisch aus der Bomberjacke. »Ja verdammt, Sie müssen mich mit jemandem verwechseln! Ich bin Koch und will nach Berlin.« Gewöhnlich hilft es mir, wenn ich mich als Koch vorstelle – schließlich sehe ich auch so aus. Erst kürzlich zum Beispiel, als ich durch eine Einbahnstraße flott abkürzen wollte, wurde ich von Verkehrspolizisten gestoppt. Ich kurbelte das Fenster herunter und sagte erst einmal den freundlichsten Gruß der Welt, sozusagen CSU-mäßig: »Grüß Gott, ja, ich glaube, ich habe etwas falsch gemacht. Ach, ich hatte es so eilig, ich bin Koch. Wissen Sie – die Gäste, der Braten im Ofen, großer Stress und immer der Arsch.« – »Drehen Sie um und machen Sie das nie wieder!« Die Schupos hatten mit mir armem Schwein, der schieren Harmlosigkeit in Menschengestalt, fast Mitleid. Ich hätte sie anpumpen können, sie hätten mir sicher fünf Euro geliehen.

Nicht aber diese beiden Schergen. Ich sage dennoch mein Sprüchlein auf und gehe ins Detail: »Heute Mittag muss ich mit Ministerin Künast Spinatmaultaschen kochen.« Den beiden Heinis ist offensichtlich trotz vieler Seminare immer noch nicht die geringste Menschenkenntnis angediehen. Der eine schnauzt: »Sind Sie ruhig, es kann alles gegen Sie verwendet werden.« Er nestelt an seiner leicht entflammbaren Jacke herum. Security steht drauf. So unsicher habe ich mich in meinem Leben noch nicht gefühlt. Endlich taucht ein anderer Uniformierter auf, der wenigstens ein paar Jährchen älter ist. »Was'n los?« Ich will schon rausplatzen, dass mich das auch sehr interessieren würde. Doch ich halte 's Maul. Der Mann sieht zwar auch nicht aus wie ein Intelligenzbolzen, aber er trägt eine Art umgefärbte NVA-Offiziersmütze auf dem Kopf. Zwei Sternchen sind drauf. Er sieht doch wenigstens um einiges amtlicher aus als ein Parkwächter. »Chef«, krächzt sein Untergebener, »der Monn steht im Verdacht, er gönnt Sprengstoff in seinem Goffer hobm.« Der Chef macht eine

Handbewegung, als wolle er sich Frischluft zufächeln, sie soll aber bedeuten: mitkommen. Zwischen einer gaffenden Meute drücken wir uns durch. Ich fühle mich durchaus verhaftet. Habe seit meiner Schulzeit eine Obrigkeitsmacke und dünke mich beim Anblick von Uniformen immer ertappt, auch wenn mir kein verübtes Delikt einfällt, so wie jetzt.

Wir sind endlich unter uns, in einem fensterlosen Raum. Der zweite Hilfssheriff hat das Badewännchen mit einem Teil meiner Utensilien unterm Arm, glotzt auf die Tube meiner Nasensalbe, als wäre Nitroglyzerin drin. Er schnüffelt an einem meiner Gewürzgläschen. Seine Augen gucken so blöd, dass ich mich wieder ängstige, weil er schließlich immer noch den Pistolenhalfter geöffnet hat. Er hält sich das Fläschchen mit dem Setchuanpfeffer an die Nase. Die Explosion ist gewaltig. Dass ein rachitischer Hänfling zu einem solchen Schnäuzer fähig ist, erstaunt mich. Ich meine auch, da noch ein Fürzchen gehört zu haben, aber mir ist nicht zum Lachen zumute. Der Vorgesetzte schreit: »Rauschgift?« Der Hatschimann ringt nach Luft, muss sich mit völliger Durcheinanderatmung hinsetzen, japst und wird ganz rot im Gesicht. »Weiß nich«, röchelt er. Es fängt zu müffeln an, aber nicht nach dem Setchuanpfeffer.

Die anderen rühren nun nichts mehr an, was sich in meinem Koffer befindet. »Nehmet Se langsam und einzeln alles, noch und noch alles aus dem Koffer.« Der Hochdekorierte ist offensichtlich Schwabe und wenigstens beherrscht. Aus dem Koffer tönt plötzlich ein Gequake, dass ich selbst vor Schreck zusammenzucke. Sehr laut und elektronisch verzerrt füllt ein hammerharter Befehl den Raum: »Diese Scheiße muss eine andere werden!« Mir dämmert es ruckzuck. Das ist meine völlig übersteuerte Stimme. Das Diktiergerät hat sich aus der elektronischen Sperre befreit und gibt meine jüngste Erkenntnis zum Besten. Schicksalsergeben mache ich weiter, nehme den in Klarsichtfolie verpackten Klumpen Nudelteig aus dem

Koffer. »Liegen lassen!«, herrscht mich der Capo an, »wir warten auf den Sprengstoffexperten!«

»Ham Se scho mal einen schwäbischen Taliban gsehe? Ich bin ja nicht mal evangelisch! Das ist ganz normaler Nudelteig!« Ich ziehe die Plastikfolie von dem gelben Klumpen und beiße hinein. Die Sicherheitsspezialisten stehen erstarrt da, als wären sie bis obenhin mit gesiebtem Sand gefüllt. Ich knabbere noch einmal an dem weichen Zeug, halte dann unter Guten-Appetit-Gemurmel dem Chef das Naturerzeugnis unter die Nase. »Riechen Sie mal, so duften frische Eier, ein bisschen Oregano ist auch druntergeschmuggelt.« Der Mann rührt sich nicht, und ich werde ganz milde. Diese Berserker doch noch überzeugt und ruhiggestellt zu haben, rechne ich mir als Leistung an. »Wissen Sie, sagte ich es schon? Ich bin doch Koch und muss zur ›Grünen Woche‹ nach Berlin. Mit der Ministerin Künast will ich Spinatmaultaschen fabrizieren, das neue Ökosiegel propagieren. Eigentlich bin ich ja kein Veggi-Koch, mich hat der liebe Gott aus einem Schweinskotelett geschnitzt. Aber glauben Sie mir, ich bin kein Orientale, Schuhbomber oder sonst was.« Die Kerle sagen immer noch nichts. »Ist mein Flugzeug schon weg?« Der Chef fummelt an seinem Gürtel und zieht sein Funksprechgerät aus dem Futteral. Es fiept und knackt. »Wohin wollen Sie, Uhrzeit?« – »Ja Hergottnochmal, neun Uhr zehn nach Berlin zur ›Grünen Woche‹!«

Es knackt und rauscht. Er drückt das Gerät ans Ohr wie ein hilfesuchendes Kind seinen Teddybären. Spricht Stakkato: »Der Neunzwölf nach Berlin.« Sein Blick ist nach innen gerichtet, als sei er an Bord der Maschine. In der Tat, der Mann hat den Abflug gemacht. »Die Maschine ist längst vom Boden!« Das hat er wohl aus seinem Funkgerät gehört. Er wiederholt den Satz, eigentlich spricht er zu sich selbst: »Die Maschine ist längst vom Boden.«

Das große Gelb

Vincent Klink

Safran (arabisch Za' feran, lateinisch Crocus sativus, var. Crocus cashmerianus) wurde im 10. Jahrhundert von den Arabern nach Spanien gebracht und kultiviert, nach Frankreich, Italien und Deutschland kam er durch die Kreuzfahrer. Im 15. und 16. Jahrhundert stand der Safrananbau in Zentraleuropa in höchster Blüte. Bis in die heutige Zeit hat sich eine starke Vorliebe hierfür in der Gegend um Mailand erhalten: Mailänder Risotto ist immer tiefgelb und duftet heftig nach Safran. Seines aufdringlichen Geruchs wegen kam das Zwiebelgewächs im 19. Jahrhundert aus der Mode. Als starkes Gewürz war es in der überfeinerten Welt des »Fin de Siècle« nicht mehr erwünscht und wurde der Bauernküche überlassen.

Aber nicht nur sein Geruch und Geschmack machen Safran, dessen gelbe Farbe vom Farbstoff Cocin herrührt, zu einer besonderen Pflanze. Er wirkt stark erregend und führt bei größeren Gaben zu Kongestionen (lokaler Blutandrang). Safran wird in der ältesten indischen Medizin genannt, auch bei Salomo, Homer, Hippokrates und Theophrast erwähnt. Schmerz- und krampfstillend ist er, äußerlich wirkt er als erweichendes und zerteilendes Mittel bei Entzündungen. Auch bei Gemütsstörungen kommt er zum Einsatz, bei chronischen Zuckungen und Menorrhagie (lang anhaltende Monatsblutung). In Spanien gilt Safran als Antispasmatikum und Sedativum.

Eine Universal-Droge also: Die Griechen streuten Safran auf Bohnenbrei und ins Brautbett. Die Römer wappneten sich mit Kränzen und stärkendem Safrantrank, da sie bereits um die herz- und gliederstärkenden Wirkungen der Droge wussten, und Araberinnen färben sich heute noch die Augen, Fingerspitzen und Zehen mit Safran oder mit dem höchst wirksamen

Safranöl. In hoher Dosis allerdings ist Crocus sativus gefährlich: Es gibt Berichte über Safranpflückerinnen, die ohnmächtig wurden; Uterusblutungen, Sehstörungen, Lachkrämpfe und Euphoriezustände wurden beobachtet. Durch übermäßigen Gebrauch kam es häufig zu Vergiftungen. Als Abortivum ist Safran bereits in geringen Mengen wirksam und war vor hundert Jahren häufiger in Anwendung als die »Pille danach« (vier Gramm).

Klar, dass eine solche Pflanze mit allerlei Aberglauben behaftet ist. Wer auf einer großen Menge Safran einschläft, wacht nicht mehr auf, hieß es. Kleineren Portionen hingegen sagte man heilende Kräfte nach. Gegen Gelbsucht wurden mit Safran gespickte Äpfel empfohlen, und »bösen Hals« heilte man durch Auflegen von Speck mit Safran. Gegen »böse Augen« hängte man sich nach dem Brauchbüchlein des Schweizer Simmentals einen Kranz aus »Schneeblümli«, dem wild wachsenden Frühlingssafran Crocus vernus, um den Hals, und zwar Freitagmorgen vor Sonnenaufgang. Zum Allgemeinwissen über Safran zählte auch, dass er nur von kleinen Mädchen gepflückt werden darf, weil er sonst verdirbt – eine bequeme Methode, die mühsame Pflückarbeit den Kindern aufzuhalsen.

Die Safranernte ist auch heute noch anstrengend. Crocus sativus treibt nur eine bis zwei Blüten, 70 000–80 000 von ihnen liefern ein Kilo getrockneten Safran. Was gut und teuer ist – das Kilo kostet zwischen 1500 und 2500 Euro –, wird dem treuglaubenden Kunden oft als Fälschung untergejubelt. Panscher strecken Safran mit getrockneten Calendulablüten (Ringelblumen), Carthamus und Koloidimfäden. Zum Färben verwenden sie Safransurrogat wie Dinitrokresolkalium oder Ammonium.

Vor Pulversafran sollte man sich hüten, denn dieser wird gern mit Beschwerungsmitteln wie Baryt und Gips versetzt. Kap-Safran, die getrockneten Blüten einer Skrofulariazee, haben mit dem echten Produkt nichts zu tun. Dann gibt es noch

Saflor: falscher Safran, Bastardsafran. Die rotgelben, röhrenförmigen Einzelblüten der Färberdistel riechen tabakartig und werden in der Seidenfärberei verwendet. Es gab um die Jahrhundertwende gefärbte Griffelfäden, die unter dem Handelsnamen Fröminell eigens zum Fälschen des echten Safrans zu kaufen waren.

Wer sich unsicher ist, sollte weniger auf die Farbe achten und seine Nase in den Safran stecken. Wenn's da nicht betäubend duftet, sollten Zweifel aufkommen. Der charakteristische Geruch tritt übrigens erst nach dem Trocknen auf. Ich kaufe meinen Safran immer in persischen Läden, da stimmen Preis und Qualität, weil Safran zum persischen Leben gehört. Kein Iraner ist diesbezüglich hinters Licht zu führen.

Rezepte

Vincent Klink

Fischsuppe mit Salbei

300 g	in Würfel geschnittenes Fischfilet, Lotte, Rotbarben
1	Zwiebel
1 EL	Olivenöl
1	Knoblauchzehe
500 g	Fischkarkassen (Gräten – vom Fischhändler)
1 l	Weißwein
1	Fenchel
1	Karotte
1	Bleichsellerie
2	Tomaten, gewürfelt
100 g	Kartoffeln
½	Stange Lauch
1	Petersilienwurzel
1 Bund	Salbei, in feinen Streifen
½ g	Safran
	Pfeffer und Salz

Die Gräten in reichlich Wasser wässern und gut durchspülen. Das Gemüse und die Kartoffeln in kirschgroße Würfel schneiden, die Gemüseabschnitte aufbewahren.

Die Gräten mit einem Liter Wasser in einem doppelt so großen Topf auf den Herd stellen und zum Kochen bringen. Abschäumen. Die Abschnitte der Gemüse hineingeben und eine halbe Stunde kochen lassen. Pfeffern und salzen, wiederum abschäumen und passieren.

Die Zwiebel grob würfeln und in Olivenöl mit dem gehackten Knoblauch goldbraun anbraten. Mit den Kartoffeln und dem Safran in die Fischbrühe geben, die leicht vor sich hin köcheln sollte. Ungefähr fünf Minuten später Fenchel, Karotte und Bleichsellerie hinzugeben, nach zehn Minuten den Lauch, die Tomaten, Petersilie, Salbei und die Fischfilets. Aufkochen, vom Herd nehmen und den Weißwein dazugießen. Entscheidend ist, dass der Fisch nicht länger als drei, vier Minuten kocht. Also ganz zum Schluss dazu und anschließend abschäumen.

Seeteufel in Safran

400 g	Seeteufelschwanz
2	Schalotten
1	Knoblauchzehe
10	Safranfäden
2	Knoblauchzehen, zerdrückt
$^{1}/_{8}$ l	Fischfond (fertig im Glas kaufen)
1 TL	Mehl
$^{1}/_{8}$ l	Sahne
$^{1}/_{8}$ l	Noilly Prat oder sonstiger trockener Wermut
3 EL	Butter

Seeteufel – auf Französisch Lotte, auf Italienisch Coda di Rospo – eignet sich nur dann zum Pochieren, wenn er von einer kräftigen Sauce begleitet wird. Er schmeckt zwar gut, hat aber keine geschmackliche Raffinesse, sodass diese von der Sauce kommen muss. Da ist Safran gerade richtig.

Safran in einem kleinen Töpfchen mit zwei bis drei Esslöffeln Weißwein fünfzehn Minuten ziehen lassen.

Der Kopf des Seeteufels ist ungefähr genauso groß wie sein Körper, der keine Gräten hat, sondern von einem Knorpel durchzogen ist. Grätenphobie ist ja sehr häufig – deshalb ist dieser Fisch so beliebt. Im Fischladen kann man sich die Haut abziehen lassen. Der Fisch hat darunter aber noch eine zweite Haut, die recht zäh ist. Auch diese muss mit einem flachen, scharfen Messer abgehoben werden.

Ist der Fisch enthäutet, wird er in fingerdicke Scheiben geschnitten. Mit dem Rückenknorpel hat selbst ein stumpfes Messer keine Probleme. Die Scheiben ordentlich mit grobem Pfeffer bestreuen und salzen, dann in Butter wie Schnitzel braten. Auf jeder Seite beträgt die Garzeit bei kräftigem Feuer zwei Minuten, dann den Fisch aus der Pfanne nehmen und warm stellen. Schalotten in der Pfanne anschwitzen, mit Mehl bestäuben, dann den Knoblauch und die Safranlösung dazugeben. Mit Fischfond und Noilly Prat auffüllen. Die Flüssigkeit auf großem Feuer um die Hälfte reduzieren. Abschmecken mit Salz und Pfeffer. Die Fischtranchen auf die kochende Sauce legen und noch einmal durchheizen.

Ragout von Weinbergschnecken in Safran

2	Dutzend Weinbergschnecken sowie, zur Vorbereitung,
1/2 l	Weißwein, Pfeffer, Salz und ein Suppengrünsträußchen
3	Schalotten
20 g	Butter
4 EL	trockener Weißwein
1/8 l	Schneckenfond aus Weißwein (entsteht bei der Vorbereitung der Schnecken)
1/2	Knoblauchzehe
1/2 g	Safranfäden
2 EL	feine Streifen von Sellerie, Karotten und Lauch
2 EL	Crême fraîche
	einige Tropfen Pernod

Weinbergschnecken in einem Sieb mehrmals mit reichlich Wasser gut durchwaschen und in kochendem Salzwasser fünfzehn Minuten kochen. Am besten arbeitet man mit zwei Töpfen und wechselt die Schnecken alle halbe Stunde in frisches, kochendes Salzwasser. Nach zwei Stunden pult man die Schnecken mit einer Stricknadel aus den Häuschen. Die geringelten Teile entfernen. Zurück bleibt ein kegelartiges Gebilde mit der Laufzunge vorne. Hinter der Zunge beginnt ein Wulst mit einer dunklen Haut. Diesen Wulst rundherum mit einem kleinen Messer abschneiden und die Haut entfernen.

Zugegeben: Die Vorbereitung von Schnecken ist nicht gerade angenehm und obendrein arbeitsintensiv. Dass die Schnecken im Speiseplan des Feinschmeckers nicht mehr den Stellenwert einnehmen, den sie viele Jahrhunderte hatten, liegt daran, dass in der Gastronomie und auch im Haushalt sich fast niemand mehr die Mühe macht, dieses Gericht frisch herzustellen. Wem dies alles zu anstrengend ist, der kauft sich Dosenschnecken. Sie sind nicht billig. Man achte darauf, dass auch Weinbergschnecken (Helix Pomatia) in der Dose sind, nicht asiatische Achatschnecken.

Die nun fertig präparierten Schnecken werden mit einem halben Liter Weißwein, Salz, Pfeffer und einem Suppengrünsträußchen noch zehn Minuten gekocht und verbleiben in diesem Sud, den man im Kühlschrank aufbewahrt bis zur Verwendung. Man kann die Schnecken samt dem heißen Sud aber auch in ein Weckglas einfüllen. Dicht verschlossen bleiben die Schnecken im Kühlschrank mindestens sechs Wochen haltbar. Diese Konservierungsart, Preserve genannt, ist im Gegensatz zur Konserve keine Totalsterilisation.

Nun geht's ans Kochen: Die Weinbergschnecken vorbereiten wie beschrieben. Die sehr fein gewürfelten Schalotten in Butter glasig werden lassen, mit Weißwein und dem Schneckenfond ablöschen, den Knoblauch dazugeben und die Flüssigkeit auf ein Achtel reduzieren. Dann den Safran, das Gemüse und die Schnecken dazugeben, zwanzig Minuten bei kleinem Feuer kochen. Das Ragout mit Crème fraîche andicken, mit Pernod abschmecken.

Safran-Halbgefrorenes

150 g	Puderzucker
4	Eigelb
½ l	Milch
⅛ l	Sahne
1	Vanilleschote
2 Msp.	Safran
½	abgeriebene Zitronenschale
1 EL	Rosenwasser (in der Apotheke kaufen)

Eigelb und Zucker mit dem Rührgerät in einer Metallschüssel schaumig schlagen. Vanilleschote der Länge nach halbieren und auskratzen. Milch, Safran und Sahne aufkochen. Das Vanillemark mit den Vanilleschalen dazugeben. Fünfzehn Minuten bei kleinem Feuer ziehen lassen. Die Schalen herausnehmen und zum Abfall geben. Nun die heiße Milch in die Zucker-Ei-Masse schlagen, das Rosenwasser dazu. Metallschüssel nun auf einen Topf mit kochendem Wasser setzen und die Masse schlagen, bis sie luftig und cremig gediehen ist. Abkühlen lassen und immer wieder etwas umrühren. In die Eismaschine geben oder aber ins Tiefkühlfach.

Hat man das Eis in der Tiefkühltruhe durchgefroren, so sollte es vor dem Servieren mindestens eine Stunde in den Kühlschrank, damit die Verzehrtemperatur von minus 18 auf zirka 3 Grad reduziert wird, andernfalls wäre das Eis steinhart.

Zu diesem Halbgefrorenen passt sehr gut ein Fruchtsalat, mit etwas Maraschino parfümiert.

Curries

Vincent Klink

Bangkok in der Regenzeit ist wie eine warme Dusche. Da sich hier aber niemand aufzuregen scheint, wenn die Klamotten am Leib kleben, halte ich mich im Zaum. Zur Linderung stelle ich mich am Fluss in den Wind. Gleich wird es wieder regnen und so die Luftfeuchtigkeit auf konstanten achtundneunzig Prozent bleiben. Mein Kopf dröhnt ein bisschen dumpf, reagiert aber noch normal: Ich habe Hunger.

Hier an der Bootsanlegestelle, eine Station flussabwärts hinter dem Großen Palast, komme ich dann an Schüsseln vorbei. Sie haben seltsamen Inhalt, in fingerhohem Wasser lagern Schildkröten. Ich denke mir, dass die Asiaten alles in die Töpfe werfen, was nicht schnell genug auf die Bäume kommt. Später sollte ich dann erfahren, dass die kleinen Tiere nicht dem Verzehr dienen, sondern extra für Tempelbesuche angeboten werden. Man kann so seine Seele erleichtern, indem die Tiere im Angesicht Buddhas aus ihrer Haft entlassen werden.

Bis das Boot kommt, schaue ich mich in den Küchen um. Hier wird nichts gebrutzelt, alles ist fertig. Ein Topf Curry steht neben dem anderen: Mussaman-Rindercurry, das ähnlich duftet wie bei uns die Hausmacher-Blutwürste, Gaeng Ped Moo, also rotes Schweinecurry. Hellgelbes Geflügelcurry mit viel Kokosmilch leuchtet aus dem Bretterverschlag wie die Sonne des Morgenlandes. Diverse Suppen in Aluminiumtöpfen sind daneben aufmarschiert, und mich überkommt die totale Lust. Eine Sitzgelegenheit finde ich hier nicht, die Gerichte sind zum Verzehr zu Hause bestimmt. Der Verkäuferin kann ich mich aber einigermaßen verständlich machen. Sie spürt meine Gier, und ich darf probieren. Ein kleines Tellerchen, und die Nascherei beginnt. Was aus den Töpfen kommt, ist ziemlich scharf. Curries werden von den Straßenköchen immer fertig mitgebracht, denn die Garzeiten ziehen sich über Stunden. Sie sind die andere Seite der Thai-Küche, die normalerweise hurtig vonstatten geht. Curries werden ganz langsam geköchelt, und es kommt, ähnlich wie bei einem Gulasch, auf die Sauce an. Kokosmilch und -mark verbinden das Fleisch mit sämiger, cremeartiger Sauce.

Die ursprünglich aus Indien stammenden Curries haben nichts damit zu tun, was wir landläufig mit Curry in Verbindung bringen, schon gar nichts mit dem komischen Pulver, das uns so manch übel schmeckende Currywurst neutralisiert. Kein Wunder, dass man zuerst einmal zusammenzuckt, wenn von Curries die Rede ist. Diese Ragouts sind komplette Gerichte mit ganz bestimmten Gewürzmischungen. Dreierlei geschmackliche Hauptrichtungen gibt es in Thailand. Sie werden als Pasten verkauft, seltener selbst hergestellt. Auch hierzulande gehören sie zur Grundausstattung eines Asialadens. Rote Currypaste, die roten Chilis werden entkernt und in heißem Wasser blanchiert, ist weniger scharf. Die grüne Paste hat ihre Farbe von den grünen Chilis, die nicht gebrüht werden und so volle Kanne Schärfe abgeben. Die Mussaman-Paste hat ihren Namen von den Muselmanen und riecht heftig nach Kreuzkümmel, Nelken, Kardamom, Korianderkörnern und Piment. Die unterschiedliche Schärfe der Pasten, also auch der damit verfertigten Curries, hängt weniger von der Menge der Chilis ab als davon, ob sie entkernt und in heißem

Wasser eingelegt wurden oder nicht. Auch das Mussaman-Curry ist milder und kann gut mit einem kräftigen Rotwein genossen werden. In Thailand trank ich meist Bier, das hervorragend und geradezu sehr deutsch schmeckt. Die schönste Entwicklungshilfe leisteten deutsche Bierbrauer, die vor über hundert Jahren ihr Wissen an die Asiaten, von Indien bis ins hinterste China, weitergaben. Ich trinke dann zu meiner Versuchsreihe auch zwei Büchsen, um nicht zu sehr in den Verdacht des Nassauerns zu geraten, aber auch weil mein Maul brennt, als würde ich von innen abgefackelt.

Sogenannte Chilikenner warnen ja immer vor Flüssigkeit, um mit ihr brennende Lippen zu kühlen. Im Prinzip richtig, denn die Schärfe verteilt sich dadurch in die letzten Nischen des Rachens. Nach der Labsal erobert die Feuersbrunst sofort und gesteigert unsere Schleimhäute. Ich habe mir folgenden Trick angewöhnt: Ich trinke in kleinsten Schlücken, dauernd – so lange, bis der Schmerz nachlässt.

Dass da irgendwann ein Boot hätte kommen sollen, mit dem ich weiß Gott wohin fahren wollte, dieser ganze abendländische Stress, dieses Wieso-und-warum-Getriebensein, das habe ich über den Gaumenfreuden schlussendlich total vergessen.

Curryrezepte

Vincent Klink

Madras-Curry

4 kleine	Chilischoten
1	Zimtstange (1 EL)
4 EL	Koriander
2 EL	Kreuzkümmel
1 TL	Fenchelsamen

1 TL	Knoblauchpulver
2½ TL	Kurkuma
2	Kokumschalen
2	Curryblätter zerdrückt
2 TL	Bockshornkleesamen
1 TL	Schwarzkümmel für Sauce

Es gibt unzählige Geräte für die Küche, und täglich werden es mehr. Hier ist ein Wahnsinn im Gange, der den deutschen Perfektionsfimmel schamlos ausnützt. Je mehr die Männer sich des Hobbykochens annehmen, umso mehr wird technischer Firlefanz angeboten. Die Kücheneinrichter haben bei den Autozulieferern gelernt: So brach in des Toskana-Germanen Bulthaupküche der Spaghettitopf ein wie Wotans stürzende Eichen. Gratis eine Spaghettiprobiergabel dazu – alles Utensilien, die bei Pastamamas südlich der Salurner Klause völlig unbekannt sind.

Ein Ding muss aber her: der Marmor-Mörser. Der muss groß sein, dass mindestens ein halber Liter reinpasst. Er sollte innen etwas rau und der Stößel möglichst groß sein. Ich habe so ein Gerät in einem Küchenladen erstanden: weißer Carraramarmor, Holzstößel, groß und tief, dass ich meinen eigenen Kopf reinlegen könnte. Da kann man fuhrwerken und, wie mir der ausgewiesene Pestoexperte Wiglaf Droste inbrünstig ins Hirn rieb, man hat in dem Gerät nicht girlandenartig herumzuvagabundieren, sondern: Das Wort Stößel kommt von stoßen. Jeder Stoß ein Franzos', macht man Tapenade, also provenzalisches Olivenmus, dann kann der Dumpfkoch gerne skandieren: »Tapenade, Tapenade, dem Ithaker keine Gnad'!« Alles klar. So ein Ding kostet ungefähr hundert Mark und kann noch Generationen vererbt werden; vorausgesetzt, man benutzt es nicht als Amboss, um krumme Nägel glatt zu klopfen.

Köche, denen nichts heilig ist, werden schnöderweise Tapenade oder Pesto im Mixer machen, ein Sakrileg, aber es funktioniert, wenn auch auf Kosten der olfaktorischen Nuancen. Für veritablen Curry muss aber der Mörser her, und es gibt Curryfreaks, also auch echte Inder, die sagen: »Die Gewürze sollten vorher angeröstet werden.« Erhitzen lässt die ätherischen Öle verströmen. Ich röste die Gewürze erst dann, wenn sie wirklich dran glauben müssen, zu guter Letzt in der Pfanne.

Die oben genannten Zutaten also in den Mörser, und los geht's. Die Schärfe des Currys kann mit der beliebigen Dosierung des Chilis höchst privat geregelt werden.

Ganz zum Schluss: Wer sich mit Currywürsten auskennt, weiß noch lange nicht, was Curry ist. Letzteres rares Geheimnis kennen nur diejenigen, die einen Mörser und die geeigneten Zutaten ihren Besitz nennen können. Also los!

Curry-Zitronengras-Suppe

4–5 kleine	Schalotten, in Streifen geschnitten
1	Knoblauchzehe, kleingehackt
1–2 EL	Olivenöl
1/4 l	Weißwein
1 l	Fleisch- und Knochenbrühe, Vegetariern sei »Würzl« aus dem Bioladen empfohlen
1 g	Safran
1 Zweig	Salbeiblättchen
1 Zweig	Thymianblättchen
100 g	Karotten
100 g	Knollensellerie
100 g	Fenchel ohne Strunk
1/2 Stange	Lauch
100 g	Kartoffeln
20 g	Curry
200 g	Zitronengras
1	Limone, Saft und Schale

Schalotten und Zwiebeln in Butter und Knoblauch bräunlich andünsten, mit Brühe auffüllen, würzen und dreißig Minuten durchkochen. Curry drangeben und durch den Wolf gedrehtes Zitronengras. Mit Zitronenschale aromatisieren und alles zusammen mit etwas Butter in den Mixer geben und schaumig quirlen. Die ganz feine Variante wäre, diese Suppe noch durch ein Spitzsieb zu treiben und dann nochmals kurz aufzumixen.

Selleriechips in Kleinformat darüberstreuen. Also auf der Brotschneidemaschine hauchdünn Sellerief leckchen hobeln, diese in reichlich Olivenöl hellbraun braten.

Gurkencurry

allen Spreewäldern zugeeignet und herzlich spendiert von Vincent Klink

Gurkencurry eignet sich als Vorspeise, Zwischengericht und als Begleitung zu Fischgerichten, die mit vorherrschenden Gewürzen versehen sind.

300 g	Gurken (möglichst kleinere Gartengurken)
2 EL	Olivenöl
2	Schalotten
1 Zehe	Knoblauch
¼ l	kräftige Gemüsebrühe
1 EL	rote Currypaste
1 TL	Mehl
	Salz

Die Gurken werden geschält und der Länge nach geviertelt. Haben die Gurken unangenehm große Kerne, so werden die Kerne mit einem großen Löffel abgestreift. Nun werden die Gurken in haselnussgroße Würfel geschnitten.

Die Schalotten schälen, fein schneiden und in etwas Butter oder Olivenöl hellbraun rösten. Den gequetschten Knoblauch und die Gurkenstücke dazu und alles bei großem Feuer gut durchschwenken. Mit dem Mehl bestäuben, die Brühe über die Gurken gießen und fünf Minuten mit geschlossenem Deckel kochen lassen. Danach den Deckel abnehmen, den Fond reduzieren und ganz einkochen lassen. Den Curry untermischen, durchschwenken und mit Salz abschmecken.

Thailändische Currypaste

Gewürzmischungen kann man kaufen, in Pulver oder in Paste. Sogar der Thailänder kauft sich seine wagenschmierenartigen Currypasten fix und fertig auf dem Markt. Bei uns stehen sie in jedem Asialaden, nichts dagegen. Sie haben aber einen großen Nachteil. Dem Currypulver ist man ausgeliefert – hantiert man damit öfter, so schmeckt, egal ob Huhn, Gemüse usf., alles gleich. Die thailändischen Pasten mag ich gleich gar nicht. Egal, wie bekömmlich das Essen, noch Stunden danach »spricht« es mit mir. Was mir da aus meinem Orkus immer wieder aufstößt, das ist oxidierter Knoblauch. Was nicht hochkommt, wo es reinkam, nimmt den anderen Weg und beschert mir einen durch innere Winde nahezu unbewohnbaren Körper. Bevor es dazu kommt oder wir in der Eurovision den Schlager zu hören bekommen »Liebling rülpse noch einmal, du riechst so schön nach Thailand«, machen wir uns das Zeugs selbst.

Man merke sich: Knoblauch muss man frisch verarbeiten. Bereitet man also Gulasch oder sonst was, weiß man, dass die andere Hälfte des Topfs erst am nächsten Tag serviert wird. Dann sollte der Knoblauch auch anderntags erst beigegeben werden.

Rote Currypaste für Gurkencurry

1 TL	Koriandersamen
½ TL	Kreuzkümmel
1	kleine Chilischote
½	rote Paprika
1 TL	gehackte Galgantwurzel
1 EL	feingeschnittenes Zitronengras
1 TL	feingehackte Kaffirlimonenschale
1 Zweig	grüner Koriander
1 TL	schwarzer Pfeffer
1 TL	Garnelenpaste

Normalerweise werden Chilis nur verwendet, um die rote Farbe zu erzeugen, den größten Teil davon haben wir durch rote Paprika ersetzt. Bevor alles in den Mörser wandert, werden Koriandersamen und Kreuzkümmel in einer Pfanne angeröstet. So lange mörsern, bis sich alles zu einer homogenen Paste verbunden hat.

Enteklemmer hinter dem Schlagbaum

Vincent Klink

Stuttgart, noch nicht einmal fünf Uhr morgens: Ich sitze im Auto an der Abzweigung zum Großmarkt Stuttgart, von Träumen umnebelt. Die Ampel scheint auch noch nicht wach zu sein, sie zeigt Dauerrot. Verdammt, ich schaue mich um, keine Menschenseele zu sehen, also los. Am Schlagbaum herrscht schummrige Checkpoint-Charlie-Atmosphäre, uniformierte Privatsheriffs versperren den Weg und wollen meinen Ausweis sehen. Hier ist kein Zutritt für Amateure. Ich erinnere mich, wie ich als junger Wirt hier zum ersten Mal aufkreuzte und stolz meinen Gewerbeschein zückte – kein Händler nahm mich für voll. Man ließ mich spüren, dass ich mit meinen Kleinstumsätzen lästig war wie ein Bibelverkäufer im Rotlichtviertel. Inzwischen wiege ich hundertzehn Kilo. Das hat hier Gewicht, hat aber auch 28 Jahre gedauert.

Hinter dem Schlagbaum wuselt ein Chaos, man könnte sich auf der sinkenden Titanic wähnen. Im Verkehrschaos von Gabelstaplern, türkischen Schrottlastern und Sackkarrenartisten finde ich mich gut zurecht, habe aber das Gefühl, nicht in Deutschland zu sein. Sattelschlepper mit ausländischen Kennzeichen und ratternden Kühlmotoren warten auf irgendwelche Papiere, einige Meter weiter bin ich mittendrin, umgeben vom Lärm der Kühlmaschinen und Dieselmotoren, den gellenden Schreien und Palavern in allen Sprachen. Vor den Hallen und sich aneinanderreihenden Schuppen kämpfen verkeilte Lastwagen, aus den Fahrerkabinen knattern Flüche in die rußenden Auspuffschwaden, zorniges Hupen will sagen: »Platz da, Idioten!« Männer mit ihren fliegenden Kisten, Gabelstaplerfahrer sind hier allesamt in der Poleposition. Jetzt heißt es: Aufgepasst, dass ich nicht umgemäht werde. 30 Meter weiter bin ich bei meinem Spezialisten fürs Exotische. Eine deutsche Firma: Den Chef kenne ich seit Jahren als stinksauren Muffkopf, der mit seinem Hass auf die Kundschaft nie hinterm Berg hielt. Das hat sich geändert, nun grüßt er sogar zaghaft, was ich als Altersmilde diagnostiziere.

Hier ist es ruhiger, die Pforte der Gemüse- und Obsthalle ist gegen die Kakophonie des merkantilen Fundamentalismus durch dicke Plastikstreifen abgeschirmt. Grad so, dass ein Gabelstapler ungehindert durchrauschen kann. Hier geht alles einen professionellen, raschen und ziemlich lautlosen Gang. Verkäufer erklären Gemüsehändlern und sonstigen Wiederverkäufern, wie die Preise liegen. Man nimmt die Ware in die Hand; dreht Steinpilze nach oben, schneidet den einen oder anderen in der Mitte durch, um festzustellen, ob es sich auch um wirklich vegetarische Ware handelt. Man nimmt sich dies und das und stapelt seine Auswahl von Kisten und Kartons, von Mangos, Beerenfrüchten, Ananas, Wurzelspinat, rosa Mangold und grünem Spargel etc. in einer sicheren Ecke übereinander.

Mancher Gastronom lässt sich sein Zeugs auf Lieferscheinen notieren, buckelt die Ware selbst und ist ruckzuck wieder weg. Dafür bin ich zu faul und lasse mir alles speditieren. Ich nehme mir lieber die Zeit, mit dem Chef zu reden. Es gäbe auch einiges zu reklamieren, nur Kleinigkeiten sind's. Das detaillierte Gejammere und Gezerre überlasse ich meinen Köchen – so bearbeiten wir die Helden des Großmarkts gewissermaßen mit dualer Kommunikation, Zuckerbrot und Peitsche. Die Köche sind nie zufrieden. Das ist gut. Ich bin dagegen immer der nette Typ, der für gute Stimmung sorgt, sodass niemand die Nerven verliert und den Bettel hinschmeißt, weder Händler und Erzeuger noch Köche. »Gärtnere deinen Scheiß doch selber!«, auch das hatte ich schon gehört und, na ja, man lernt ja dazu.

Ein Großmarkt ist trotz allem kein Boxring. Man betritt vielmehr diplomatisches Parkett, denn wer die bessere Ware bekommt, das hängt nicht davon ab, ob man höhere Preise zahlt. Käufer und Verkäufer müssen auf Augenhöhe verhandeln, und diese muss man seinem Gegenüber auch bieten, sich nicht aufblasen und mit einem schwäbisch schwätzenden Italiener keinesfalls Hochdeutsch reden wollen. Auf gegenseitige Sympathie kommt es an. Die Pflege dieses sensiblen Biotops ist der Grund, warum ich mich zu solch unkomfortabler Zeit durch die Gemüsekisten und Befindlichkeiten der Händler wurstle. Ich bin da, um Gutwetter zu machen, ich rede mit dem Capo über Belanglosigkeiten und vergesse nicht, beiläufige Lobpreisungen abzusetzen.

Gegenüber, in der anderen Halle beim bevorzugten Italienlieferanten, läuft dasselbe Spiel. Nur ist hier alles um einiges lauter, freudiger, wenn nicht gar ab und an tirilierend. Trotz der Dunkelheit scheint am Stand von Salvina und Sapros die Sonne. Die Chefin sieht verdammt gut aus, sie ist dunkelhaarig und irgendwie mit Sprengstoff beheizt. Ihre Wangen sind immer rot, aber das kommt vielleicht von den Telefonhörern, mit denen sie unablässig hantiert. Sie müsste eigentlich für all die Telefone mehrere Arme und noch mehr Ohren haben, doch sie ist ganz in ihrem Element. Anscheinend gilt auch für Salvina, dass der Italiener nicht nur gern flirtet, sondern – mehr noch – leidenschaftlich gern telefoniert. Sie nimmt Bestellungen an: die letzten für den laufenden Tag und bereits die ersten für den kommenden.

Das Büro ist eng und macht einen sehr kreativen Eindruck. Viel Papier, Lieferscheine und Zettelwirtschaft aller Art. Das Ganze ist gut bewacht. Ein Kruzifix äugt über den

Papierwust, ein Rosenkranz hängt an einem Nagel. Ich nehme an, diese Gerätschaft kommt zum Einsatz, sollten einmal die Telefone ihren Geist aufgeben. Diverse Jesusbildchen und eine äußerst gütige Madre Dolorosa aus Hartplastik schauen auf die – womöglich – unbezahlten Rechnungen der Gastronomen.

Hier ist nicht Deutschland, wir sind in Palermo, denn dort in der Nähe wurde Salvina geboren. Man merkt, dass die letzten zwanzig Jahre germanischen Nebels ihr nichts anhaben konnten. Die Telefone klingeln um die Wette, während das Radio läuft. Irgendjemand quasselt, wahrscheinlich Radio Vatikan, es fehlte nur noch Adriano Celentanos »Una festa sui prati«. Hinter mir ist ein Sterbebildchen an die Wand gepinnt. In einem unbeobachteten Moment fixiere ich es genauer und lese: »Padre Pio da Pietrelcina«. Ich muss sie einfach fragen, will's jetzt endlich wissen: »Frau di Bari, wer ist der Typ?« Da schaut sie mich so verdattert an, lässt die Arme mit den Telefonhörern so demonstrativ nach unten hängen, als wollte sie sagen: »Es ist vollbracht, der Mann fährt in die Hölle!« Sie ringt um Fassung. Im einen Telefonhörer piepst ein Besetztzeichen, im anderen orgelt irgendjemand um Gehör. Vergessen, vorbei, ihre Stimme erreicht schmerzhafte Höhen: »Typ? Bist du verrückt! Du kennst Padre Pio nicht?«

Dann nimmt sie mich ins Verhör: »Bist du gläubig?« Sie meint wahrscheinlich katholisch damit. Mir wird's mulmig, etwas in mir schreit: Nichts wie weg hier. Ich flüchte ins Dienstliche. »Frau di Bari«, stoße ich eilig ablenkend hervor, »die Spargel gestern hatten bereits braune Stellen …« Ruckartig sind wir wieder im Alltag, im fahlen Neonlicht, und es wird gestritten, argumentiert, sich entschuldigt, verziehen, geschimpft, und am Schluss sind wir uns einig, dass der Staat und das Finanzamt, ja dass wir eigentlich nicht uns selbst gegenseitig fertigmachen müssen, denn da gibt es zahlreiche andere Instanzen.

Für einen Koch ist das Einkaufen von Hektik bestimmt und vor allem selten so romantisch, wie sich der Laie das ausmalt. Ich habe zu diesem Bild beigetragen, wenn ich, von Fotografen begleitet, an hübsch dekorierten Marktständen vorbeiflanierte, den Weidenkorb an die Wampe gedrückt. Ich habe, mit Strohhut oder Baskenmütze auf dem Kopf, Biobauern gutsherrlich gegrüßt und Forellenzüchter, Käselieferanten, Metzger, Lammlieferanten oder Bienenzüchter von der Arbeit abgehalten. In Kochbüchern oder Gourmetzeitschriften konnte man die Weichzeichnerbildchen wenig später besichtigen, diese Inszenierungen sind aus den Hochglanzpostillen nicht zu vertreiben. Wir sind am Quell des Entzückens, welcher den friedlichen Nimbus von Köchen speist. Sind sie dann auch noch dick wie schwangere Mamas, dann möchte man sich ihnen in die Arme werfen und gleich dort genährt werden – mit der gastronomischen Beschaffungskriminalität hat das jedoch nicht viel zu tun.

Normalerweise läuft fast alles übers Telefon. Gleich nach dem Service, abends um elf, wird an bevorzugte Lieferanten ein Fax mit den Wünschen für den nächsten Tag abgeschickt. Das könnten wir auch mündlich machen, aber dafür müsste man nachts um zwei Uhr aufstehen. Die Demeter-Bauern liegen da schon mehr in meinem Biorhythmus und pennen nach Rudolf Steiners Zehnstundenschlafempfehlung. Einen Tag zuvor müssen aber auch sie Bescheid wissen, denn die Ware soll schließlich noch geerntet, gewaschen und in Kisten gepackt werden.

Deutsches Gemüse der Saison bringt Kadir, mein türkischer Freund. Er führt einen winzigen Gemüseladen, der sich »Big-Market-Einkaufsparadies« nennt. Die Italiener auf dem Großmarkt hassen ihn. Kürzlich schrie mich Angelo lauthals an, als ich morgens wieder zum Gutwettermachen an seinem Marktstand aufkreuzte. »Dein Türke, heute Morgen«, er muss tief atmen, »komme gewese und nur Scheiße im Kopf, alles zu viele teuer, immer sage woanders billiger. Ich sage dann, du kaufe bei andere Arschloch!« Da waren dann einige Streicheleinheiten von Padre Vincent fällig. Kadir ist sozusagen mein Spähtrupp, denn mir selbst machen die Händler recht freche Mondpreise: »Was, du wolle nix so viele zahle, du schaffe Fernseh, du viele reich, aber du auch Schwabe, Geizhalse, Sekel, Enteklemmer. Nein, kannsch net bringe, du nix handele, du feiner Mann, du zahle gut!«

Man sieht, auf dem Großmarkt herrscht wirkliche Demokratie, alle kriegen ihr Fett weg. Doch egal, wie man sich anbrüllt, am Ende sitzt man in der Großmarktkneipe und nimmt ein Frühstücksgedeck: Weizenbier, Leberkäs' und jede Menge Senf drauf.

Garum sociotum

2000 Jahre Sehnsucht nach Glutamat

Vincent Klink

Vor einem halben Jahr erschien ein wissenschaftlich fundiertes Buch zur Ernährung der alten Römer. Die gründliche Forschungsarbeit der Bonner Archäologin Gudrun Gerlachs brachte Erstaunliches zutage: Schon vor 2000 Jahren wurden Austern gezüchtet, Crêpes gebacken und Fische in betonierten Becken gezüchtet. Auch die Konserve und der Schnellimbiss waren längst erfunden.

Jede Hochkultur fördert auch Exzesse. Doch möchte ich es als baren Unsinn ansehen, wie der *Spiegel* das Thema ausschlachtete. Die fetten Römer, wie sie völlernd, von gegrillten Nachtigallzungen befeuert und sich dabei ständig in hohem Bogen erbrechend, ihr Weltreich zusammenrafften – der *Spiegel* berichtete genau in der Art, wie es seine Leser lieben, und lieferte Horrorszenarien, die in dem Küchenbrauch gip-

Die wirklich wichtigen Dinge im Leben treibt uns der Wind zu.

felten, an viele Gerichte einen Absud von Gammelfisch zu tröpfeln.

Liquamen, auch Garum genannt, war in der römischen Küche ein allgegenwärtiges Würzmittel und wurde fast an jede Speise gegeben. Es war in verschiedenen Qualitäten verfügbar. Hydrogarum hatte als Grundlage Wasser, Oenogarum wurde mit Wein angesetzt, Garum piperatum war mit Pfeffer aufgepeppt, und ausgebuffte Gourmetköche griffen zum Garum sociotum, das noch weitere Geheimnisse enthielt, wie etwa das unten angeführte »Vincents Liquamen«. Die römischen Würzmittel waren damals recht teuer. Sie wurden in Fabriken hergestellt, denn es bedurfte industrieller Fertigung, um die Nachfrage im Reich befriedigen zu können. Das Fermentieren der Fische war nicht gerade eine wohlriechende Angelegenheit und wurde weitab menschlicher Besiedlungen vorgenommen. Naturgemäß lagen die Produktionsstätten am Meer – allein an den Küsten Spaniens und Portugals waren über 50 Betriebe angesiedelt.

Kleinere Fische, Innereien von Fischen und sogenannter Beifang wurden mit Salz fermentiert, ähnlich der originalen Herstellung von Sardellen, deren Fertigung auch ohne jede Kühlung vonstatten geht. Zwei bis drei Monate dauerte der Fermentierungsprozess – mit einfachen Worten ausgedrückt: ein gesteuertes Verfaulen. Das hört sich wild an, aber bei der Käseherstellung sind ähnliche Vorverdauungen im Gange.

Das römische Liquamen ist mit der heute in Asien gebräuchlichen Fischsauce nahezu identisch. Die thailändische Küche verwendet diese Sauce (Núoc-Mam) anstelle von Salz zu jedem Gericht. Vegetarier mögen jetzt tot umfallen, aber: der Lieblingschinese, vor allem der Thailänder kocht so gut wie kein Gericht ohne Fischsauce, die in der Thai- und Vietnamküche komplett das Salz ersetzt.

Liquamen befriedigte bereits vor 2000 Jahren nichts anderes als die Sehnsucht des Menschen nach glutamatähnlicher Substanz. Wissenschaftliche Forschungen zeigten, dass Glutamat neben »süß«, »sauer«, »salzig« und »bitter« noch eine weitere Geschmacksempfindung vermittelt. Den fünften Geschmack nennt man »Umami«, was japanisch »Köstlichkeit« bedeutet. Sie versorgt das Essen mit einer gewissen Abrundung.

Über die Nebenwirkungen von Glutamat ist nur schwer an Auskünfte heranzukommen. Dafür sorgt die Nahrungsmittelindustrie, denn durch diese Aminosäure lässt sich fade Industrienahrung vortrefflich aufmöbeln – da deckt man lieber den Mantel des Schweigens drüber. In jedem Fall ist Glutamat ein existenzielles Produkt der Nahrungsindustrie, aber auch der Gastronomie. Zum Teil liegt das auch daran, dass sich die Bevölkerung an diese Zutat gewöhnt hat. Ohne den Stoff fehlt dem Essen vermeintlich etwas.

Natürliches Glutamat findet sich in vielen Lebensmitteln, beispielsweise im Parmesankäse. Deshalb gibt Parmesan vegetarischen Gerichten eine gewisse »runde Kraft«, die wir vom

Fleisch her kennen. Irgendwie strebt alles dem Fleisch entgegen: Selbst viele Vegetarier sind zwar damit zufrieden, sich für eine fleischlose Ernährung entschieden zu haben, dennoch sehnen sie sich nach dem Stoff, der im Fleisch, Fisch, Gemüse und in Milch vorkommt.

Zwischen natürlichem und künstlich hergestelltem Glutamat besteht chemisch betrachtet kein Unterschied. Wenn es mit anderen Aminosäuren oder Peptiden verknüpft ist, spricht man von »gebundenem Glutamat«. Als Geschmacksverstärker verwendet wird jedoch das »freie« Glutamat. Dieses ist beispielsweise auch in Tomaten, Käse oder Pilzen enthalten. Industrielles Glutamat wird mittels Mikroorganismen (Corynebacterium glutanum) aus einer zuckerhaltigen Substanz (Melasse, Stärke, Hydrolysat) durch Gärung gewonnen. Glutamat ist auch ein wichtiger Botenstoff im Gehirn, doch das über die Nahrung aufgenommene Glutamat hat keine (zumindest noch keine erforschten) Auswirkungen auf das Glutamat im Gehirn.

Der Mensch stammt ursprünglich aus dem Meer. Alle 84 Bestandteile des Meersalzes finden wir in unseren körpereigenen Säften wieder. Fehlt etwas davon, sucht der Körper nach Ausgleich – bereits die buddhistisch-vegetarische Küche des 17. Jahrhunderts (Fucha) erkannte gewisse Mängel, die nur über Fisch und Fleisch zu kompensieren gewesen wären. Künstliches Glutamat täuscht über dieses Defizit hinweg: Die buddhistischen Mönche bedienten sich jedoch anstatt des Glutamats der Kompu-Alge und des Nori-Tangs, welche alle im Meer vorhandenen Minerale beherbergen. In der asiatischen Massenküche ist dieses Produkt aber vom industriell hergestellten Monosodium-Glutamat ersetzt worden.

Vincents Garum sociotum©

Vom gesundheitlichen Standpunkt ist das folgende Liquamen-Rezept sehr zu empfehlen. Der Geschmack des fermentierten Fischs wird aus ästhetischen Gründen optimal durch Sardellen (Anchovis), getrocknete Steinpilze und dünnblättrige Nori-Algen (Purpurtang) ersetzt. Es handelt sich bei diesem Rezept durchaus um eine Verbesserung des römischen Liquamen-sociotum, der Luxusversion für die gehobenen Stände, also genau das Richtige für »Häuptling-Leser«. Darüber hinaus dürften damit Maggi & Co endgültig exekutiert sein.

100 g	Sardellen bzw. Anchovis, möglichst nur gesalzen und nicht in Öl
1 TL	Meersalz
3/8 l	Weißwein
3 EL	Weißweinessig
1 EL	Steinpilzpulver
1 Blatt	Nori-Algenblätter (Seaweed)

Sind die Sardellen in Öl eingelegt, so diese mit heißem Wasser abspülen. Alle Zutaten in eine Schüssel geben. Ist die hauchdünne Alge weich und aufgequollen, dann das Gemisch kurz aufkochen. Anschließend mixen und in eine Flasche abfüllen. Im Kühlschrank mindestens zwei Monate haltbar.

Rezepte

Vincent Klink

Das Frühjahr ist die Zeit der jungen Kräuter. Wenn die Tage heller werden, gibt uns die Saison des Frühlings und des Frühsommers erbauliche Gerichte und duftige Aromen. Nicht länger locken uns Wacholder, Piment und Nelken, sondern frische Kräuter, die ersten jungen Gemüse, Oliven – kurzum: die Küche des Lichts.

Focaccia

Original nur mit gehacktem Rosmarin bestreut.

Teig

250 g	Mehl
½	Päckchen Trockenhefe
1 TL	Olivenöl
175 ml	lauwarmes Wasser
1 Prise	Salz

Alle Zutaten schnell verrühren, am besten mit der Küchenmaschine. Mit feuchtem Tuch abdecken, an warmem Platz eine Stunde gehen lassen.

Auf ein Brett geben, mit Mehl bestäuben, kleine Kugeln formen. Dünn (drei Millimeter) auswellen.

In der Pfanne in reichlich Olivenöl ausbacken. Die obere Seite mit Öl abpinseln.

Sind die Teigplatten von beiden Seiten rösch, werden sie mit Paste bestrichen und in zentimeterbreite Reiter geschnitten.

Paste: Variante I

3 EL	gehackte Tomaten
2	feingehackte Schalotten
1	feingehackte Knoblauchzehe
50 g	blanchierter Spinat
2 EL	geriebener Parmesan
	grober, schwarzer Pfeffer

Zwiebeln und Knoblauch anrösten, Tomaten dazugeben, wenig später den Spinat und am Schluss den Parmesan. Alles gut verrühren.

Paste: Variante II

3 EL	schwarze Olivenpaste
2	feingehackte Schalotten
1	feingehackte Knoblauchzehe
1	entkernte, feingehackte Peperoni

Schalotten und Knoblauch anschwitzen, in eine Schüssel geben und mit den anderen Zutaten vermengen.

Bagna Cauda auf hausgemachten Nudeln

Ursprünglich war diese Sauce eine Armenspeise aus dem Piemont. Im Tausch gegen Wein wurden aus Ligurien Olivenöl und Sardellen bezogen. Die Sardellenvariante stammt von zugezogenen Juden, die sich, Mitte des 15. Jahrhunderts von Spanien kommend, in großer Zahl in Cherasco niederließen. Sie hatten Sardellen im Gepäck.

6	Sardellen
100 g	Butter
1/8 l	Milch
50 g	Olivenöl
4	Knoblauchzehen
1	getrockneter Steinpilz

Butter und Öl erhitzen, feingehackten Knoblauch bräunen. Den Topf vom Herd nehmen und die gewässerten, abgetupften Sardellen in den Topf geben und mit einer Gabel zerdrücken. Eigentlich sollte die Sauce von grober, bäuerlicher Konsistenz sein. Heutzutage wird sie oft im Mörser verstampft oder aber – Sakrileg! – im Mixer zerkleinert.

Die Rezepte variieren von Dorf zu Dorf. Auf alle Fälle sollten Pilze dabei sein. Wohlhabende Piemontesen griffen selbstverständlich zum Albatrüffel: auch nicht schlecht. Selleriegrün und etwas Karotte können auch noch hinzu. Und wohlgemerkt: Bagna Cauda heißt warmes Bad – klar, dass diese Sauce heiß serviert wird, auch wenn sie oft mit dem Pesto Genovese verwechselt wird. Bagna Cauda kommt ohne Basilikum aus.

Nudelteig

350 g	Semola (Hartweizendunst)
3	Eigelb
1	Ei
1 Msp.	Salz
1 TL	Olivenöl

Mehl auf ein Nudelbrett häufen und in der Mitte ein Loch freischieben. Die Eier einschlagen, das Olivenöl dazugeben und alles zu einem glatten Teig kneten. Der Teig sollte fest sein und darf ruhig an Knetmasse erinnern. Es ist von Vorteil, zuerst etwas weniger Mehl zu nehmen und den Teig weich anzukneten, um anschließend immer wieder so viel Mehl hinzuzugeben, bis die gewünschte Festigkeit erreicht ist. Hat man eine Nudelmaschine, so kann man darin den Teig auf weitester Stufe walzen, immer wieder, bis er glatt ist. Den Teig mit Mehl bestäuben, in der Nudelmaschine oder mit dem Wellholz auf einer möglichst ebenen Platte (Steinplatte wäre ideal) auswellen.

Tipp: Von Hand ausgewellte Nudeln werden nie so perfekt wie jene, die mit einer Nudelmaschine bearbeitet wurden. Von elektrischen Maschinen rate ich ab – wer täglich zwei Stunden Nudeln fabriziert, kann sich so ein Ding zulegen. Die von mir bevorzugte Walzenmaschine nennt sich Imperia und kostet zirka fünfundzwanzig Euro, das elektrisch betriebene Profi-Modell zweihundertfünfzig Euro. Gewalzte Nudeln sind sehr viel besser als gepresste, die aus einer Art Fleischwolf ans Tageslicht gedrückt werden.

Ziegenkäse in Peperonisauce

Zutaten für 2 Personen:

300 g	trockener Ziegenkäse in 2 cm dicken Scheiben
3	feingehackte Zwiebeln
1	gepresste Knoblauchzehe
$^1/_8$ l	braune Grundsauce
2 EL	Balsamico-Essig
	abgeriebene Zitronenschale
1 Zweig	grob geschnittene Blattpetersilie
1 TL	eingemachte Peperoni
1 EL	Olivenöl
	Salz, grober, schwarzer Pfeffer, Semmelmehl

Die Ziegenkäsescheiben pfeffern, salzen und in Semmelmehl wenden. Die Zwiebeln in Olivenöl braun rösten, erst zum Schluss Knoblauch und Peperoni dazugeben. Mit Sauce auffüllen und stark einkochen. Mit Zitronenschale und Petersilie abschmecken. Die Scheiben in Olivenöl kross von jeder Seite zirka eine halbe Minute lang anbraten. Anrichten und mit der Peperonisauce umgießen.

Eingemachte Peperoni

500 g	große Peperoni
½ l	Olivenöl

Die Peperoni halbieren, entkernen und in kräftigem Salzwasser fünf Minuten blanchieren. Abschütten, kalt abspülen und sehr fein würfeln. In Küchenkrepp gut ausdrücken. Olivenöl erhitzen und die Peperoni kurz aufkochen. In Marmeladengläser füllen, dicht verschließen und im Kühlschrank aufbewahren. Haltbar mindestens drei Monate. Ideal auch zu Pasta all'arabiata.

Elsässer Fleischtorte

150 g	Schweinebauch
150 g	Schweineschulter
1	feingeschnittene Zwiebel
1 EL	Butter
¼ l	Milch
1 Bund	Blattpetersilie
1	Ei
1 TL	Rosenpaprika mild
1 EL	scharfer Dijonsenf (scharfer Meerrettichsenf)
1 EL	Gemüsebrühenpulver
1 TL	schwarzer Pfeffer
	Salz, etwas Muskatnuss
250 g	Blätterteig

Das Fleisch und die Petersilie mit Stiel durch die grobe Scheibe des Fleischwolfes drehen. Alles Weitere untermischen und ohne zu übertreiben mit Salz würzen: Die Torte wird heiß gegessen. Warme Gerichte brauchen weniger Salz als kalt servierte. Das Brät mindestens zehn Minuten durchkneten, damit alle Zutaten abbinden.

Das Backblech mit Blätterteig auslegen. Das Fleischbrät daraufstreichen und mit einer Schicht Teig abdecken. In die Mitte der Abdeckung ein kleines Loch stanzen, damit Dampf abziehen kann.

Die Hammelkeule war himmlisch, aber die Nacht war die Hölle.

Lammsattel mit Olivenkruste

Gutes Lamm gibt es das ganze Jahr über, aber das Osterlamm ist nicht zufällig im Frühjahr angesagt. Jesus hat das nicht anempfohlen – die Zeit des Lammens fällt hauptsächlich in den Winter – ab Ostern sind die Lämmer einfach gut gewachsen, und es ist hohe Zeit für das nachstehende Rezept.

500 g	Lammsattel
100 g	Lammabschnitte
1	kleingehackte Zwiebel
¼ l	Fleischbrühe
⅛ l	Rotwein
1 TL	Mehlbutter
1 EL	Olivenöl

Kruste:

50 g	schwarze, entkernte Oliven, feingehackt
30 g	getrocknete Tomaten, tags zuvor in Wasser eingeweicht, feingehackt
1 EL	geriebenes Weißbrot
1	feingehackte Schalotte
1	gequetschte Knoblauchzehe
1	kleines Bund Petersilie, feingehackt

Schalotten und Knoblauch in etwas Olivenöl rösten, die feingehackten Oliven und Tomaten sowie die Petersilie dazugeben. Pfeffern, salzen und mit den Brotbröseln binden.

Den Lammrücken salzen und pfeffern. In etwas Olivenöl rundum anbraten, mit den gewürfelten Abschnitten und der Zwiebel anbräunen. Mit etwas Brühe ablöschen und zwanzig Minuten in den Ofen geben. Zwischendurch immer wieder mit Brühe und zuletzt mit Rotwein ablöschen.

Lammrücken herausnehmen, warm stellen. Nun kann man am Rücken oben etwas einschneiden und gucken, wie das Fleisch unten am Knochen gegart ist. Es sollte alles rosa sein. Sauce passieren, eventuell mit etwas Mehlbutter abbinden.

Lammrücken mit der Olivenpaste bestreichen und kurz im Ofen gratinieren.

Übrigens hätte Napoleon sich besser über die Wirkungen verstärkten Lammgenusses erkundigen sollen. Die Historiker Katinka und Herrmann Mostar recherchierten: »Napoleon verlor die Schlacht bei Leipzig, weil er sich an deren drittem Tag derart an Lammkeule mit Zwiebeln und Knoblauch überfressen hatte, dass ihm entsetzlich übel wurde, und dass somit einem Lamm das historische Verdienst an der deutschen Freiheit zukommt.« Na also – wir schlagen keine Schlachten mehr, aber vielleicht merken wir uns doch etwas für den genießerischen Alltag.

Gestreuselte Mango

1	Mango, reif und weich
1 EL	Zucker
1 EL	Mehl
1 EL	Butter
1 TL	Zimt

Die Mango schälen und in dünne Filets schneiden. In einer Gratinform auffächern.

In einer Pfanne die Butter schmelzen, den Zucker und das Mehl dazugeben und alles bei kleinem Feuer zehn Minuten bräunen. Auf einen Teller geben und mit dem Zimt vermischen. Die Mango damit bestreuen und noch kurz im Ofen anwärmen.

Die »Wielandshöhe«

Vincent Klink

Stuttgart war eine Hochburg der »Bauhaus«-Architektur. Die »Wielandshöhe« wurde in diesem Stil in den zwanziger Jahren gebaut, vor vierzehn Jahren eingerissen und ähnlich, unter gleichen Vorgaben, neu errichtet. Mein Restaurant ist also ein modern gestaltetes Lokal, was hin und wieder zu Missverständnissen führt.

Neulich irrten Leute ums Haus – sie suchten den Eingang. Ich eilte zu Hilfe, die Besucher erkannten mich und krähten: »Herr Klink, wo geht's denn rein in die Wirtschaft? Da ist ja nirgends ein Schild!« Sie meinten wohl den üblichen Leuchtkasten mit Bierwerbung. Ich gab dann den Hinweis, man möge doch schnurstracks zur Glastüre hineineilen. »Ja, da waren wir schon, da steht aber Vincenz-Klinik!«

Das komme doch hin, sagte ich. »Es ist eine Schönheitsklinik, Institut für Baucherweiterung, in drei Stunden garantieren wir drei Zentimeter!«

Ja, lang ist es nicht her, als die Schönheitsideale noch umgekehrt definiert wurden. Vor hundert Jahren wollte der Mann seine »Dicke«. Die zaunlattendünnen Idole der Modewelt unserer Tage galten nichts, denn man hätte fürchten müssen, sie nicht durch den Winter zu bringen. So gesehen ist das momentane Schönheitsideal das Resultat des Überflusses.

Die heute so verachteten Fette standen früher in höchstem Kurs. Ländliche Gegenden Süddeutschlands kämpften noch dermaßen mit Hungersnöten, dass in harten Wintern die Felder nach Mauslöchern abgesucht wurden: Man grub die Vorräte der Feldmäuse aus. Kein Wunder, dass alles, was dick machte, hoch beliebt war und Überlebenssicherheit garantierte. Schmalzgebackenes, das Gebäck aus heißem Fett entstiegen, deutete auf Reichtum hin und gab Festlichkeiten Glanz. Allerdings waren diese Freuden dem auf Sparsamkeit justierten Gewissen des geordneten Bürgers und Bauern nur zur Fastnachtszeit und an Festtagen ohne Hemmnis gestattet. Im Anschluss an die närrischen Tage war die Fastenzeit angesagt, lange Tage des Beichtens und Büßens.

Es mag sich für manche Ohren erstaunlich anhören, aber im kargen Ackerboden und im rauen Klima der deutschen Mittelgebirge sind die Ursachen des deutschen Geistes und Wesens zu suchen. Kaum jemand führte damals eine unbeschwerte Existenz, nur mit Vernunft, Sparsamkeit und Einteilung der Vorräte war das Leben zu meistern. Es lag nahe, dieses Mangeldasein über Religion schönzureden. Aus dieser unseligen Mischung ließ sich leicht ein gedanklicher Weg zum Protestantismus finden, der das gesamte Erdendasein als permanente Fastenzeit installieren wollte. Diese Gedankenwelt ist der gewaltigste Exportartikel, der mit den Auswanderern

nach Nordamerika transportiert wurde. Die Saat gedieh enorm – und die Re-Importe davon hat uns das »Junk Food« in nicht unverdientem Maße beschert.

Doppelte Buchführung vs. Schlendrian

Vincent Klink

1. Mose 1,29–30: Und Gott sprach: Sehet da, ich habe euch gegeben alle Pflanzen, die Samen bringen, auf der ganzen Erde, und alle Bäume mit Früchten, die Samen bringen, zu euerer Speise. Aber allen Tieren auf Erden und allen Vögeln unter dem Himmel und allem Gewürm, das auf Erden lebt, habe ich alles grüne Kraut zur Nahrung gegeben.

1. Mose 9,3–4: Alles was sich regt und lebt, das sei eure Speise, wie das grüne Kraut habe ich euch alles gegeben. Allein esset das Fleisch nicht mit seinem Blut in dem sein Leben ist.

Wasser hatte seit Menschengedenken einen zweifelhaften Ruf. Eine Vielzahl der Seuchen und Krankheiten früherer Zeiten rührte vom verunreinigten Nass her. Die Mär von den jüdischen Brunnenvergiftern, ja vielleicht sogar die Wurzeln des Antisemitismus sind auch auf schmutziges Wasser und mangelnde Hygiene der Römisch-Gläubigen zurückzuführen. Den Juden war das Benützen der christlichen Brunnen verboten. Das war ihr Glück, aber auch einer der Gründe für Neid und Verfolgung. Sie hatten ihre eigenen Brunnen und achteten darauf, dass keine Fäkalien, Abfälle und sonstig Unreines in den Brunnen fiel. Die mosaischen Hygienegesetze sorgten für penible Sauberkeit. Brachen Seuchen aus, so blieben die Juden putzmunter, griffen zur Fiedel und klezmerten sich einen. Ausgerechnet die eifrigsten Christen dagegen machten reihenweise den Abflug ins Jenseits.

Reinlichkeit war nämlich von der obersten Kommandostelle im Vatikan nicht gern gesehen. Beispielsweise bekam der Hohenstaufenkaiser Friedrich II. (13. Jh.) schwersten Ärger mit dem Papst, weil er in geradezu heidnischer Art ein tägliches Bad nahm. Hygiene hatte er von den Arabern gelernt, weshalb auf Castel del Monte in jedem Stockwerk mindestens ein Bad mit fließendem Wasser installiert war. In gotteslästerlicher Verfehlung legte sich Friedrich sogar sonntags in parfümiertes Wasser. Das gründliche Waschen des Körpers aber galt zu dieser Zeit im Christentum als unsittliche Berührung, und was man aus den Brunnen schöpfte, kam oft in leicht angejauchtem Zustand in die Eimer, die womöglich auch noch schlecht gespült waren.

Die koschere Küche, auch die damit verbundene Haushaltführung, war dem damaligen christlichen Schlendrian haushoch überlegen. Bis in die heutigen Tage haben mosaische Speisegesetze Gültigkeit, auch wenn viele Belange auf rituellen Grundlagen fußen und uns heute seltsam erscheinen. Sie dienen mit ihrer Symbolik der Eigenständigkeit, der Identität und geben dem über die ganze Erde zerrissenen Volk die Anbindung an die Vergangenheit, sorgen für spirituelle Atmosphäre und Symbolik und sind traditionelles Andenken.

Wollen wir Christen koscher kochen, so geht das eigentlich gar nicht. Dazu müsste die Köchin oder der Koch nicht nur koscher arbeiten, sondern auch jüdischen Glaubens sein. Nicht nur Pfannen und Töpfe, der Hantierende selbst muss rein und gottgefällig sein. Im mosaischen Glauben mit seinen komplizierten Regeln bedeutet die Reinheit zentrales Bestreben. Die mosaischen Speisegesetze kann man unter anderem in der Thora, den fünf Büchern Mose, nachlesen.

Die wichtigsten Grundregeln sind diese: Alle Pflanzen der Erde sind Nahrung für Mensch und Tier; Land-, Luft- und Wassertiere unterliegen Einschränkungen. Auf die Frage, wie gegessen werden soll, sagt die Halacha (aus der Bibel abgeleitete verbindliche Auslegung der Thora) Folgendes: Tiere müssen nach bestimmten Regeln, unter rabbinischer Aufsicht, geschlachtet werden. Blut darf in keiner Form verzehrt werden, genauso wenig wie ein verendetes Tier, ob im Kampf oder durch einen natürlichen Tod gestorben. Darüber hinaus dürfen Fleisch und Milch nicht zusammenkommen. Eine bekannte Regel besagt: »Du sollst das Zicklein nicht in der Mutter Milch baden.«

Fleisch und Milch bzw. Sahne und Käse müssen nicht nur getrennt gekocht, sondern auch in separaten Kochgefäßen aufbewahrt werden, die Kochgeschirre dürfen nicht durcheinanderkommen. Die Hausfrau hat küchentechnisch sozusagen eine doppelte Buchführung. Zwei Kühlschränke, zwei Garnituren Töpfe und Pfannen, Schüsseln, Besteck etc., die alle auch noch in unterschiedlichen Schränken aufbewahrt werden müssen: einer für die Gerätschaften der Fleischbereitung, einer für die Utensilien, die mit Milch und Käse in Berührung kommen.

Das Töten und Zubereiten von Tieren unterliegt besonders strenger Aufsicht. Da geht es beispielsweise ums Schächten – eine schwierige und hohe Kunst, ein Tier zu töten. Ungeachtet dessen, was Tierschützer hierzulande dagegen ins Feld führen: Das Fleisch des Tieres entblutet dabei optimal und wird haltbarer, was in heißen Ländern eine ganz und gar sinnvolle Vorgehensweise ist. Den Metzger kann man getrost als Priester ansehen, denn ursprünglich war Schlachten immer Opferritual zur Ehre Gottes oder war eine Dankesgeste, indem Gott dem Menschen ein Tier schenkte. Tiere dürfen nur in Gegenwart Gottes geschlachtet werden. Würde man diese spirituellen Inhalte auf unsere zentraleuropäische Fleischproduktion anwenden, gäbe es für viele keinen Grund für Vegetarismus.

Orthodox betriebene Koscherküche macht jedoch reichlich Arbeit, sodass viele Juden sich von diesen strengen Regeln verabschiedet haben. Für die strenggläubigen Juden haben aber diese Vorschriften eine zentrale Bedeutung, sie ermöglichen ein Leben auf höherer geistiger Ebene. Gerade Letzteres mag man in heutigen modernen Zeiten für überflüssig halten, was uns aber seelisch in gewisser Weise verarmen ließ. Hier werden die Gründe zu suchen sein, weshalb wir für Scharlatanerie so empfänglich sind, von Himalajasalz angefangen über die Wunderwirkungen von Aloe Vera bis hin zu links-rechtsdrehenden Joghurts.

Von einer einheitlichen jüdischen Küche kann man kaum sprechen. Trotz ritueller Vorschriften und gemeinsamer Ethnie kochen beispielsweise die osteuropäischen Juden ganz anders als die Juden des Orients. Für mich ist die Küche der sephardischen Juden die wohlschmeckendste. So interessant die Küche des Ostens sein mag, die sonnendurchfluteten Ingredienzien aus den Ursprungsländern der Sephardim, die Zutaten des Orients haben größten Reiz. Reis, Couscous, Bulgur, Nudeln, Auberginen, Artischocken, Mandeln, Olivenöl, Tomaten und Lammfleisch. In den Ländern Nordafrikas bis hoch in den Iran hat die Küche nicht nur wegen der Vielfalt höchsten Stellenwert. Dort wird auch Gastfreundschaft besonders intensiv gepflegt: Hochzeitsfeierlichkeiten können bis zu zwei Wochen in Anspruch nehmen.

Ein befreundeter Korrespondent, in Jerusalem ansässig, gestand unter Ächzen, dass koschere Küche furchtbar schmecke. Der Soziologe Natan Sznaider aus Tel Aviv zählt den Bagel, das berühmte Rundgebäck, zu den Totschlaginstrumenten aus dem Osten Europas und bringt ihn mit der Leidensstruktur des jüdischen Volkes in Verbindung. Er meint, das auserwählte Volk wolle nicht alleine leiden und sorge deshalb dafür, das »ungenießbare Loch mit dem Teig drumherum« in der ganzen Welt zu verbreiten.

Na ja, mit Bagels ist es wie mit der guten Küche. Es gibt sie in jedem Land, man muss sie nur finden.

Rezepte

Vincent Klink

Jüdische Artischocken

Die Zubereitungsweise entstammt der jüdisch-römischen Küche, der sogenannten Cucina ebraica

6	Carciofini
1/4 l	Olivenöl

Carciofini, also kleine Artischocken, werden völlig anders zubereitet als die großen Artischocken der Bretagne. Das obere Drittel der spitzen Blätter wird abgeschnitten, die restlichen Blätterstummel werden nach unten abgerissen. Alles Grüne muss weg. Am langen Stiel bleibt das gelbe Herzstück übrig, eventuell violette Blättchen müssen entfernt werden. Den Stiel sollte man so lang wie möglich lassen, denn er ist genauso köstlich wie der Boden. Das oft angetrocknete Ende des Stiels abschneiden. Wir sehen an der Schnittstelle den hellen weichen Kern und die dunkelgrüne äußere Schicht. Die muss weg, denn sie ist zäh und faserig. Dazu wird das Äußere des dunkelgrünen Stiels vom Ende zur Knospe hin abgeschält, ähnlich wie beim Spargel. Diese Arbeit ist etwas zeitraubend, und es empfiehlt sich, die geschälten Früchte in kaltes Wasser einzulegen, das mit etwas Ascorbinsäure vermischt ist. Ascorbinsäure (Zitronensäure) ist reines Vitamin C und preiswert in jeder Apotheke zu kaufen.

Die kleinen Artischocken werden nun in dünne Scheiben geschnitten, frittiert bzw. in der Pfanne im schwimmenden Olivenöl geröstet und anschließend gepfeffert und gesalzen.

Gefilte Fisch

1	Zander ca. 600–800 g
1 EL	Mandeln, geschält und grob gehackt
2	Zwiebeln
1	Knoblauchzehe, fein gequetscht
2 EL	Mazze bzw. Semmelbrösel
1	Brötchen, in feinen Scheiben und in Wasser eingeweicht
2–3	Eier
1 EL	Olivenöl
1 Prise	Zucker

Für den Sud:

1	Zwiebel
1 Bund	Suppengemüse
	Pfeffer, Salz

Die Zwiebeln klein hacken und mit dem Knoblauch in etwas Olivenöl andämpfen. Dem Zander den Kopf abschneiden und ihn halbieren. Durch die Bauchhöhle betrachtet, die Gräten knapp links und knapp rechts des Rückgrats vom Kopf bis zum Schwanz mit einem Sägemesser durchritzen, dies, ohne den Fisch durchzutrennen.

Den Fisch aufklappen, sodass das Innere des Fischs hervortritt. Das Fleisch heraustrennen. Das Rückgrat des Fischs bleibt an der Haut haften. Das rechts und links herausgetrennte Fischfleisch entgräten und durch die feine Scheibe des Fleischwolfs drehen. Nun haben wir die Fischhaut mit dem Rückgratknochen dran und das Fischfleisch. Zum Fischhack folgende Zutaten geben: das eingeweichte Brötchen, die angeschwitzten Zwiebeln, die Eier, etwas Zucker, Pfeffer und Salz. Alles gut durchkneten (mind. 5 Min.) und die Fischhaut damit füllen. Wenn alles richtig läuft, haben wir wieder einen täuschend echten Fisch, allerdings ohne Kopf.

Eine feuerfeste Form zur Hälfte mit Wasser füllen. Gewürfelte Zwiebel und gewürfeltes Suppengemüse hinzugeben, nur leicht salzen und pfeffern. Alles aufkochen und den Fisch hineinlegen. Eine Stunde bei 70 Grad ziehen lassen. Den Fond passieren, reduzieren, eventuell eine Sauce fertigen, allerdings ohne Sahne. Möchte man den Fisch kalt essen, so bietet sich an, ihn im Fond erkalten zu lassen und dann in Tranchen zu servieren. Die richtige Würze dazu ist:

Jüdischer Kren, der Senf des Ostens

½	Meerrettichstange
1	Rote Bete
	Pfeffer, Salz, evtl. etwas Zitronensaft

Den Meerrettich und die Rote Bete reiben, etwas salzen, pfeffern und zu einer Paste vermischen. Diese scharfe Mixtur passt auch ausgezeichnet zu gekochtem Rind und zu gebratenen Würsten – eigentlich immer dann, wenn Senf angesagt ist.

Scharfe jüdische Entensuppe

1	Ente
3	Zwiebeln, in feine Scheiben geschnitten
3	Zehen Knoblauch
1 EL	Mehl
1 TL	Kurkuma (Gelbwurz)
4 EL	Ingwerpulver
3 l	Wasser
	schwarzer Pfeffer aus der Mühle, Salz

Die Ente waschen, halbieren, in einen genügend großen Topf geben und mit Wasser bedecken. Etwas pfeffern und salzen. Aufkochen und abschäumen. Knoblauch und Zwiebeln dazugeben. Bis die Ente gar ist, können gut eineinhalb Stunden vergehen. Den Garzustand kontrolliert man, indem man mit der Spießgabel in die Keulen sticht. Kann man sie leicht wieder herausziehen, ist die Ente fertig.

Die Ente aus dem Topf nehmen, etwas abkühlen lassen und dann die Keulen von der Brust trennen. Alles Fleisch von den Knochen entfernen und in kirschgroße Stücke schneiden. Die Haut – Ernährungsberater mögen weghören – schneide ich in kleine Würfelchen und gebe sie zum Fleisch. Das Mehl mit etwas Wasser anrühren, zur Suppe geben und bei mäßiger Hitze fünfzehn Minuten langsam weiterkochen. Die Suppe mit dem Handmixer durcharbeiten, bis sie sämig ist. Nun probieren wir, ob Salz und Pfeffer in ausgewogenem Verhältnis sind. Das Fleisch in die Teller verteilen und mit der Suppe übergießen.

Trick 17

Vincent Klink

Wieder mal zu viel eingekauft, gekocht, der Ranzen spannt und der Gulaschtopf ist immer noch halb voll. Der war sowieso bereits zum zweiten Mal aufgekocht. Er soll ja dann immer besser werden. Stimmt, aber nur, wenn der Kühlschranktrödel wirklich gut erhitzt und durch und durch gekocht wurde. Ich kenne Nachbarn, die nach lauwarmem Recycling dubioser Kühlfachfunde mit Haarausfall in der Klinik landeten.

Das muss nicht sein: Alle Gerichte, die durchgekocht keinen Schaden nehmen, also Gulasch, Ragouts, Bratenscheiben in Sauce, alle Arten von Suppe, Gemüse, Knödel und so weiter, kommen besser in ein Einweckglas. Was man nicht aufgegessen hat, wird so nicht mehr mitsamt dem Topf im Kühlschrank eingelagert. Eigentlich sollte im Kühlschrank sowieso alles in dicht verschließbaren Gefäßen geparkt werden. Und viele Gerichte, wie Sauce Bolognese, werden erst richtig gut, wenn man größere Mengen kocht. Kein Problem. Für Großfamilien gibt es große Einweckgläser, für den kleinen Haushalt portionieren wir in saubere Marmeladegläser.

Zu beachten ist Folgendes: Die Produkte, die man ins Glas füllt, müssen durch und durch erhitzt sein – rosa gebratenes

Fleisch geht also nicht. Ein Rehragout oder eingemachtes Kalbfleisch – und das praktiziere ich selbst in meiner Profiküche – ist aber ohne Weiteres zwei Monate haltbar. Den erstickten Einweckgeschmack, der von der langen Einkochzeit verursacht wird, gibt es nicht. So ist unser Gulasch beispielsweise hurtig erwärmt, wenn man spätabends noch etwas Schnelles anbieten will. Drei Esslöffel Wasser in den Topf und den Inhalt des Einweckglases obendrauf, aufkochen, und fertig. Das Gericht kommt auf den Tisch, als sei es im Moment gekocht worden. So habe ich immer für lange Zechabende, für spät in der Nacht, ein Lammragout als Vademecum der Ausnüchterung im Kühlschrank. Kürzlich machte sich Freund und Logiergast Wiglaf im Morgengrauen über ein seit Monaten gebunkertes Dachsragout her. Er überlebte prächtig. Paprikagemüse, das mit Olivenöl mazeriert in Italien Peperonata genannt wird, ist auch immer an Bord. Diese eingeweckten Gerichte sind übrigens keine Konserven, sondern Präserven, also Halbkonserven, sie müssen daher immer sehr kühl gelagert werden.

Rezepte

Vincent Klink

Kürzlich war es wieder so weit. Karges Frühstück, Suebian style: Butterbrot, nicht mit Gsälz, sondern mit Salz. Seit Jahren meine morgendliche Starthilfe. Den Schlaf im Genick, empfinde ich die Schwerkraft, den Zug nach unten, stärker als sonst. Von draußen keine Sonne. Der Herbst macht sich schon schwer bemerkbar und in der Bude zieht es wie am Bahnsteig. Immer noch von einem zähen Traum belästigt, blättere ich am bienenwachsimprägnierten Holztisch in der Zeitung und gieße mir die Milch in den Kaffee.

Biomilch, versteht sich. Der erste Schluck. Ich trinke und habe Brocken im Mund, und zu den sauren Tageserwartungen gesellt sich ein käsiger Geschmack. Verdammt, war es ohnehin schon eine risikoträchtige Unternehmung, der unheilschwanger pfeifenden »Pavoni« einen Espresso abzupressen, so muss ich mich nun hochstemmen und noch einmal von vorn beginnen. Nicht so einfach. Im Bio-Equipment des Kühlschranks nur noch saure Ware, keine andere Milch im Haus. Doch Milchkaffee muss sein. Also mische ich Sahne mit Wasser, ein letztes Mal. Mir passiert das nicht mehr. Auch wenn meine Freunde mich der ökologischen Abtrünnigkeit zeihen: Ein Beutel naturtote H-Milch gehört ab sofort zur Grundausstattung meines Kühlschranks.

Wir sind es mittlerweile gewohnt, dass ernährungstechnisch alles wie am Schnürchen klappt. Essen und Trinken haben genauso zu funktionieren wie die computergesteuerte Zündanlage unseres Autos. Die Natur aber, die hat »ihren eigenen Kopf«, macht, was sie will, und man könnte sagen, sie ist schwer erziehbar. Dieser desperate Zug öffnet jedoch der Nahrungsmittelindustrie ein leicht beherrschbares Terrain. Unser hypersensibler Verbraucheranspruch fegt den letzten ehrlichen Bauern vom Acker: Wehe, er liefert einen Salat mit Laus als Vorkoster. In meinem Restaurant passiert mir so etwas alle Jahre mal. Die Kaltmamsell auf Großwildjagd und Nimrod versagte sein Glück. Ich kann von günstigen Umständen reden, dass ich nie vor Gericht gezerrt und etwa zur Finanzierung einer psychiatrischen Runderneuerung verdonnert wurde. Es war letzten Sommer, als mir eine Dame fast aus dem Fauteuil fiel. Schreie des Entsetzens, als habe eine Hornisse ihr Haarteil angegriffen. Jedoch, es war nur die geronnene Sahne zum Kaffee, die mich einem unüberhörbaren Schadenersatzgezeter aussetzte.

Freiwillig, damit wieder Ruhe einkehrte, wurde die Rechnung storniert. Da wundert es nicht, dass die meisten deutschen Köche nur noch antiseptische Ware anbieten. Köche, die neu zu mir kommen, können es gar nicht glauben: »Chef, fürs Vanilleeis nimmt man doch pasteurisiertes Ei und H-Sahne und H-Milch!« Ich setze dann immer zu einem längeren Vortrag an, den ich Ihnen hier erspare.

Hasenrücken in Zitronenmilch

1	Hasenrücken, enthäutet
10 g	feingehackter geräuchter Speck
1 Bund	gewürfeltes Suppengemüse
⅛ l	Fleischbrühe
10 g	Preiselbeerkonfitüre
1 TL	Essig
4	Wacholderbeeren
1	Lorbeerblatt
1 Msp.	Koriander, gemahlen
½ TL	Zitronenschale
1	Saft einer Zitrone
¼ l	Buttermilch
1 EL	Butterflocken
20 g	Butterschmalz
1 TL	Mehlbutter (1 TL Mehl mit 2 TL flüssiger Butter vermischt)
	Pfeffer und Salz

Die Milch mit den Gewürzen und dem Zitronensaft vermixen und darin den Hasenrücken zwei Tage einlegen.

Den Hasenrücken herausnehmen, trocken tupfen und entbeinen. Die Knochen klein hacken und mit Gemüsewürfeln, Butterschmalz und Speck hellbraun rösten. Mit der Brühe ablöschen und fünfzehn Minuten kochen. Mit Mehlbutter den Fond etwas binden und die Zitronenmilch einrühren.

Noch einmal fünf Minuten durchkochen. Passieren. Preiselbeeren und Zitronenschale dazu und mit etwas Essig abschmecken. Um die Hälfte reduzieren lassen, dann mit etwas Butter verfeinern. Eventuell noch mal mit Mehlbutter abbinden. Mit dem Handmixer schaumig schlagen. Die Rückenstränge pfeffern und salzen und von beiden Seiten wie Schnitzel anbraten, herausnehmen und warm stellen. Die Sauce in eine Kasserolle geben und die Hasenstränge mit der Sauce vier Minuten köcheln lassen und anrichten.

Dazu reicht man einen Bratapfel und Spätzle oder einen kleinen Knödel.

Hähnchen in Latte Mandorla

2	Hähnchenbrüste
3	Schalotten, feingehackt
¼ l	Hühnerbrühe
1 Tasse	Mandelmilch
6	Frühlingszwiebeln
1 TL	Zucker
1	Zitronensaft und die abgeriebene Zitrone davon
1	frische rote Chili, längs in feine Scheiben geschnitten
1 Bund	grob gehackte Blattpetersilie
	Speisestärke

Die Hähnchenbrüste waschen und trocken tupfen. Die Schalotten mit den Hähnchenbrüsten in Olivenöl und Zucker angehen lassen. Vor dem Bräunen mit der Brühe auffüllen. Brühe um die Hälfte reduzieren. In der Zwischenzeit die Frühlingszwiebeln in zentimeterlange Stücke schneiden. Zitronensaft und die Schale drangeben, Chili ebenso. Die Stärke mit einem Achtelliter Wasser anrühren und damit die Flüssigkeit binden. Nun die Mandelmilch dazu und alles noch einmal gut durchkochen. Ist das Gericht zu flüssig, die Hähnchenbrüste herausnehmen und die Flüssigkeit noch etwas einkochen lassen. Dann die Brüste wieder in der Sauce aufheizen, Petersilie dran – und guten Appetit.

Mandelmilch

125 g	Mandelpaste
½ l	Vollmilch
1 Tropfen	Bittermandelöl (Apotheke)

Alle Zutaten miteinander vermischen und zwei Tage im Kühlschrank stehen lassen. Immer wieder umrühren. Alles durch ein Tuch geben und fertig. Wichtig: Das Bittermandelöl kauft man am besten in der Apotheke, dort hat man die Garantie, dass es nicht synthetisch hergestellt wurde.

Lammfilets in Buttermilch mit grünen Bohnenkernen

Für 2 Personen

4	Kartoffeln
1	kleine Zwiebel
3	Zweige Thymian
1	Knoblauchzehe
6	Lammfilets (à 60–80 g)
	Salz, Pfeffer
2 EL	Öl
1	Spritzer Brühe
300 ml	Buttermilch
1	Lorbeerblatt
120 g	grüne Bohnenkerne (TK geht auch)
1	Hand voll Brunnenkresse
2	Tomaten
1 EL	Butter
1 Prise	grobes Meersalz
1	Spritzer bestes Olivenöl

Die Kartoffeln schälen und mit einer Prise Salz im Wasser gar kochen. Die Zwiebel schälen, halbieren und in Scheiben schneiden. Den Thymian waschen und trocken schütteln. Den Knoblauch schälen und in feine Scheiben schneiden. Die Lammfilets waschen, trocken tupfen und mit Salz und Pfeffer würzen.

Im Öl rundum kräftig anbraten. Die Filets herausnehmen, die Zwiebeln im verbliebenen Öl andünsten und mit Brühe ablöschen. Buttermilch, Thymianzweige, Knoblauch und Lorbeerblatt dazugeben, mit Salz und Pfeffer kräftig würzen und den Sud aufkochen lassen. Die Bohnenkerne in kochendem Salzwasser zwei Minuten blanchieren, in eiskaltem Wasser abschrecken und abtropfen lassen. Die Außenhaut der Bohnen anritzen und die grünen Bohnenkerne herausdrücken. Die Brunnenkresse putzen, waschen und trocken schütteln, die Blätter abzupfen.

Die Tomaten kurz im kochenden Wasser brühen, in eiskaltem Wasser abschrecken, die Haut abziehen, das Kerngehäuse entfernen und das Tomatenfleisch in Würfel schneiden.

Die Lammfilets in den kochenden Buttermilchsud legen und vom Herd nehmen. Etwa sechs bis sieben Minuten ziehen lassen, bis die Filets innen rosa sind.

Die grünen Bohnenkerne mit den Tomatenwürfeln in anderthalb

Esslöffel Butter erwärmen. Die Kartoffeln auf den Tellern mit einer Gabel zerdrücken, mit dem Meersalz bestreuen, etwas Olivenöl darüberträufeln, die Brunnenkresse darauflegen.

Die Bohnenkerne und die Lammfilets darauf anrichten. Den Sud mit Salz und Pfeffer abschmecken, in ein Sieb abgießen, die restliche kalte Butter dazugeben und mit dem Stabmixer schaumig aufschlagen. Den Schaum ohne Flüssigkeit über die Lammfilets und die Brunnenkresse geben.

Milchreis

Reisbrei, das kann ja jedes Kind, so glauben jedenfalls die Alten. Ich dachte das bereits, als ich noch jung war. Während meiner Zeit als Commis de Cuisine in München wurde ich eines Besseren belehrt. Im Restaurant Humplmayr verkehrte eine Art von Hautevolee, die sich heute längst in die Steuerparadiese verzupft hat. Meine Chefin war auch das Alphatier einer irrwitzig überheblichen Mischpoke um Madame Esfahandi, Soraya, Aga Khan, Curd Jürgens, den alten Flick und so weiter. Die Chefin, Frau Frantzen, war ein Vamp und durchaus mit Brigitte Bardot zu vergleichen. Ich war von ihr völlig hin und weg, meistens aber vor Angst schlotternd. Die Dame hatte nämlich ein Faible für mich, beziehungsweise für meine Milchreiskocherei. Jeden dritten Tag war Grieß- oder Reisbrei angesagt. Ob ich damals noch ein rechter Murkskoch war oder ob sie an mir ab und an ihren Frust abließ, kann ich selbst im Nachhinein nicht beurteilen. Jedenfalls kochte ich Milchreis mit einer Hingabe, als komponierte ich eine Symphonie für die Salzburger Festspiele. Ihr Lieblingskellner, eine lustige Schwuchtel namens »die Didi« – also eigentlich der Dieter –, brachte ihr unter einer schweren Silbercloche mein »Werk« in ihr Boudoir. Die Lady hatte eine überaus sensible Zunge und ein hypersensibles Nervenkostüm. Der leiseste Anflug von angebrannt wurde registriert, oder es war zu viel Zitronenschale drin, dann zu wenig, dann hätte sie es lieber doch mit etwas Orangenschale parfümiert wissen wollen.

Wann war das Gebrodel im Topf richtig gut? Erst, wenn meine Schweißtropfen das Ganze würzten? Gut möglich, denn an alle süßen Sachen sollte immer auch eine Prise Salz dran.

200 g	Milchreis, nicht waschen (Risottoreis wäre ideal)
1 EL	Butter
1 l	Milch
1	Vanilleschote
200 g	geschlagene Sahne
2 EL	Zucker
1 EL	Zimt
	abgeriebene Schale von einem Viertel unbehandelter Zitrone

Butter in den Topf werfen und etwas bräunen lassen. Sofort mit Milch ablöschen und den Reis einrieseln lassen. Die Vanilleschote der Länge nach halbieren, das Mark auskratzen und mit der Schotenschale zum Reis geben. Auf kleinem Feuer gemächlich köcheln. Das dauert ungefähr zwanzig Minuten. Inzwischen die geriebene Zitronenschale hineingeben (Limone wäre auch kein Schaden), zum Ende der Kochzeit zwei Esslöffel Zucker einrühren.

Den fertig gekochten Milchreis auskühlen lassen. Die geschlagene Sahne unterziehen. In Schalen anrichten, den restlichen Zucker mit dem Zimt mischen und die Milchreisportionen damit bestreuen.

Cucina Povera

Vincent Klink

»Abfall ist die Mutter aller neuen Gerichte!« Der damals berühmte badische Koch Rudolf Katzenberger zwinkerte uns jungen Köchen bedeutungsvoll zu. Wir wussten, was die Stunde geschlagen hatte. Die Fleischreste auf dem Tisch wurden zusammengekehrt, das Kühlhaus von allen Überbleibseln befreit, die sich zu keiner speisekartenwürdigen Portion mehr vereinigen wollten. Alles wurde für die berühmten Adlermaultaschen durch den Fleischwolf gedreht und der Chef (capo di tutti capi) vollendete seine Kreation in einem Nebenraum, den niemand betreten durfte.

Küchengeheimnisse gab es damals zuhauf. Meist flüchteten sich die altvorderen Herdkünstler nur in solche Vernebelungsaktionen, damit uns junge Köche nicht das Grausen überkam. Der Alte werkelte in seinem Kabuff; wenig später schrie er nach uns Buben (so nannte er uns): »Der Fleischwolf ist kaputt!« Wir stürmten nach nebenan, und der Geruch schmorender Elektrokabel ließ einen Super-GAU erahnen: Rauchzeichen an der Decke, der Motor war durchgebrannt.

Also Stecker raus, wir schraubten das gusseiserne Schneckengetriebe vom Motor und konnten die Gewinde der Metallscheiben nur mit vereinten Kräften aufwuchten. »Der ganze Scheiß ist verklemmt. Der Chef langt irgendwo hin, und schon ist alles im Arsch!« Der lang gediente Geselle, sozusagen der Vorarbeiter, kannte sich aus und wunderte sich normalerweise über gar nichts mehr. Diesmal aber schon. Der Wolf steckte voller Zwetschgenkerne. Mit offen stehendem Maul stierte unser Saucenchef auf das wundersame Sit-in von Zwetschgenkernen, als blicke der örtliche Polizeichef auf das Defilee einer unerlaubten Demo. Hatte doch der Alte die überzähligen Zwetschgenkuchen der vergangenen Woche ins Maultaschenbrät schmuggeln wollen. »Chef!« Wir feixten und hopsten herum wie die Derwische. »Chef, Sie haben sich im Rezept vertan!« Der Maestro, schwerhörig, wenn nicht gar stocktaub, hatte aber unseren Aufschrei wohl verstanden. Er schlich, von seiner eigenen Kreativität geschlagen, mit leisem Schnief aus der Kombüse. Auf Niederlagen war der Padrone nicht abonniert. Bis zum Urlaubsanfang würde er sich aber bestimmt wieder erholt haben. Die Vorbereitungen liefen nämlich auf Hochtouren. Die Speisekarte war schon ganz für die anstehende Betriebsruhe gerüstet. Der finale Hit, das Gericht der aktuellen Infamie, nannte sich: »Die bedeckte Schüssel wirbt um Ihr Vertrauen.« Eine barock aufgehübschte Porzellanterrine mit üppiger Malerei gaukelte dem Gast eine gastronomisch heile Welt vor.

Hier gab es sie noch, die Wunder der siebziger Jahre. Im Grunde wurde eine Blackbox serviert. Das Servicegeschirr, durchaus eine Antiquität, entsprach ganz und gar dem Inhalt. Vor dem Urlaub wurde das Tiefkühlhaus abgetaut und der ganze Krempel gewinnfeixend an die Gäste verhökert. Es waren Zeiten feinnerviger wie auch hektischer Kreativität. Ganz so, wie sich der Steuerberater eine Betriebssanierung erträumt, rutschte der Wareneinsatz unter messbare Werte.

Nehmen wir es meinem früheren Chef nicht übel. Er war ein alter Mann und hatte als konsequenter Künstler recht spät gemerkt, dass eine Altersversorgung auch ihm zu finalen Annehmlichkeiten verhelfen könnte. Wohl wahr. Köchen über 60 muss man wegen ihres Altersgeizes misstrauen. Ich kannte andere Betriebe, die noch von den Nachwehen der sogenannten schlechten Zeit geprägt waren. Die Mangelzeiten der Kriegsjahre, lange schon perdu, rumorten noch schwer im Oberstübchen. Mein Vater pflegt heute, als einsamer alter Mann, immer noch seine vier Tiefkühltruhen, um uns ab und an zu einem »74er-Jahrgangsfasan« einzuladen. Dies nicht, ohne seine waidmännischen Glanzzeiten zu besingen und einen Toast auf den Reichsjägermeister Göring auszubringen.

In meiner Lehrzeit hatte die zweiweltkriegsgestählte Großmutter meines Ausbildungsbetriebs immer in den Mülleimern herumgestiert. Sie sah zwar aus wie eine veritable Hexe, hatte aber mit Kaffeesatzlesen gar nichts im Sinn. Sie frönte gewohnheitsmäßig der Gewinnoptimierung und observierte uns Küchenschwengel, ob wir nicht etwa leichtsinnig die Geschenke der Natur mit Füßen traten. Am Innenleben der Mülleimer erkennt man ein gutes Restaurant! Liebe Leser, treten Sie Ihre Restaurantguides in die Tonne. Filzen Sie dagegen völlig gratis das oft dekadente Endlager der Küchenartisten. Auf der anderen Seite des feudalen Eingangs residieren die Abfallbehälter, dort schlägt die Stunde der Wahrheit.

Man achte auf Convenienceverpackungen oder aber auf dekadente Küchenpraktiken. So fand ich kürzlich im Mülleimer meines Etablissements eine Melone, die zwar mit unansehnlichen Druckstellen übersät war, trotzdem aber auf herrliches Innenleben schließen ließ. Ich machte ein großes Geschrei. Dabei ging es nicht um den relativ geringen Preis des Artefakts, sondern um den Respekt vor dem Lebensmittel schlechthin. Ja, es gibt noch Köche, die sich an arme Zeiten erinnern.

Geiz, Nachlässigkeit, Kostverachtung und Schnäppchenjagd haben aber mit der Armenküche gar nichts zu tun. Lassen wir das für uns Zentraleuropäer schwer vors innere Auge zu zitierende Elend der Dritten Welt mal außer Acht. Die Küche der afrikanischen Armut sollte man besser Überlebensküche nennen. Armenküche unserer Breitengrade ist etwas ganz anderes, hat auch gar nichts mit der Notgroschenkocherei der Aldiopfer zu schaffen. Da spricht man besser von Idiotenküche. Dem zum Sparen gezwungenen Sozialhilfeempfänger, der eine hoffnungslos überteuerte Hühnersuppe ins kochende Wasser rieselt (vier Gramm Trockenhuhn für 98 Cent), ist therapeutisch nicht mehr zu helfen, da bleibt nur noch die Anhebung der Stütze.

Wirkliche Armenküche hat große Tradition, und je geringwertiger die Zutaten, umso schwieriger und kreativer das Gericht. In ganz Europa sind Speisen der Not die Basis der Feinschmeckerküche. Ob Brotsuppe, Maultaschen, Piroggen, Krautwickel, all dieses Essen ist fantasievoll. Für solche Glanzleistungen haben die Italiener eine eigene Kategorie, die Cucina Povera. Sie ist eine Disziplin, ohne die es italienische Küche gar nicht gäbe.

In Neapel sitzen immer wieder Leute an Straßenecken, die geradegebogene Nägel verkaufen oder mit sonst etwas dealen. Es sind Leute ohne großen Wissensstand, aber sie haben eine natürliche Intelligenz. Ihr ganzes Gehirnschmalz verwenden sie auf ein den Umständen entsprechendes, angenehmes Überleben, also ein Dach über dem Kopf und, gebetsmühlenhaft thematisiert, das Essen und Trinken.

Die Italiener sind trotz oft widriger Umstände große Spezialisten des Genusses. Sie sind, gerade im Süden, häufig an allem arm, nur nicht an Sinnlichkeit. Sie schwelgen in einem solchen kulinarischen Fachwissen, dass sich in Deutschland jeder zweite Hobbykoch in die Ecke stellen müsste, um sich dort zu schämen. Es gibt in Deutschland viele Menschen, die sich aus Stumpfsinn mit schlechtem Essen abfinden und ohne Not den Löffel an die verbrecherische Nahrungsmittelindustrie abgegeben haben. Das Gegenteil wäre nämlich, dass Not erfinderisch macht. So haben Gerichte aus billigen Zutaten nicht nur in Italien Raffinement. Sie sind mit Sorgfalt und Wissen bereitet und oft Triumphe der Kreativität.

Aber auch so etwas kann passieren: Pasta Fagioli sind nüchtern besehen nichts als ein Mampf aus weißen Bohnen und Nudeln. Herrliches Italien: Dort wird diese Spezialität so lange emphatisch auf eine höhere Ebene gesungen, bis man fest daran glaubt, eine wahre Delikatesse auf dem Teller zu haben. Gerichte mit sozialem Prestige schmecken einfach besser, haben sie dies nicht, so macht man sie dazu. Die berühmte römische Küche kennt Gerichte, die den Normaldeutschen in den Hungertod treiben würden. Allenfalls könnte er sich mit den allgegenwärtigen Rigatoni al pepe trösten, also mit kurzen Makkaroni mit grobem schwarzem Pfeffer und etwas Olivenöl. Basta. Pro Person ist man mit ungefähr fünfzig Cent dabei. Der kleinste gemeinsame Nenner tierischen Eiweißes nennt sich Pajata und ist ein römisches Nationalheiligtum: in Streifen geschnittene Därme, vulgo Wursthaut, die unter Rigatoni gemengt wird. Dann wären da noch die Tripa Romana, die im Norden Deutschlands allenfalls als Hundefutter durchgehen würden.

Die römische Volksküche schmeckt fantastisch, obwohl es sich in unseren Augen – nehmen wir an, ich wäre Hamburger – um Abfall handelt. Rinderfilets, die Koteletts, Kapaune oder das Abbacchio (junges Lamm) waren vor 30 Jahren beim gemeinen Volk bestenfalls Wunschträume. Das war immer die Atzung der Cäsaren und Hofschranzen und Kardinäle, und das ist bis auf sonntägliche Ausnahmen bis heute so geblieben.

Letztlich kennt die gute Küche keinen Abfall. Selbst Blumenkohlstrünke können zu Brühe verarbeitet werden. Kartoffelschalen waren zu meiner Lehrzeit das Futter für die Schweine. Fleischabschnitte werden für Saucen angeröstet, ausgekochte Fischgräten können auf den Kompost. Nein, Abfall gibt es nicht, wohl aber verdorbene Ware, und die leider genauso häufig wie nachlässige Köche.

Der Rest ist Liebe

Bist du süß!

Wiglaf Droste

»Ene mene mopel, wer frisst Popel? Süß und saftig, eine Mark und achtzig«, behaupteten wir als Kinder und probierten die teuer feilgebotene Ware selbstverständlich auch aus. »Bah!«, sagten die Erziehungsberechtigten, manchmal aber auch: »Ach, seid ihr süß!«

Die Popel waren es nicht; süß und saftig für eine Mark und achtzig scheinen mir heute Granatäpfel, aber von diesem Baum der Erkenntnis hatten wir noch nicht gehört, geschweige denn gegessen. Ungefähr mit 14 Jahren stellte ich fest, dass unser Abzählreim es in einen literarischen Kanon geschafft hatte. »Über das Volksvermögen« heißt Peter Rühmkorfs kommentierte Anthologie deutscher Volksdichtung, in der sich noch zahllose andere Beispiele respektlos komischer Reimkunst finden. »Allah ist groß, Allah ist mächtig, wenn er auf den Stuhl steigt, genau Einmetersechzig«, war eine süßere Speise als meine erste Oblade. Und manches Gedicht aus der Sammlung rührte schon an süße Geheimnisse: »Die Möse ist kein Grammophon, sie spielt auch keine Lieder, sie ist nur ein Erholungsort für steif gewordne Glieder.« Noch heute begeistert mich der aufklärerische, kühn der Unwahrheit entgegentretende Ton der ersten Verse: »Die Möse ist kein Grammophon, sie singt auch keine Lieder …« – als ob irgendjemand jemals das Gegenteil behauptet hätte.

Das süße Versprechen der Liebe hat jedoch viel mit Musik zu tun. »Love is sweet«, lernten wir bald, hörten von »Kisses

Sweeter Than Wine«, von »Sweet Little Sixteen« und »Sweet Hitch-a-Hiker«. Sweet war nicht nur die Band gleichen Namens, sweet war irgendwie alles: »Sweet Child in Time«, »Sweet Baby James«, »Sweet Jane«, sogar ein US-Bundesstaat wollte oder sollte sweet sein: Vom »Sweet Home Alabama« sangen trotzig Lynyrd Skynyrd, aber das war gar nicht süß, sondern eine Kampfansage an Neil Young, der in seinem Lied »Southern Man« den Rassismus in den Südstaaten gegeißelt hatte.

Uns aber schwirrte die Rübe vor »Sweetfulness« und »Sweet Dreams«. Verworren zwar war die Welt und überaus unklar, die Liebe jedoch würde süß sein, unbedingt, so süß und so lustig wie in Billy Wilders Film »Irma la Douce«. Da war es schon wieder: douce, süß – die Franzosen wussten also auch Bescheid. Erstmals hörten wir auch vom Dolce Vita und sahen, zum Wahnsinnigwerden geschickt verhüllt, Anita Ekbergs Brüste: Ja, da war es, das Land, wo Milch und Honig fließen. Hier herrschte himmlischer Überfluss und nicht irdischer Mangel. O doch, ein süßes Leben sollte es bitte sein – also das Gegenteil dessen, was in Deutschland »das sauer Verdiente« heißt.

Doch erst mal gab's statt Dolce Vita / jeden Mittag Gyros Pita. In der Bielefelder Bleichstraße legten wir als Zivildienstleistende des Arbeiter-Samariter-Bundes oft unsere Pause ein und kauten im Stehimbiss eine Teigtasche mit Brutzelfleisch vom Schwein, Zwiebelringen, Krautsalat und Zaziki weg. Billig war das, und uns schien es so lecker wie exotisch. Von der süßen Liebe hatten wir inzwischen auch gekostet – und jede Menge bittere, salzige Tränen verursacht und selber geweint.

Ja, Küsse waren süß, die Liebe war süß, süßer und köstlicher als Erdbeeren oder Kirschen – aber der Weg zum Kuss war oft steinig, dornig oder nicht zu finden. Nach Kräften standen wir uns mit Klumsigkeit und Ungeschick aller Art selbst im Weg. Erschwerend kam hinzu, dass die männliche Adoleszenz Ende der siebziger, Anfang der achtziger Jahre im linken, alternativen Milieu grundsätzlich als wertlos eingestuft wurde. Der Mann, auch der junge, ahnungsarme und ziemlich schuldfreie, war »Schwanzträger«, also per se »Täter« und wurde gern pauschal und grundlos als »Vergewaltiger« und sowieso »Schwein« bezichtigt. So wurde das ungestüm jungmännliche Anstürmen gedämpft und ausgebremst – die süßen Küsse sollten zuerst durch Wohlverhalten erarbeitet werden: Bücher wie »Der Tod des Märchenprinzen«, »Die Töchter Egalias«, »Häutungen« oder »Die Scham ist vorbei« bekam man als Pflichtlektüre aufgebrummt wie eine Strafarbeit in der Schule. Die Gleichung »Weniger Mann = mehr Mensch« wurde aufgemacht – wie sollte man einer Frau seine Liebe schenken und zu Füßen legen, wenn die umstandslos beginnen würde, auf ihr herumzutrampeln?

Wo Unterwerfung verlangt wird, ist es mit der Liebe Essig. Gib dem Süßen Saures!, schien die Devise der Frauen zu sein – sofern das Wort süß in ihrem Leben überhaupt noch eine Rolle spielte. Meinen Bemühungen, mich durch Anpassung ans Milieu und seine Konventionen als akzeptablen Vertreter des männlichen Geschlechts zu präsentieren, muss ihre Halbherzigkeit anzumerken gewesen sein. Sie blieben fruchtlos. Ich hatte Glück.

Wind kam auf und blies alle Flausen fort. Ich traf eine Frau, der ich freimütig von den Bedrückungen erzählte, vom Zwang, sich für seine bloße Existenz schämen zu sollen, von allen grotesken Anstrengungen, die ich unternommen hatte. Sie hörte sich meinen Bericht über das Gewürge an, lachte sich kaputt und sagte: »Du bist ja süß.« Dann zeigte sie mir, was sie sich unter einem süßen Leben vorstellte. Es gefiel mir über die Maßen. Geweckt wurde ich ins Leben zurückgeworfen wie ein Butt ins Meer.

Auch auf das Kino war Verlass. In der Verfilmung von

Raymond Chandlers »Farewell, my Lovely« trifft Philip Marlowe den ehemaligen Bankräuber Moose Malloy, der nach Jahren im Knast seine Süße sucht, seine Wilma. Marlowe bittet Malloy um eine Personenbeschreibung, Malloy lächelt versonnen und sagt: »Süß. So süß wie ein Spitzenunterhöschen.« Marlowe kommentiert das trocken: »Mit der Beschreibung finden wir sie sicher.« Und doch: »So süß wie ein Spitzenunterhöschen« – ist das nicht ein ganz reizendes, um nicht zu sagen ein ganz süßes Kompliment?

Köche lieben Esserinnen

Wiglaf Droste

Was nützte alles große, schöne Kochen
Wenn keine Große, Schöne das Gekochte äß?
Es säß der Koch tief in der Bouilla- oder sonstwie Baisse
Auf seinem A --- äh: dem Gesäß.

Wer Koch ist, will auf starke Esser pochen
Und ganz besonders auf die Esserinnen
Wer bringt den Koch zu sich und seinen Sinnen?
Die großen, schönen Essensbesserinnen.

Rezepte

Vincent Klink

Fruchtzucker, Honig, brauner Zucker, raffinierter Zucker, geht es darum, denkt man schnell an Desserts und klebrige Hände. Fischgerichte, Fleischgerichte, vor allem Salate schmecken aber meist ohne eine gewisse Dosis Zucker nicht harmonisch. An Sauerkraut muss immer etwas Zucker dran, und auch Salatdressings brauchen ihn. Es ist wie beim guten Wein: Ohne Säure wirkt der Wein tot, und ohne Süße zieht er uns das Hemd in den Hintern. Süße und Säure müssen ausgeglichen sein.

Bereite ich einen Kartoffelsalat, so ist mir schon oft passiert, dass er zwar gut schmeckte, aber irgendetwas fehlte, die gewisse Abrundung. Da greife ich dann nicht zum Maggifläschchen, sondern zu Ahornsirup, der in fast keinem Salatdressing fehlen darf. Mit Honig können auch interessante Geschmackserlebnisse veranstaltet werden, mit stinknormalem Zucker natürlich auch. Oft rührt man sich dann dusselig, bis die Kristalle sich auflösen, deshalb sollte Puderzucker die erste Wahl sein. Er löst sich ruckzuck auf. Darum geht es doch beim Kochen, nicht nur ums Schmecken, sondern auch um die Bewältigung der Zeit, gerade dann, wenn man einlädt. Die Gäste sollten nicht schwächelnd vom Stuhl fallen, nur weil sich ein Umstandskrämer in der Küche verwirklicht.

Mango-Papaya-Salat

½	Mango
½	Papaya
½	Frühlingszwiebel
1	Limette, unbehandelt
½ TL	Ingwer, frisch gerieben
1 EL	Olivenöl
	Meersalz, schwarzer Pfeffer aus der Mühle

Die Mango schälen und in Würfel schneiden, Papaya halbieren, die Kerne herausstreichen, schälen und das Fruchtfleisch in Würfel, die Frühlingszwiebel in sehr feine Scheiben schneiden. Von der Limette Schale abreiben (zirka zwei Messerspitzen) und den Saft auspressen. Alle vorbereiteten Zutaten in eine Schüssel geben, Ingwer, Olivenöl, eine Prise Salz und reichlich grob gemahlenen schwarzen Pfeffer hinzufügen und gut vermischen.

Ente mit Honig karamellisiert

1	junge Ente
2	Schalotten
1 TL	grüner Pfeffer
1 Bund	Blattpetersilie
¼ l	Orangensaft
¼ l	Gemüsebrühe
1 Msp.	Cayennepfeffer
1 EL	Mehlbutter (weiche Butter und Mehl zu gleichen Teilen gemischt)
1 TL	Kastanienhonig
	Salz, Pfeffer

Von der Ente die Brüste und Keulen abtrennen. Mit Salz und Pfeffer würzen, die Brüste auf der Hautseite zusammen mit den Keulen in einem Bräter ohne Fett bei kleiner Hitze zirka zwanzig Minuten braten, dass das Fett austreten kann. In der Zwischenzeit die Knochen klein hacken und den Ofen auf 200 Grad vorheizen. Das überschüssige Fett abgießen, die Knochen zugeben, die Entenbrüste drehen und alles in den Ofen geben. Die Schalotten würfeln und nach zehn Minuten zur Ente geben. Wenn sie gebräunt sind, zerdrückten grünen Pfeffer, grob gehackte Petersilie und etwas Orangensaft hinzufügen. Die Ente weitergaren und nach zirka fünfzehn Minuten die Brüste herausnehmen und warm stellen. Mit dem restlichen Orangensaft und der Gemüsebrühe die Knochen und Keulen ablöschen, Cayennepfeffer dazugeben und alles zwanzig Minuten durchkochen. Die Keulen zu den Brüsten geben, den Fond mit den Knochen abpassieren.

Den Fond entfetten: einen Esslöffel horizontal über die Brühe ziehen und so die Fettschlieren einfangen. Den Fond kräftig einkochen, sodass gerade mal ein Achtelliter übrig bleibt. Die Mehlbutter untermischen und die Sauce damit binden, zuletzt abschmecken. Die Keulen und Brüste in einen weiteren Bräter geben, mit dem warmen, flüssigen Honig die Haut bepinseln und unter dem Grill karamellisieren. Die karamellisierte Ente mit der Sauce anrichten.

Paprikagemüse, karamellisiert

4	Paprika, entkernt und in Streifen
1	Peperoni
1/2	Knoblauchzehe
1 EL	brauner Zucker
1/2	Limette, unbehandelt
1 EL	Paprikapulver, süß und mild
	Olivenöl, Meersalz, schwarzer Pfeffer aus der Mühle

Paprika und Peperoni halbieren, entkernen und in Streifen, Knoblauch in feine Scheiben schneiden. Paprika in einer Pfanne mit Olivenöl anrösten, bis die Streifen braune Flecken bekommen. Peperoni und Knoblauch dazugeben, Zucker hinzufügen und karamellisieren. Von der Limette Schale abreiben (zirka zwei Messerspitzen) und den Saft auspressen. Mit Limettensaft ablöschen. Paprikapulver, Limettenschale dazugeben, noch mal kurz durchkochen und so weit reduzieren, dass der gesamte Saft vom Gemüse verkocht ist. Mit Pfeffer und Salz abschmecken.

Süß-saurer Brathering mit Bratkartoffeln

Bratheringe im Ganzen zubereitet sind nicht gerade wenig Arbeit. Hauptproblem ist das Waschen der Bauchhöhle, nicht gerade ein angenehmes Werkeln. Ganze Fische sind auch schwerer aufzubewahren. Für die Haltbarkeit des Gerichts ist von entscheidender Bedeutung, dass die Fische immer »Land unter« haben, also mit Flüssigkeit bedeckt sind. Im Kühlschrank aufbewahrt, sind sie so auf alle Fälle eine Woche lang sehr schmackhaft; vierzehn Tage kann man sie bei guter Kühlung getrost aufbewahren.

Jetzt kommt's: Der Fischhändler soll die Dinger filetieren. Mit Filets ist alles ein Kinderspiel, und in einem kleinen Gefäß kann man die Filets leicht stapeln und mit dem Sud übergießen. Was die Gewürze im Sud betrifft, so rate ich zu jeder Menge kreativen Mutes. Dill oder Estragon könnten noch dran, Fenchel und Salbei, etwas roter Pfeffer, Orangenschale etc. – alles ist erlaubt, solange man nicht völlig übertreibt. Tja, und Bratkartoffeln? Nichts passt besser dazu.

¼ l	Weißwein
4 EL	Weinessig
1 TL	grüne Pfefferkörner, gequetscht
1 TL	Piment, gestoßen
4	Lorbeerblätter
2	Gewürznelken
1	Zimtstange
4 EL	Zucker
1	Zwiebel, in feine Scheiben geschnitten
1	Knoblauchzehe
4	grüne Heringe, filetiert
	etwas Mehl sowie Salz, Pfeffer, Olivenöl

Für die Bratkartoffeln:

300 g	Kartoffeln, halbfest kochend
2 EL	Schweine- oder Butterschmalz
1	Zwiebel, feingeschnitten
	Pfeffer, Salz; Majoran oder Kümmel

Für die Marinade Weißwein und Essig mit grünen Pfefferkörnern, Piment, Lorbeerblättern, Nelken, Zimtstange, Zucker, Zwiebel, Knoblauch und einem halben Teelöffel Salz in einen Topf geben, fünf Minuten aufkochen und abkühlen lassen. Die Heringsfilets mit Salz und Pfeffer würzen, in Mehl wenden und in einer Pfanne mit Olivenöl von beiden Seiten jeweils zwei Minuten braten. Die Filets sollten gut gebräunt sein. Die Pfanne vom Herd ziehen und die Fischfilets noch kurz ziehen lassen. Dann in eine gut verschließbare flache Form legen (die Fischfilets sollten gerade so hineinpassen). Die Marinade angießen, sodass die Filets ganz bedeckt sind. Gut verschlossen im Kühlschrank mindestens einen Tag ziehen lassen.

Die Kartoffeln kochen, pellen und auskühlen lassen. Kartoffeln am besten auf dem Gurkenhobel rädeln. Schweineschmalz in eine Pfanne geben, die Kartoffeln bei großer Hitze schwenken, bis sie Farbe angenommen haben. Dann die Zwiebel zugeben und so lange schwenken, bis alles braun ist. Mit Pfeffer, Salz, Majoran oder Kümmel würzen.

Die Bratheringe aus der Marinade nehmen und mit den Kartoffeln anrichten und servieren.

Warme Apfeltarte mit Karamellroyale und Vanillesauce

Zutaten für den Teig:

150 g	Mehl
150 g	Schichtkäse
150 g	Butter
	Salz, Butter, Alufolie sowie Linsen zum Blindbacken

Zutaten für die Apfelfüllung:

1	großer Boskopapfel
100 g	Zucker
50 g	Butter
	Saft von einer halben Zitrone
4 cl	Calvados
180 g	Sahne (flüssig)
1	Ei
2	Eigelb

Für die Vanillesauce:

1	Vanillestange
60 g	Zucker
400 ml	Milch
2	Eigelb
1 EL	Sahne

Mehl, Schichtkäse, Butter und eine Prise Salz auf ein Backbrett geben und mit einem großen Messer vermischen und durchhacken. Erst möglichst spät mit den Händen zu einem glatten Teig kneten. (Bei langem Kneten würde die Wärme der Hände den Teig weich und fettig werden lassen.) Die Teigkugel in Folie wickeln und eine Stunde kalt stellen. Dann auf einer bemehlten Arbeitsfläche den Teig einen Zentimeter dick ausrollen, halbieren und übereinanderlegen. Den Teig nochmals ausrollen, wieder übereinanderfalten und anschließend ungefähr drei Millimeter dick ausrollen.

Vier kleine Tarteförmchen ausbuttern und dünn mit dem Teig auslegen. Alufolie darüberlegen, mit Linsen füllen und im Backofen bei 180 Grad (Ober-Unter-Hitze) zirka fünfzehn Minuten blind backen. Anschließend die Linsen mit Hilfe der Folie ausschütten und für späteres Blindbacken in einer Blechdose lagern.

Den Apfel schälen, vierteln, das Kerngehäuse entfernen und den Apfel in zwölf Stücke schneiden. Den Zucker hell schmelzen, die Butter und den Zitronensaft hinzufügen. Die Apfelstücke dazugeben und sechs bis sieben Minuten in dem heißen Zucker glasieren und danach mit dem Calvados ablöschen. Alles zusammen in ein Sieb geben, den Saft abtropfen lassen und auffangen. Den Karamellsaft mit der Sahne verrühren und auf dem Wasserbad noch einmal erhitzen. Ei und Eigelbe hinzufügen und zur Rose abziehen, d. h. die Sauce (Royal) soll binden, aber nicht kochen, sonst werden die Eier fest.

Jeweils drei Apfelstücke in die vorbereiteten Formen geben, mit Karamellroyale bedecken und bei 160 Grad im Backofen stocken lassen. Für die Sauce die Vanillestange aufschneiden und das Mark herausstreichen. Mark und Schote mit Zucker und Milch in einen Topf geben und aufkochen. Eigelb mit Sahne verquirlen, Milchtopf vom Herd ziehen und gleich die Ei-Mischung unterrühren. Alles gut mit dem Schneebesen verrühren, die Sauce durch ein Sieb passieren und abkühlen lassen.

Die Apfeltarte auf etwas Vanillesauce warm anrichten, nach Belieben mit etwas Puderzucker bestreuen.

Abendmahl

Wiglaf Droste

Gott fragte mich: Was isst du gerne?
Ich habe freimütig bestellt:

Im Überfluss Pinienkerne
Aus dem süßesten Nabel der Welt.

Rosinen, Wein, Küsse – alles dazu:
Nabel und Schnabel, Gott, ich und du.

Wo isst Gott?

Eine säkulare Spekulation

Wiglaf Droste

Ob es einen Gott gibt und wo, wenn ja, im Universum er sich dann herumdrückt, ist mir, von einem nietzscheanisch-atheistisch lodernden Feuer in frühester Jugend einmal abgesehen, immer gleichgültig gewesen, denn die Antwort, wie sie auch ausfällt, ändert ja nichts: Gott ist egal, und was egal ist, darf ignoriert werden. Sollen sich doch die Gläubischen darum zanken, ob Gott, wie Brecht es Galilei in den Mund legte, »in uns oder nirgends« sei oder in allen Wesen und Dingen; wobei mir diese pantheistische Sicht, bei aller angenehmen Leidenschaftslosigkeit, die ich mir in religiösen oder sogar scholastischen Fragen zu eigen gemacht habe, recht sympathisch ist: Wenn Gott sich auch noch in einem Bundesligasammelklebebildchen verbirgt, das einen Spieler des 1. FC Kaiserslautern zeigt, dann ist Gott aber wirklich sehr, sehr großzügig, ein echter Kumpel quasi – für den ich mich erstmals verstärkt interessierte, als es mit dem oft beschworenen Leben beziehungsweise Essen wie Gott in Frankreich aus und Essig schien, wegen Jacques Chirac und seinen Pendants, den nicht minder verbissenen deutschen Wein- und Käse-Boykotteuren: Wo bitte isst, also wo futtert, spachtelt und mampft Gott seitdem? Wo zieht er seit jenem Sommer 1995 tüchtig die Nähte stramm? Im ICE-Bordrestaurant, wo man Presspappe *à la Mikrowell* serviert? Im Kaufhof in Köln, wo man Tische mit lyrischer Lektüre schmückt: »Nur ein paar Schritte mit Tablett, zum Abräumwagen/-band, das wäre nett?« Im Sindbad Imbiss an der Kottbusser Brücke, wo man »Sindbad Knoblauch Sosse« feilhält: »Als Salat-Dresing oder auch einfach auf tost brott«?

Dergestalt mit der Problematik göttlicher Nahrungsaufnahme beschäftigt, stapfte ich durch die Straßen. Es war ein kalter, klarer Tag Anfang Dezember, Schnee tanzte in der Luft. Ein paar Meter entfernt hielt eine junge Frau ihren Kinderwagen an und schnäuzte sich so laut und trompeterisch, dass ich ihr im Vorbeigehen zuwinkte und sie, allerdings nur leise für mich, befragte: »Wale, wollt ihr ewig leben?« Beim Fleischer besorgte ich eine Lammkeule und was so dazugehört; am Ausgang drückte mir ein verwirrt aussehender junger Mann eine Broschüre in die Hand, ein Traktat mit dem Titel »Jesus macht total glücklich, Teil zwei«. – »Was für eine finstere Drohung!«, tadelte ich ihn, »aber ›Teil zwei‹ ist prima: Da ist wohl nach Teil eins doch noch ein Rest übrig geblieben«, packte meinen »Tim und Struppi«-Rucksack fester und eilte davon, Van Morrison auf den Lippen, in der Kehle und im Herzen; obwohl Agnostiker, habe ich die Zwiesprache Morrisons mit seinem Gott, die manche Leute als Songs missverstehen, immer respektiert und ihn verehrt, und so beseelt ich es eben vermag, sang ich mich nicht himmel-, sondern heimwärts:

On Raglan Road, on an autumn day, I saw her first and new.
That her dark hair would weave a snare that I might one day rue.
I saw the danger, yet I walked along the enchanted way.
And I said, let grief be a falling leaf at the dawning of the day.

Zu Hause angekommen, half ich dem Lamm, es sich auf einem Gemüsebett bequem zu machen. Während ich das Tier in die Röhre schob, wo es sich recht bald wollüstig lasziv in Rosmarin, Schalotten, Tomaten, Knoblauch und Rotwein wälzte und dabei wohlig schmurgelnde bis zustimmend schnurrende Seufzlaute von sich gab, trällerte ich albern: O Gott, ich will nicht wissen, wo du bist – mich penetriert die Frage, wo du isst.

Keine drei Sekunden später klopfte es an der Tür; ich öffnete. »Du hast mich gerufen?«, fragte die Frau im Türrahmen. »Aähh jjaa«, gab ich zurück und stand wohl etwas baff und bräsig herum, denn sie sagte: »Willst du mich nicht hereinlassen?« – »N-natürlich«, sagte ich und bat sie in die Küche. Sie war schlank und groß, sicher einen halben Kopf größer als ich; irgendetwas mit *Kragenweite* schoss mir durch den Kopf, aber das behielt ich für mich, und dann straffte ich meinen eher runden Leib, legte den Kopf in den Nacken und sagte so lässig wie möglich: »Hallo, Kleine.« In ihren Augen glitzerte es, amüsiert, wie mir schien, aber sie antwortete nur: »Pass du lieber auf dein Lämmchen auf. Du musst gut zu ihm sein. Gib ihm ordentlich Rotwein zu trinken.«

Da hatte sie allerdings recht; ich versorgte das Tier und füllte auch uns die Kelche. »Der größte Tierfreund ist ein guter Koch«, fuhr sie fort; »wenn man die Viecher schon umbringt, soll man sie hinterher wenigstens anständig behandeln. Nicht wie Alice Schwarzer beim Kochen mit Biolek! Hast du das gesehen? Unglaublich!« Sie hatte die Stimme gehoben; zwar wunderte ich mich, dass Gott fernsah, und dann auch noch solches Zeug, schüttelte aber nur den Kopf, um sie nicht zu unterbrechen. »Alice Schwarzer kocht bei Biolek«, erzählte sie; »sie schmeißt also ein Maishühnchen in einen Topf, und dann stehen die beiden da und lügen sich gegenseitig einen in die Tasche darüber, wie klasse sie doch zu leben verstehen, Schwarzer hat schon gut getankt und kräftig einen in den Hacken, schwankt mit roter Glommse herum und klatscht zwei Becher Crème fraîche an das Huhn, und das war's dann auch schon mit der ganzen Kochkunst, und Biolek schwuchtelt die ganze Zeit um sie rum und jankt, ›Aah, Frau Schwarzer, wie lecker, wie grooßartig Sie das machen‹ undsoweiter – nein, ich verstehe ja gut, dass man den kommoden Platz am Ende der Nahrungskette nicht aufgeben will, aber so geht es nicht!«

Sie hatte sich in Rage geredet und zündete sich eine Zigarette an; ich schenkte nach und konnte nichts denken als »Ooh jaa!« Später verspeisten wir das Lamm; sie war so freundlich, das Tier und mich zu loben, wir plauderten über unsere Lieblingsrestaurants und räsonierten, wo es denn im Argen liege in der Welt der Gastronomie. In die *Volxküche* zu den Schmuddeligen und ihren Kötern gehe sie bei aller Neugier nicht mehr, erzählte sie, aber auch die Nobelläden sagten ihr nicht so zu, vor allem wegen der Kellner: Immerzu scharwenzelten sie devot um einen herum, und wenn man sich einmal selbst Wein nachschenke, seien sie gleich beleidigt. »Das ist das Lästige mit euch«, sagte sie, »ständig quakt ihr von Respekt und von Würde, aber führt euch auf wie die letzten Hachos.« Ich schwieg;

was außer »Ist ja wahr« hätte ich auch sagen können? »Du schreibst doch«, sprach sie mich direkt an, »schreib doch mal eine Geschichte über die Verwüstungen im Kellnerwesen, über die Studenten, die es nicht können, oder über die Lackaffen, die einen Tanz aufführen, statt ganz normal ihre Arbeit zu machen!«

Interessant, wofür Gott sich so interessiert, dachte ich – für genau dieselben Sachen wie ich. So ein Zufall! Begeistert versprach ich, dem Thema schon bald meine Zeit und Energie widmen zu wollen. Dann fiel mir nichts mehr ein, und ich verpasste den Zeitpunkt, das Schweigen mit belanglosem Gezwitscher zu vertreiben; langsam wurde die Stille dröhnend. Eher belustigt, so kam es mir jedenfalls vor, sah sie mich an. Ich gab, wenn auch nicht beabsichtigt, eine Darstellung ab von Robert Gernhardts Vers »In meinem Kopf ist Ebbe, in meinem Herzen Flut«; als Gegengift rief ich mir die Zeile »Armer Junge, gib dir Mühe, sieh nicht so auf deine Schuh'« von Danny Dziuk ins Gedächtnis, raffte allen Restmumm zusammen und hielt so wenigstens ihrem Blick stand, wenn auch nicht ihrem nächsten Satz: »Naa – wie sieht es denn mit dem Nachtisch aus?«, fragte sie betont harmlos. Ich schluckte, und mein Herz sackte ab; erst Stunden später hörte ich es irgendwo in der Nähe des Erdmittelpunkts aufschlagen. Lange vorher aber hörte ich sie fragen: »Was hältst du von Götterspeise?«

Die Geschichte über das Kellnerwesen habe ich schon am nächsten Tag geschrieben und in ihrem Lieblingsrestaurant für sie hinterlegt. Ich weiß aber nicht, ob sie das Stück gelesen und ob es ihr gefallen hat, denn ich habe sie nicht wiedergesehen. Ich denke oft an sie, und manchmal bete ich, ganz agnostisch, versteht sich, zu Gott – und hoffe, dass ich ihr ein würdiger Nachtisch war.

Rezept für scheues Wild

Wiglaf Droste

Ja, ich bin ein scheues Wild,
ein scheues Wild-auf-dich.
Bist du kein Jäger, der mich killt –
dann kriegst du mich.

Wildrezepte

Vincent Klink

Die Gerichte unserer Zeit werden immer mehr entleibt. Zum Schrecken meiner Gäste habe ich an eine alte Tradition angeknüpft: Fasane werden mit den Krallen serviert. Tauben, wie in der französischen Küche, mit den Köpfen aufzutragen, das dagegen traue ich mich noch nicht. In Italien kann man den Gourmet dabei beobachten wie er den Kopf einer gebratenen Taube mit beiden Händen zum Mund führt, kräftig hineinbeißt und die inneren Säfte und das Hirn aussaugt. Das hat mit wirklicher Feinschmeckerei zu tun, mit alter Kultur, würde aber heute an deutschen Tischen das reine Grausen hervorrufen.

Selbstverständlich kann man Wild hochmodern so kochen, dass nichts mehr an ein Tier erinnert – eine mir nicht genehme Entwicklung. Echte Küche, ganz besonders die Wildküche, bedeutet, sich auch auf eine Tradition einzulassen, sich zum bewussten Verzehr von Tieren zu bekennen. Mit diesem Bewusstsein dürfte auch die häufige Gedankenlosigkeit des Fleischessens sich verringern.

Bei Goethe schon besungen, ist Blut ein ganz besonderer Saft, hat tatsächlich äußerst aufbauende Kräfte und ist in orientalischen Ländern immer noch der Inbegriff des Opfers. Das Opfer für Gott, der dankbare Genuss von Fleisch zur Ehre Gottes, machte im Umfeld der meisten Religionen jeden Gedanken an Vegetarismus undenkbar. Vegetarismus europäischen Zuschnitts kam aus dem protestantischen Gedankengut der Jahrhundertwende. Er gedieh erst auf dem Humus des sich langsam einstellenden Überflusses. Broschüren wurden aufgelegt mit hoffnungsvollen Titeln wie »Der Weg zum Glück« usw.: 1920 führte man diesbezüglich eine Umfrage durch, und in protestantischen Gegenden kam man auf insgesamt 1600 Veggis, man nannte diese Leute damals schlichtweg Wirrköpfe. Am Rande sei bemerkt, dass in Bayern kein einziger gezählt wurde. Mittlerweile gibt es gute Gründe, kein Fleisch mehr zu essen. Wild bietet sich jedoch als wirklich natürliches Fleisch zum Festtagsbraten an. Mit Absicht sage ich: Festtagsbraten. Auch wenn man durchaus auch an Werktagen festlich essen sollte, wichtig ist, sich beim Kochen Mühe zu geben, aus Respekt vor der Kreatur.

Fasan mit Walnüssen und Crême fraîche

1	Fasan; Keulen vom Brustteil trennen, Brust halbieren, den Rückenknochen abtrennen und klein hacken
2	Schalotten, in grobe Würfel geschnitten
1 TL	grob gewürfelter Speck
1 EL	Walnüsse (in Stückchen hacken und in einer trockenen Pfanne hellbraun rösten)
$\frac{1}{4}$ l	Lemberger
$\frac{1}{8}$ l	Crême fraîche
1 EL	Bratbutter
	Pfeffer und Salz

Sauce:
Die Keulen am Gelenk durchtrennen. Die zu den Krallen hin schmal zulaufende Unterkeule ist mit vielen Sehnen behaftet. Sie wird klein gehackt und mit dem Rückenknochen in einer Kasserolle mit etwas Butter, den Schalotten und dem Speck angeröstet und anschließend mit dem Rotwein abgelöscht. Dreißig Minuten lang kochen lassen, dann passieren und um die Hälfte reduzieren.

Die vier Fasanenteile in etwas Butter von beiden Seiten jeweils vier Minuten bei kleinstem Feuer sanft braten. Die Bruststücke herausnehmen und warm stellen. Die Oberkeulenteile benötigen auf jeder Seite eine Minute länger, anschließend werden auch sie warm gestellt. Das Fett aus der Pfanne abgießen, die Pfanne wieder auf den Herd stellen und mit einem Esslöffel Wasser den Bratensatz lösen. Den Knochenfond dazugeben und ungefähr auf die Menge von zwei Esslöffeln reduzieren. In der Zwischenzeit die Crême fraîche mit dem Handmixer cremig schlagen und mit den Nüssen in die Sauce geben. Die Sauce zum Siedepunkt bringen, mit Salz und eventuell etwas Pfeffer abrunden. Die Fasanenstücke einlegen, kurz von beiden Seiten aufheizen und anrichten.

Wildschwein-Krautwickel

1/2	Kohlkopf
150 g	Hackfleisch vom Wildschwein (Schulterfleisch)
1	Brötchen
1/8 l	Sahne
2	Eier
2	Zwiebeln, feingehackt
1 TL	Piment
1 TL	Wacholder
1 Bund	Blattpetersilie, feingehackt
1/4 l	Fleischbrühe
	Pfeffer und Salz
2 EL	Butter

Die Zwiebeln in Butter etwas andünsten und zur Seite stellen. Das Brötchen in feine Scheiben schneiden und in Sahne einweichen. Den Kohlkopf in kochendem Salzwasser zehn Minuten lang blanchieren. Danach den Kopf ins kalte Wasser geben. Die äußeren Blätter lassen sich nun problemlos auseinandernehmen. Die einzelnen Blätter in Salzwasser weich blanchieren. Vier große Blätter auf die Seite geben. Die kleineren Blätter klein hacken und mit der Zwiebel braun rösten. Fleisch, eingeweichtes Brötchen, die feingehackte Petersilie, Eier, die Hälfte der Zwiebeln und geröstetes Kraut mit Piment, Wacholder, Pfeffer und Salz würzen und gut miteinander vermengen.

Die Füllung jeweils in ein Kohlblatt geben. Nun versuchen, dem Ganzen die Form eines Schneeballs zu geben, und die Blätter dementsprechend übereinanderschlagen. Gibt man nun diese zugegeben lockere Kugel in ein Küchentuch und dreht alles zusammen zu einem festen Ball, so hat man ein relativ stabiles Konstrukt. Die übrigen Zwiebeln in einer gebutterten Auflaufform verteilen, die Kohlkugeln hineinsetzen und mit Brühe untergießen. Butterflocken obenaufgeben und dreißig Minuten im Ofen bei 180 Grad backen. Die Krautwickel aus der Form nehmen, erneut mit Butter bepinseln und auf einer feuerfesten Platte im ausgeschalteten Ofen ziehen lassen. Den entstandenen Fond passieren und mit etwas Mehlbutter binden.

Leber-Majoranknödel

180 g	einen Tag alte Brötchen, in feine Scheiben geschnitten
3	Eier
1	Kaffeetasse Milch
60 g	Zwiebeln
1 EL	gehackte Petersilie
	Salz, Butter
150 g	Leber, je nach Verfügbarkeit vom Schwein, Kalb, Reh ...
2	Zwiebeln, kleingehackt
½	Knoblauchzehe, feingehackt
2	Thymianzweigchen
1 TL	Butter

Die Leber in erbsengroße Würfel schneiden und in Butter scharf anbraten, pfeffern und salzen. Die Leber aus der Pfanne nehmen, auch wenn sie noch stellenweise roh ist. Schalotten hellbraun anschwitzen, Knoblauch und Thymian dazugeben, dann die Leber dazugeben, alles gut durchschwenken und zur Seite stellen.

Semmelknödelmasse:
Zwiebeln in Butter anschwitzen und mit dem Knödelbrot vermischen. Alles in eine große Schüssel geben, auf der ein Kochdeckel fest schließt.

Kochende Milch über das Brot schütten und sofort den Deckel daraufgeben. Fünf Minuten ziehen lassen. In der bedeckten Schüssel geschieht Folgendes: Der Dampf kriecht in die Poren des Brotes und weicht es auf. Das Brot wird feucht, aber nicht nass. Wenn man zu viel Milch verwendet, gerät alles zu weich – die Knödel wären nicht mehr zu formen. Man hüte sich vor dem Profitrick, mit Semmelmehl alles wieder standfest anzudicken: Die Brösel haben den Effekt von Zementmehl, und so kommt es zu den unzerstörbaren, bei vielen Köchen sehr beliebten Tennisbällen, die jedem Stoßgeschäft standhalten, sich aber auch den Gedärmen der Gäste sperren.

Aber weiter im Rezept: Die Brotmasse wird nun mit den Eiern und den restlichen Zutaten – auch der Leber – gut durchgemischt, zu Knödeln gedreht, in abgeschmecktem Wasser (Salz und Pfeffer) aufgekocht und kurz vor dem Aufwallen an den Herdrand gezogen. Fünfzehn Minuten ziehen lassen, dann mit geschmälzten Zwiebeln obenauf zu Tisch bringen. Lässt man die Leber weg und schmeckt die Semmelmasse mit Muskat, Pfeffer und Salz gut ab, so hat man Semmelknödel. Viel Speck und geröstete Zwiebeln, dem Gemenge hinzugefügt, ergeben die berühmten Tiroler Speckknödel.

Zimt-Nockerln

5	Eiweiß
40 g	Zucker
½ TL	Zimt
3	Eigelb
10 g	Vanillezucker
20 g	Mehl
½	abgeriebene Orange

Eiweiß, Zucker, Zimt sehr steif schlagen. Eigelb mit etwas steifem Eiweiß, dem Vanillezucker, der abgeriebenen Orange und dem gesiebten Mehl gut vermischen und unter das Eiweiß heben.

Eine Auflaufform fingerhoch mit Milch füllen und etwas Zucker unterrühren. In die so vorbereitete Auflaufform große Nocken der Schaummasse legen.

Im Ofen acht Minuten garen. Die Spitzen der Nockerln sollten sich zu bräunen beginnen. Mit Puderzucker bestreuen und zu Tisch bringen. Dazu passt sehr gut eine Fruchtsauce von Orangen und Grapefruits.

50 g	Orangensaft
½	abgeriebene Orangenschale
100 g	Zucker
1	Orange, geschält und gewürfelt
1	rosa Grapefruit, geschält und gewürfelt

Orangensaft mit dem Zucker und der Orangenschale aufkochen. Etwas abkühlen lasen und die Zitrusfrüchte hineingeben.

Mit Dino und Vino ins Glück

Wiglaf Droste

Aus dem Küchenkassettenrekorder singt Dean Martin, »Gentle on my mind«: »It's knowing that your door is always open and your path is free to walk, that makes me tend to leave my sleeping-bag rolled up and stashed behind your couch.« Das Stück, ist ein niemals fehlgehendes Mittel gegen jeden Anfall von Verdrießlichkeit. Wenn man dieses lässige, entspannte, sonnige Säuseln mit dem Extratupfer Olivenöl auf dem Timbre hört, begreift man sofort, warum begnadete Musiker sich in Verehrung zusammenfanden, um unter dem Namen Friends of Dean Martinez den Ruhm dieses Mannes auch nach seinem Tod weiter leuchten zu lassen. Und man glaubt, was Dean Martins Frau nach seinem Tod über ihn sagte: »Es gibt niemanden, der so charmant nichts tun konnte wie Dino.« Das klingt höchst erstrebenswert, aber eben, und darauf kommt es an, ohne Streben.

So gut, dass ich wirklich gar nichts tun könnte, bin ich noch nicht. Da und dort piesackt und zwackt er, der Tuwas-Teufel. Es gibt aber Tätigkeiten, die immerhin nicht den Terror der Hyperaktivität verbreiten: Kochjacke anziehen, über den Markt gehen, alles begneisen und beschnuppern, anfassen, kosten, die schöne Idee, mit was exakt man die Gefährtin in Kampf und Mampf beglücken wollte, eventuell noch einmal variieren, und dann: Einkaufen, Kochen, Füttern, Tränken, Plaudern und was den Abend sonst mit Freuden füllt – das ist archaisch, dabei kommt man sich nah. Es ist die Basis für tieferes Glück.

Vorher geht es an den Wein. Erika Baierls Keller in Kreuzberg heißt »alles fließt« und bietet ökologische Weine, in die ich dereinst eingelegt werden möchte. Los geht es mit dem Champagner von Fleury – sehr fein, keine Rülpsbrause, die landserhaft-prollig zu »Schampus!« degeneriert und bevorzugt von einem deutschen Rennfahrer geschüttelt und verspritzt wird, dessen Hirnabstinenz nur noch von der seiner Anhänger übertroffen wird.

Der Weiße zu den Gnocchi al pesto ist ein kräftiger 1998er Chardonnay aus dem Penedès, das eingelegte Blök-Tierchen mit ligurischen Rosmarinkartoffeln erfreut sich der Gesellschaft eines 1995er Gigondas, und der Frischkäse vom Ziegenhof Canadi gleitet mit einem 1999er Gewürztraminer aus der Pfalz geschmeidig in die letzte auffindbare Magenlücke.

Nach einem Espresso findet man noch Kraft zum Ausgehen in Berlins schönste Bar, das »Bellman«, benannt nach dem begnadeten Dichter, Sänger und Säufer Carl Michael Bellman: ein Platz, an dem es niemals schlechte Musik gibt und an dem Stil ein Zuhause gefunden hat. Was Andreas Schmidt und seine akkuraten Kräfte ausschenken, macht glücklich – wie der Brut nature Gran Riserva 1997 aus dem Penedès, der manchen guten Champagner ganz leicht aus dem Feld schlägt.

Nach himmlischem Schwelgen in Musik, Getränk und Sichverstehen kann man, Lippen, Zungen, Herzen und Seelen ineinander verschlungen, nach Hause laufend dem Himmelbett entgegenfliegen. Und dem Sänger, Schauspieler und Maximalcharmeur Dean Martin postum noch einen Vierzeiler dichten, sehnsüchtig hoffend, er möge einst auch das eigene Wirken beschreiben:

Lebenswunsch

Immer ein Glas, das richtig gut schmeckt
Dabei niemals blöde strunkelig sein.
Schön singen. Küssen! Dann wieder: Wein.
Und vom Leergut leben. Das wär perfekt.

Gierschlund Rote-Bete-Mund

Wiglaf Droste

Rote Bete mochte ich von Anfang an. Erstmals begegneten mir die Kameraden in Form der Sauerkonserve; purpurrot und nur murmelgroß schwammen sie im Glase, das ich mit einem entvakuumisierenden »Knack!« öffnete und sie wegfutterte, eine nach der anderen. Den Saft trank ich auf ex hinterher und wischte mir mit dem Handrücken über den nassen roten Mund wie eine Gestalt aus Polanskis »Tanz der Vampire«.

In Scheiben geschnittene eingelegte Rote Bete gab es auch, aber die war vergleichsweise mau – das Glück ist kugelförmig, so ist die Welt beschaffen. Als die alte Nachbarin Frieda Husmann, die selbst Rote Bete zog, zum ersten Mal einen Korb voll gnubbeliger roter Wurzeln in den Garten meiner Eltern brachte, staunte ich: Kreisrund wie der Haarausfall von Lebensmitteldesignern waren die nicht, eher sehr divers auswüchsig, und die Größe variierte von etwa tischtennisball- bis leicht kinderkopfgroß.

Die Zeichnerin Yvonne Kuschel, deren Familie schlesischen Ursprungs ist, empfahl mir Rote Bete als Rohkost. Ich folgte ihrem Rezept, das nicht nur gesund, sondern auch sehr essbar ist, gebe aber nach mehrfacher Anwendung zu bedenken: Auf diese Weise zubereitet ist die Rote Bete vom Zerraspeln bis zur Verdauung, die ja zwischen den Zähnen beginnt und erst nach der Darmpassage endet, ein hartes, langwieriges Geschäft.

Womöglich sind die Nachfahren der Ostpreußen weniger zähebereit als die der schlesischen Weber; nach meiner Kenntnis sind sie insgesamt genussfreudiger und -süchtiger. So garte ich, Enkel und Sohn ostpreußischer Frauen, die Rote Bete, was erstaunlich lange dauert, je nach Umfang zwischen 45 und 75 Minuten. Anschließend wurden sie, wie ich es als Kind in Indianerbüchern gelesen hatte, gehäutet und in Streifen geschnitten. Den unpraktischen Marterpfahl ließ ich weg, träufelte der Roten Bete statt dessen Balsamico-Essig und Olivenöl in die offenen Wunden und wälzte sie in Salz, buntem Pfeffer und feingehackten Knoblauchzehen und Schalotten, weil das schön zwiebelt.

Unter den warm dampfenden Salat hob ich ebenfalls frisch gekochte, gepellte und in Spalten zerteilte Kartoffeln der Sorte Bio Linda, deren leuchtend buttergelbe Farbe sich auf das schönste mit dem Dunkelrot der Roten Bete verband. So wie die Kartoffeln sich errötend mit dem Saft der Roten Bete vollsogen, so freudig wurde alles weggefuttert. Mir fiel eine Ermahnung aus Kindertagen wieder ein: »Du alter Gierschlund!«, hatte es da nicht selten geheißen. Gierschlund, o ja, Gierschlund, was für ein schönes Wort – während eine vom deutschen Sprachrat eingesetzte Jury, die u. a. aus Jutta Limbach, Herbert Grönemeyer und dem doch eigentlich guten Schriftsteller Uwe Timm bestand, die Armseligkeitsvokabel »Habseligkeiten« 2004 zum schönsten deutschen Wort kürte und damit die asoziale Hartz-IV-Gesetzgebung sprachlich mitvollzog.

Ähnlich launeverderberische Wirkung entfaltet das Wort »Nachhaltigkeit«; keine Politikerrede und kein Leitartikel kommt mehr zum Ende, ohne mit Nachhaltigkeit zu protzen. Was soll das sein, nachhaltig? Ist nachhaltig, was lange vorhält? Oder das, was lange nachhallt? Die Rote Bete beantwortete die Frage auf ihre Weise. Das erste Pinkeln am Tag nach dem Rote-Bete-Exzess versetzte mich in Angst und Schrecken: Alles klar, das war es jetzt, dachte ich, du kannst dich verabschieden – so rot strömte mir der Harn aus dem Dömmel. Es war aber nicht mein Blut, sondern das der Roten Bete. Noch in Pipi verwandelt färbt es sensationell.

Die Rote Bete und ich kannten uns also recht gut, als ich sie von einem fremden Sänger besungen fand. Im Bücherregal meines besten Freundes nach Neueingängen forschend, fand ich »PanAroma« von Tom Robbins, einem amerikanischen Hippie-Schriftsteller, der mit »Sissy – Schicksalsjahre einer Tramperin« einen Hit veröffentlicht hatte, den ich allerdings nur vom Hörensagen kannte. Wie denn »PanAroma« sei, fragte ich. »Keine Ahnung, hab ich geschenkt bekommen und noch nicht gelesen«, antwortete der Freund, begab sich zur Schicht an den Herd und überließ mich der Lektüre. Ich begann zu lesen: »Die Rote Bete ist das melancholische Gemüse, jenes, das am bereitwilligsten leidet.«

Bitte? Was war das denn? Ich las weiter: »Die Rote Bete ist der Mörder, der an den Tatort zurückkehrt. Die Rote Bete ist das, was da anfängt, wo die Kirsche mit der Karotte aufhört. Die Rote Bete ist der Urahn des Herbstmondes, bärtig, begraben, alles, nur nicht leblos; sie ist das dunkelgrüne Segel des gestrandeten Mondbootes, genäht mit Venen aus Ur-Plasma; sie ist die Drachenschnur, die einst den Mond mit der Erde verband und die jetzt nichts weiter ist als ein schlammverschmierter Schnurrbart, der verzweifelt nach Rubinen bohrt.«

Ach du Schande, dachte ich, es ist nicht zu fassen: »Urahn des Herbstmondes«, »Segel des gestrandeten Mondbootes«, und dann auch noch »dunkelgrün«? Arme Rote Bete! Was hat die schöne Knolle mit »Venen aus Ur-Plasma« zu schaffen, was mit einer »Drachenschnur«? An Kitsch mit Tieren in Wort, Schrift und Bild hat man sich ja gewöhnen müssen; dieses kapitale Sentimentalitätsdelikt aber hieß Kitsch mit Gemüse. 1985 erschien »PanAroma« erstmals in deutscher Sprache bei Rowohlt; nach dem »schlammverschmierten Schnurrbart, der verzweifelt nach Rubinen bohrt«, war meine Lust auf Weiterlesen empfindlich gedrosselt. Die Beleidigung »Kult-Autor« auf dem Klappentext hatte sich Tom Robbins redlich verdient.

Warum 2004 neu aufgelegt wurde, was ich als Behelligung der freundlichen Roten Bete empfand, wollte sich mir auch nicht letztgültig erschließen, nachdem ich die letzten drei Absätze von »PanAroma« gelesen hatte:

»Rote Beten, die zum Abendessen verspeist worden sind, werden am folgenden Morgen die Toilettenschüssel mit blutroten Fischen füllen, deren Färbung Zeugnis ablegt von der chromatischen Immunität der Roten Bete gegenüber den kräftigen Verdauungssäften und den unerbittlichen Mikroben, die den rotesten Paprika, die orangeste Karotte, den gelbesten Kürbis in einen einzigen abscheulichen Braunton zu verwandeln mögen.

Bei unserer Geburt sind wir rotbäckig, rund, intensiv, rein. Das rote Feuer des universellen Bewusstseins brennt in uns. Allmählich jedoch werden wir von Eltern verspeist, von Schulen hinuntergeschluckt, von Freunden zerkaut, von gesellschaftlichen Institutionen aufgefressen, von schlechten Angewohnheiten verschlungen und vom Alter angenagt; und wenn wir nach Art der Kühe in sechs Mägen sorgfältig verdaut sind, bleibt von uns nichts weiter als ein abscheulicher Braunton.

Die Lektion, die uns die Rote Bete lehrt, ist also diese: Haltet fest an eurem göttlichen Erröten, an dem euch innewohnenden rosigen Zauber, andernfalls werdet ihr braun. Wenn ihr erst einmal braun seid, werdet ihr feststellen, dass ihr eigentlich blau seid. So blau wie das Meer. Und ihr wisst, was das heißt:

Meer.
Weniger.
Nichts.«

Vielleicht mangelt es meinem Leben an Hippietum und Esoterik, aber köstliche Rote Bete derartig von der Seite anschnacken und als Projektionsfläche auftakeln würde ich nie. Rote Bete lieben heißt Rote Bete zubereiten und aufessen, und sie, die Rote Bete, dankt uns das mit Leckersein – und Schweigen.

Olivenstampede im Käsecorral

Wiglaf Droste

So dumm ein Befehl ist, so hartnäckig hält er sich. »Mit Essen spielt man nicht«: Fast ungläubig hörte ich eine junge Mutter das sagen. So was gibt es noch? Ja, so was gibt es, wenn es durchgereicht wird. Als kleines Kind hat sie den Befehl empfangen, 25 Jahre später gibt sie ihn lupenrein unverfälscht an ihr Kind weiter: »Mit Essen spielt man nicht.« Sie sagt das ganz automatisch; dass ihr der Befehl selbst nie gefiel oder einleuchtete, spielt keine Rolle, er ist verpflanzt, er sitzt, sie kann ihn aus dem Eff-Eff, wie man so sagt, sie beherrscht ihn im Schlaf und ganz unreflektiert, weil der Befehl ja sie beherrscht, und so lässt sie ihn auf ihr Kind herniedergehen, so lange, bis er auch dort eine Heimat gefunden hat.

Dabei kann man mit Essen wunderbar spielen – wie mit Sprache, mit Matsche, den Geschlechtsorganen, mit was auch immer. Wer die Welt nur sieht und hört, macht sie sich nicht zu eigen – man muss sie auch beriechen, belecken und befummeln, sonst bleibt sie fern. Dass Sand und Pipi nicht gut schmecken, kann beurteilen, wer davon kostete. Wenn man in einem fremden Treppenhaus einen bestimmten Kohlgeruch in die Nase bekommt, weiß man, dass man es mit Armut zu tun hat, ohne sie gesehen haben zu müssen.

Das Lieblingsessen auf dem Teller lädt nicht nur zum Spachteln ein. Kartoffelbrei und Soße sind eine großartige Kulisse für den Abenteuerfilm »SOS am Burundi-Stausee«. Dramatisch drücken die schlammigen Wasser gegen den Rand des Staudamms. Wird er halten? Oder wird all das unschuldige Kleingemüse unten im Tal jämmerlich ersaufen? O weh, schon sieht man die ersten Risse im Damm, die Soße scheint sich ihren Weg hindurchzubahnen, starr vor Entsetzen sind Schwarzwurzeln, Möhren und Erbsen, doch dann, in letzter Sekunde, kommt Bert Bratenstück, der schwarze Vorarbeiter, und wirft sich dem Strom der Vernichtung entgegen. Gerettet, hurra! Das Gemüse wird in der Mundhöhle in Sicherheit gebracht, Brei und Soße werden ebenfalls sukzessive verdrückt, und am Ende geht auch Bert Bratenstück, Held hin oder her, den Weg allen Fleisches: zerkaut den Speiseschlauch hinab. Das ist nicht nur aufregend und lecker zugleich, sondern auch die richtige Antwort auf alle protestantisch motivierten Versuche, ein schlechtes Gewissen herbeizuerpressen: »In Afrika hungern die Kinder, und du spielst hier mit dem Essen.« Ja, genau, und das schadet der Welt und ihren Bewohnern so, wie ein schlechtes Gewissen ihnen nützt: überhaupt nicht.

Gisela Güzel und ich saßen in meiner Küche beim Abendbrot. Ich hatte kurz zuvor im Kino noch einmal John Fords Western »My Darling Clementine« gesehen und berichtete fasziniert von Film und Personal: von Walter Brennan, dem grundbösen Old Man Clanton, der seine Söhne peitscht und ihnen befiehlt: »If you pull a gun, kill the man!«; von Victor Mature, dem verzweifelten Doc Holliday, schön und dem Tode geweiht wie seine Geliebte Chihuahua, die von Linda Darnell gespielt wird; von Henry Fonda als Wyatt Earp, der den Mord an seinem jüngsten Bruder rächt – die ganze Legende von der Schießerei am OK-Corral breitete ich noch einmal aus. Gisela

Güzel schnitt unterdessen ein Stück Manchegokäse in rechteckige Stücke, aus denen sie auf ihrem Teller eine Fenz errichtete, eine Umzäunung, in die sie allerlei grüne und schwarze Oliven hineinkullern ließ.

»Chihuahua Darnell im Käsecorral«, sagte sie. »Und gleich wütet ein Wirbelsturm, dann rollen wieder diese Gestrüppkugeln durch die verlassenen Straßen, weil im Western immer Gestrüppkugeln durch die Straßen rollen, Tumbleweed, bis es blitzt und donnert, und dann gibt es eine Olivenstampede im Käsecorral.« Wild stupste sie die Oliven auf ihrer käseumrandeten Tellerweide hin und her. Alle Zeichen standen auf Sturm. Die Oliven würden durchgehen und ausbrechen, alles würden sie niederrennen und verwüsten. Schrecklich! Etwas musste geschehen – und plötzlich erfüllte Gesang meine Küche, als hätte der Westernsänger Frankie Lane meine Stoßgebete erhört:

Furchtsam rollen die Oliven
Im Corral herum
Bibbern zittern miteinander
Vor Entsetzen stumm

Aus Angst vor dem Blizzard
Sind viele schon ganz grün
Einige sogar schon schwarz
Und alle woll'n sie fliehn

Da kommt aus dem Dunkel
Ein Cowboy, er singt
Ein Lied, das für Oliven
Sehr beruhigend klingt:
Corral, Corral, Käsecorral
Keine Stampede, im Käsecorral

Langsam fassen die Oliven
Wieder neuen Mut
Kein Gehoppel in der Koppel
Es geht ihnen gut

Die schönste der Oliven
Rollt an den Zaun heran
Fasst sich ein Artischockenherz
Und spricht den Cowboy an:

Für dich, liebster Cowboy
Tu ich, was du verlangst
Doch vorher sing noch mal dein Lied
Es nahm mir meine Angst

Corral, Corral, Käsecorral
Nie mehr Stampede, im Käsecorral

Die Wirkung war erstaunlich. Wie der Gesang der Viehhirten sich beruhigend auf eine nervöse Herde auswirkt, so kehrte auch bei den aufgepeitschten Oliven Friede ein. Frau Güzel beendete ihre Oliveneinflüsterungen und begann kauend, den Corral samt Inhalt seiner finalen Bestimmung zuzuführen. Die Käsestücke und die Oliven verabschiedeten sich sehr artig, einige knicksten sogar, und alle bedankten sich dafür, dass sie nicht einfach mir nichts, dir nichts weggefressen wurden, sondern, wie ihre Gastgeber und Aufesser, ein schönes Vorspiel hatten.

Linsengedicht oder Macht Kochen albern?

Wiglaf Droste

In der großen Auflaufform
schwitz ich in Olivenöl
vorsichtig Schalotten an,
etwas Knoblauch, Möhrenscheiben.
Linsen, vorher eingeweicht,
koche ich in einem Topf
spüle sie im Abtropfsieb
füge sie dem andren zu

rühre durch und salze, pfeffre
gebe eine Schote Chili
und zwei Löffel Sempf darunter
Cassiscrème, Balsamico
und gehackte Peters Lilie.
Nochmal rühren, ziehen lassen
dann die Esserin beglücken
und ihr einen Löffel Linsen

warm in ihren Nabel füllen
davon naschen, sie dann füttern
und zusammen glücklich futtern.

Ach, von Linsen muss man grinsen
denn man darf von ihnen pupen
laut und schön wie Autohupen.

Meer und Rettich
(Leise nach dem Sushi zu summen)
Wiglaf Droste

Aus tosendem weißem Meer rett ich
Dich, meine schöne Gabi.

Doch was nimmst du ängstlich, ja panisch
So grüne Farbe jetzt an?

O Gabi! Sake! Wasabi
Dir denn nur angetan?

Nennt mich Latte Centrale!
Ein Schweiz-Koller im Bergell
Wiglaf Droste

Hach ja, die Schweiz: Einmal, im Berner Oberland, in einem winzigen Ort namens Mauss, sah ich, etwas außerhalb der Ortschaft, vom rot-blauen Zwielicht der Dämmerung umfangen, eine Hütte, an deren Stirnseite das Wort CHÄSI stand. Was das wohl war? Ich ging etwas näher heran, dann roch ich, was ich geahnt hatte: eine Käserei. Und was für eine. Die Nasenflügel zitterten unter dem olfaktorischen Wetterleuchten, das Wort Fußnote erhielt hier eine ganz neue Bedeutung: Gerüche von vielerlei Mauken waberten durch das Lädchen, mild-süßlich bis brennend-scharf atmete sich vergorene Milchsäure in den Raum. Auch die Anmutung manch freundlicher Analfalte hing im käsedunstbedampften Gebälk, dem Connaisseur Freude versprechend. Denn selbst härteste Stinker gehen besser über die Zunge denn durch die Nase – das Abriechen scheint doch feinnerviger sich zu vollziehen als das Abschmecken.

Nachdem ein Beutel mit »Einmal etwas von allem, bitte« gefüllt war, trat ich in den sich verdunkelnden Abend hinaus – durch den jetzt ein Berner Sennenhund herangelaufen kam, einen Holzkarren ziehend, auf dem zwei große metallene Milchkannen standen. Kurz vor der Käserei stoppte er, setzte sich und bellte zweimal kurz auf. Alsbald öffnete sich die Tür, die Besitzerin trat heraus, wuchtete beide Kannen vom Wagen, hob leichthändig zwei leere herauf, bot dem Hund auf der nach innen gewölbten Hand eine Kleinigkeit zu fressen, kraulte ihn und gab ihm einen Klaps, woraufhin der Sennenhund umdrehte und, die leeren Milchkannen im Gepäck, davontrabte, dem Feierabend beim Milchbauern entgegen. Ich bin nicht idylleresistent genug, als dass diese Szene sich nicht tief in mich eingeschnitten hätte.

Beglückender sogar noch, so war es mir zugetragen worden, sollte es im Bergell zugehen, einem Bergtal in Graubünden, das Schweizer Freunde vehement schwärmerisch empfahlen. Von Soglio auf knapp 1800 bis nach Chiavenna auf knapp 500 Metern zieht sich das Tal langlang hin und beherbergt den größten Kastanienhain Europas, der zur entsprechenden Jahreszeit ein grünes Licht verströmt, das kein LSD-Flash dem Freund der Farben bieten kann. Als dann noch Vincent Klink offenbarte, dass er zu seinen Bergwandererzeiten stets im Bergell unterwegs gewesen war, und mich zu einem Essen lud, das er in Promontogno nahe Soglio für befreundete Bergführer gab, nahm ich freudig an und zockelte los, zum äußersten Rand Graubündens, der von Italien nur einen Fußmarsch entfernt liegt.

Während des Essens saß Klink zwischen elf kernigen, gutgesichtigen Berglern, die ein sehr alt und angenehm klingendes Gemisch aus Lombardisch, Rätoromanisch und Wasweißisch sprachen, dem ich leider nicht folgen konnte. »Guten Tag« beispielsweise heißt hier »Bun di«, klingt also eher katalanisch als schweizerisch-grenzitalienisch. Das ist der naiv humanisierende Zug an fremden Zungen: Immer kann man denen, die in ihnen sprechen, freundlich unterstellen, ihre Rede sei angenehm herzlich, intelligent oder sogar beides. Diesem Eindruck widersprach nur, dass – von den servierenden Töchtern des Wirts abgesehen – Frauen nicht zugegen waren. Frauenunterschuss aber ist noch immer ein todsicheres Indiz gewesen für ein nichtgutes Lokal.

Das Nachtlager schlugen wir in Soglio auf, in der Stüa Granda, also der »großen Stube«, denn der Palazzo Salis war ausgebucht. Das war nicht allzu tragisch, denn wo einst Rilke seine Bettelgedichte an wohlmögende Mäzeninnen schrieb und Hermann Burger seinen Borsalino durchs Haus flanieren trug, da muss man nicht wandeln. Überhaupt ist Soglio recht verseucht von *Zeit* lesender und entsprechender Lahmenliteratur anhängender Kundschaft; neben Rilke blinkte auch der Strohhutschriftsteller Hermann Hesse turnusmäßig in der Region herum. Das zieht noch heute Seltsames an und nach sich: In der Stüa Granda, wo die – wenn auch sehr gute – Küche steifprotestantisch um 21 Uhr schließt, saßen anderntags reichlich deutsche Halbbildungsbürger unter der ernüchternden, weißgetünchten Betondecke des Lokals herum und schwärmten davon, dass sie sich »das Essen erwandert« hätten. Absurd und bäh ist solch calvinistisches, pilgrimistisches Gerede: Darf nur gut essen, wer sportiv effektiv durchs Leben leistet, ruckelt, rudert und zuckt? Und wer den ganzen Tag im Bett lag und schlief oder faulenzte oder küsste oder las und schrieb – muss der leer ausgehen? Das kann nur glauben, wem seine besserver-dieneride Selbstgefälligkeit schon bis unters Hirndach stieg und alles, was darunter eventuell je vorhanden war, in Gänze verdrängte. Diese *Zeit* lesenden Ödnistrompeten gehören tja, wohin eigentlich? In die Gefängnisse ihrer Dünkelhaftköpfe eingesperrt sind sie ja schon.

Vor dem Schlafengehen hockten wir uns mit einer Flasche Roten auf eine Steinbank am Kirchhof direkt neben der Stüa, schauten in den südlich nahen, dicht besternten und befledermausten Himmel, sprachen über die Liebe und sonst gar nicht viel. Alle Viertelstunde meldete die Kirchturmuhr die just vergangene Zeit, die man sonst glücklich nicht bemerkt hätte, und zu jeder vollen Stunde gab es die komplette Dröhnung. Das ging auch noch munter weiter, als geschlafen werden sollte und vor allem wollte. Entsprechend bimm-bamm-haft seltsam waren die Träume von frauenfreien Bergführerlokalen, und so war es wohl kein Wunder, dass ich mit dem Satz im Kopf aufwachte: »Frauen sind Rettungsgemüse.«

Vormittags reiste Vincent Klink ab, die rundeste Gämse der Welt, versprach fürs nächste Mal Hiersein Murmeltierbraten und zischte davon; ich hingegen durfte bleiben. Wenn man von lauter Dreieinhalbtausendern umgeben ist, dann fühlt man, so heißt es, die Verpflichtung, auch hinaufzusteigen. Ich fühlte nichts dergleichen und lief nur so ein bisschen in der Gegend herum. Ja, das sah alles sehr gut aus, zirka alle drei Meter gab es einen kristallklaren, rauschenden Wasserfall, es gab schneeweiße Berge und blaue und grüne Bäche und Flüsse und Seen, und es gab süße, rührende Verkehrsschilder mit der Aufschrift »Achtung! Gefahr plötzlicher Hochwasser!«. Dutzendweise radelten Schweizer in zwanghaft bonbonbuntem Dress steilste Pässe hinunter und vor allem auch herauf, und abends im Lokal saßen sie alle da, sportstrahlend und so was von gesund. Und das Ärgste war: Niemand rauchte! Selbst wenn einmal eine schöne, schweizerisch hochgepflegte Frau im Lokal saß, rauchte sie nicht! Obwohl es in der Schweiz doch so wohlschmeckende Zigaretten gibt, *Parisienne* und *Mary Long*. Als Mann rauche ich schon seit vielen Jahren nicht mehr – aber eine schöne Frau, die nicht raucht, was soll das? Vor lauter Blues und Verzweiflung und wieder Blues und Verzweiflung fing ich an, selbst Zigarren abzubrennen, damit überhaupt jemand rauchte.

Nach ein paar Tagen hatte ich mir die Bäche, Flüsse und Seen gründlich grün und blau gekuckt. Ich konnte sie einfach nicht mehr sehen, diese beschissen glasklaren Wasserfälle, konnte sie nicht mehr riechen, diese saubere, gute Luft, ich bekam einen Hals auf den Himmel, und wenn ich die weißen Berge sah, begriff ich, warum die Schweiz ein gigantisches Drogenproblem hat: Es ist alles so schön, rein weiß wie Kokain. Man hält das nicht aus, dieses Zwangsgesunde. Massenhaft junge Schweizer greifen zum harten Stoff, damit haben sie endlich den Druck gegen den Dreck, den es hier nicht geben darf, um keinen Preis. So sauber verklemmt sind die hier, die kaufen ihr Toilettenpapier garantiert erst nach Einbruch der Dunkelheit. Ich sehnte mich nach einer schmutzigen Stadt, randvoll mit Ruß, Abgas und Müll, mit Lärm und Kaputtnicks. So weit können einen nur die Schweizer Berge bringen.

Gegen den Schweizkoller und Schweizalarm stieg ich hinab, nach Italien, wo der Kaffee besser und alles ein bisschen weniger mit Polyboy aufgemöbelt war. Überall auf dem Weg war die Schweizer Fahne gehisst, die Schweizerkreuzdichte erhöhte sich proportional zur Grenznähe. Damit der Schweizer weiß, wo er ist: auf der guten, auf der Schweizer Seite. Denn das ist des Schweizers größte Furcht und zugleich seine größte Sehnsucht – Italiener sein müssen. Und es endlich sein dürfen, aaah …

Ich kaufte zwei Flaschen Féchy, einen Laib Kastanienbrot, Butter, Bresaola von Cavallo und Cervo, einen gut nach Rosette riechenden Käse aus dem Bergell, das auf der italienischen Seite dann Val Bregalio heißt, diverse Würste, Bündner Kastanienhonig, Feigen und Pflaumen, schöpfte Wasser aus einem Bach und lief zurück. An einer Hausfront stand CENTRALE LATTE, dort gab es Milch, ich trank sie, sie war köstlich, und mich selbst gedachte ich von nun an mit einem neuen Namen vorzustellen: Nennt mich Latte Centrale.

Ich fand ein grimmsmärchenhaftes Plätzchen zum Picknicken: eine kleine Kirche, zum Heiraten schön, davor stand die kleine Statue eines Mannes mit quer aufgesetztem Zweispitz, mit Backenbart, Bäuchlein und verwegenem Blick, und ich lag am Hang und sonnte mich. Riesenameisen kamen zu Besuch, es waren die Kundschafter von der Vorhut und konnten melden: »Jungs, kommt alle! Es gibt Bresaola satt!«

Still lag ich und betrachtete die Ameisen – bis ich eine Wanderin fohlengleich den Hang hinaufhüpfen sah. Ein paar Meter entfernt legte sie sich ins satte Gras. Sie trug blaue Wanderstiefel, eine weinrote Hose, einen dunkelgrünen Pullover, hinter ihrem dunkelgoldenen Haar leuchteten bunte Wiesenblumen, und ihre Ohren waren klein wie schüchterne Becherlinge. Davon aber offensichtlich ganz unbeunruhigt lag sie auf dem Rücken, zog eine gelbe Schachtel *Mary Long* hervor, zündete sich ein Flüppchen an, rauchte, streckte die Beine in die Luft und rief: »Schauen Sie mal, ich baumle meine Beine nach oben!« Dann rauchte sie wieder, voller Behagen.

Und ich begriff, staunend, den wahren Luxus der Schweiz. Er heißt Italien.

Rotkäppchenbrief

Vincent Klink

Lieber Wiglaf,

Attentäter nenn ich Dich. Nach Deiner Abreise aus dem Gartenhäuschen fand ich dort im Kühlschrank einen Camembert vor. Der machte sich in kruder Wessimanier – in feindlicher Übernahme – das eigentlich schützenswerte Sektetikett »Rotkäppchen« zu eigen. Auf der stabilen Pappschachtel, schön bunt bedruckt, wirbt ein allerliebstes Rotkäppchen als Pin-up-Girl für den rahmigen Käse mit immerhin beachtenswerten 55 Fettprozenten in der Trockenmasse. Während ich mir über meine eigene Schönheit Gedanken mache und überschlage, dass ich – auf Trockenmasse gerechnet – wahrscheinlich in jeden Armanianzug passen würde, schneide ich mir ein Stückchen Käse ab. Das Messer fährt widerstrebend, als hätte es Angst, in standfestes Plastilin. Das käseähnliche Laibchen gibt allerdings ein monströses Camembertaroma von sich, dermaßen impertinent, dass sich der Werbetexter das Wörtchen Natur schamrot verkniffen hat. Die echten Rohmilchkäse aus der Normandie schaffen ein solches Odeur niemals.

Rotkäppchencamembert, du Perle. Nein, die Käsemacher dieser Rarität siedeln nicht im Allgäu oder an den mit Gänseblümchen gezuckerten Matten zu Füßen Neuschwansteins. Diese Würze kommt aus Dortmund – man will's nicht glauben. Unweit der Stahlkochereien wird in Käsezubern rumort? Ja, der Rahmige wird im Revier zusammengerähmelt, die Verpackung verkündet das mit Stolz. Neben der Bodenprägung »Haltbar bis August 2000«, nimmt der Fünfundfünzigprozentige das Maul ziemlich vollfett.

Die Schachtel verkündet: »Der Camembert selbst ist immer noch die beste Werbung für Rotkäppchen – aus tagesfrischer Milch mit einem Schuss Rahm hergestellt. In sieben Tagen, ganz wie es der erste Schöpfungsgedanke formte, reift das Käslein und wird zwischendurch dreimal gewendet.« Dem PR-Poeten dieser unverschämt unausgereiften Behauptungen gehört mal eine ordentliche Rollkur in Obstessig verpasst. Dreimal Wenden genügt da nicht. Die normannischen Camembertaffineure würden nicht schlecht staunen, erführen sie, dass man echten Camembert tatsächlich in nur sieben Tagen zur Marktreife ausbrüten kann.

Da die Dortmunder Rotkäppchenmilchwerker ihren Käse als den echten Camembert bezeichnen, weiß der Käsefreund gar nicht mehr, wo es längsgeht. Dem Franzmann bliebe nur noch übrig, sein ureigenstes Weißschimmeljuwel als ganz, ganz, superechten Camembert anzupreisen.

Die Natur im normannischen Camembertstammland mag schön sein. Kontrastreicher fürs Auge ist zweifelsohne die Gegend um Dortmund. Wie man hört, fliegen im vorzeiten scharf riechenden Black Country mittlerweile wieder Pusteblumen in lauen Lüftchen. Es ätzt nicht mehr die Kokerei: Düfte von geronnener Milch in edelstem Aggregatzustand vereinigen sich mit moussierender Wald- und Wiesenluft. O. k. – ein bisschen Autoabgas darf schon sein, schließlich leben wir im einundzwanzigsten Jahrhundert. Schwarzgescheckte Kühe schleifen pralle Euter über würzige Weiden. Wie gesagt, ich war noch nie dort, bin mir aber sicher, dass der heimelige Landstrich als zweites Allgäu bei Busveranstaltern freudig durchgehen könnte. Na ja, ganz genau muss man ja nicht hinschauen, man könnte den Bustouristen raten, ihre Sehhilfen zu Hause zu lassen. In der Tat, ich habe es probiert, kneift man die Augen etwas zusammen, verschwimmen die Fahnen der Baumärkte zu Blumenwiesen.

Ganz im Ernst, in Rhein und Ruhr tummeln sich wieder Salmoniden, und selbst verirrte Lachse – oder soll ich sie irre nennen – schwingen sich die kristallklaren Wasserfälle hinauf. Mein grünes Herz schlägt bis zum Hals, und ich werde der Zeitschrift *Feinschmecker* davon berichten, was mittlerweile auch an artenreicher Kulinarik, an gourmandiser Beute jenseits des Mains auszumachen ist.

Dortmund, du Edle, du reüssierst nicht mehr nur in Bier oder Fußball. Der Geist des Ruhrpotts kulminiert im Weichkäse. Hosianna, Rotkäppchencamembert! Natürlich gereift, 55 Prozent Fett in der Trockenmasse – da wird das Maul feucht. Rotkäppchen, du Rahmige. Yeah! Yeah! Der Franzose baut ab, das Revier übernimmt.

Herzlich, mit Gruß und Kuss, Dein Vince

Postskriptum (Jahre später):

Der Frühjahrsputz 2006 bringt zu den Iden des März einen Kühlschrankfindling ans Licht. Sonnige Frühlingsputztage beginnen immer mit Hektik, weil die Frühlingssonne die schmutzigen Fenster überdeutlich illuminiert. Die hinterste Ecke des Kühlschranks, das Reich des Schattens, befindet sich noch voll im Schimmelkrieg – und was finde ich da? Rotkäppchencamembert!

Innen drin, ich entferne das Goldstanniol, welche Überraschung! Solch hüpfendes Entdeckerherz muss auch den Archäologen geschlagen haben, als sie die letzte Pforte der Großen Pyramide aufstemmten. Raum und Zeit heben sich auf. Der Käse hat über Jahre dem Verfallsdatum getrotzt! Ich probiere und erinnere mich, dass dieser sortentypische Wohlgeschmack selbst in der Normandie mittlerweile nicht mehr zu haben ist. Genau! So muss Camembert schmecken! Entdeckerfreude und Glückstaumel überkommen mich. Die bunte Schachtel hat über die Jahre zwar ihre Farbintensität etwas eingebüßt. Doch die Bodenprägung behauptet noch immer völlig zu Recht: »Ein echter Camembert reift und entfaltet seinen Geschmack erst mit der Zeit!«

Picknickkoffer mit allem Drum und Dran

Vincent Klink

Würde man einen Automonteur am Sonntag unter der Türe mit den Worten begrüßen »Ach Kalle, schön, dass du da bist, lass uns ein bisschen feiern und unters Auto legen, irgendetwas stimmt an meiner Lichtmaschine nicht. Wir könnten dann, wenn's uns langweilig wird, noch einen Ölwechsel machen«? Sicher können wir uns alle kaum vorstellen, wie der Reparateur vor Freude Luftsprünge macht und den Sohn des Hauses in bester Laune bittet, ruhig auch noch sein Moped zur Schraubersession zu bringen. Egal wie, der Mechanikus dürfte sich ungefähr so fühlen wie ich, wenn nach meiner 80-Stunden-Woche, nach hartem Dauerbrutzeln, am freien Tag Picknick angesagt ist.

Nein, am freien Tag bin ich aus Selbstschutz gar nicht verwöhnt, seit Jahren begnüge ich mich bei Ausfahrten mit trockenen Brötchen, den grauenvollen Bifi-Würstchen und sonstigen Erniedrigungen von der Autobahnraststätte.

Irgendwann hatte ich aber dann doch die Schnauze voll und raffte mich anlässlich von Ausflügen dazu auf, am Vortag bessere Überlebensvorsorge zu treffen. Kurzum: Ob mit dem Zug, dem Fahrrad oder zu Fuß unterwegs, ohne gute Klappbrote bin ich nie mehr in der Fremde anzutreffen. Richtig schön bekomme ich aber Autoausflüge hin, und wer's noch nicht weiß: Ich verfüge auch über eine Flotte von vier unterschiedlichen Indianerkanus. Der Muskelantrieb der Dinger macht hungrig, und meist sind Kneipen auf dem Seeweg schwer anzusteuern. Also habe ich mich nach Picknickkoffern mit allem Drum und Dran umgeguckt. Fehlanzeige. Das war alles irgendwie herzallerliebster Kitsch und entbehrte jeden Survival-Grooves. Den braucht man im Indianerkanu aber unbedingt, um sich die Lederstrumpfillusion aufrechtzuerhalten. Ich habe mir nun selbst eine Holzkiste gebastelt und fordere die geneigten Leser dazu auf, es mir gleichzutun.

Man besorgt sich eine stabile Bordeauxweinkiste. An der schmalen Seite werden in handbreitem Abstand große Löcher gebohrt, sodass man ein dickes Seil durchziehen und dieses zu Haltegriffen verknoteten kann. Klar, man nimmt nicht irgendeine Holzkiste – es sollte schon ein Grand-Cru-Exemplar sein. Spitzengewächse werden nämlich in soliderem Holz gehandelt. Jeder bessere Weinladen wird gegen eine Tafel Schokolade oder vielleicht schon auf herzliches Bitten so ein Exemplar herausrücken. Im Baumarkt lässt man sich Sperrholz so zusägen, dass das Geschirr, Besteck und auch eine Olivenölflasche und sonstiger Krempel passgenau einsortiert werden können. Mit Holzleim aus einer Plastiktube sind die Zuschnitte einzukleben, und wenn alles hart getrocknet ist, schneiden wir mit einem scharfen Messer die überstehenden Klebstofftropfen ab. Das hört sich jetzt alles kompliziert an, aber ich habe es auch hingekriegt. Egal was man in die Kiste packt: Zunächst muss klar sein, was hereinkommt, dann erst werden die Fächer vermessen.

Nun zur Einrichtung unserer Lustkiste. Die besorgt man sich am besten bei woick.de oder globetrotter.de nach Belieben. Ich habe mich für Emaillegeschirr entschieden, als Olivenölflasche griff ich mir eine Trinkflasche aus Edelstahl. Besteck gibt es in einer raffinierten Zusammensteckversion, auch sollte man an kleine Plastikbehälterchen für Salz, Pfeffer, gemahlenen Kaffee oder beispielsweise für Gemüsebrühenpulver denken. Ohne Gaskocher gehe ich nie los, habe sogar einen Dampfkochtopf. Meistens kampiere ich jedoch in einer Gegend, in der man ein gutes Gasthaus findet. Die Riesenkocherei fand bislang nie statt, deshalb rate ich zur Ausstattung einer »kalten Küche« – grad so aber, dass man sich einen Kaffee oder eine Gemüsebrühe kochen kann.

Teller braucht man noch, Henkelbecher und einige Edelstahlschüsseln, die sich mit Klammern dicht und loopingsicher verschließen lassen. Für Wein habe ich mir Silberbecher besorgt, denn guter Wein hat in Emaillebechern nichts zu suchen. Es gibt aber auch dickwandige Gläser, die transportfest sind. Nicht schlecht ist auch ein kleiner Wasserkanister mit Hahn, damit man sich die Hände abspülen kann. Was nicht fehlen darf: Outdoorseife in der Tube. Die habe ich sowieso immer im Auto. Inwieweit sie biologisch abbaubar ist, weiß ich nicht. Wenn ich mir damit die Fettpfoten am Bach wasche, schäumt jedenfalls nichts, und als Umweltverschmutzer bleibt man einigermaßen inkognito.

Rettet den Speisewagen!

Wiglaf Droste

Anfang Oktober ging eine erschütternde Meldung über den Ticker: Die Deutsche Bahn will ihre Speisewagen abschaffen. In der ersten Klasse soll, wie im Flugzeug, am Platz etwas serviert werden, das den Namen Mahlzeit nur bedingt verdient. Die Gäste der zweiten Klasse werden vollends zum Fußvolk herabgestuft und dürfen im Bistrowagen Erzeugnisse aus Presspappe und Vollgummi verzehren, die dort Sandwiches oder Nürnberger Rostbratwürste heißen. Immer wieder furchteinflößend ist der Anblick, wenn sechs bleiche Todesfinger vom Bistrowagenkellner aus ihrer Plastikverschweißung herausgepult und, von schlierigem Glibber umseicht, in die Mikrowelle verbracht werden.

Dabei hatte sich die Bahn gebessert. Seit einiger Zeit war das Essen in den Speisewagen genießbar, mitunter, gemessen an den Arbeitsbedingungen in der Speisewagenküche, sogar gut. Die Führung der Bahn aber ist nicht daran interessiert, die Vorteile der Bahn auszuspielen – sie will ihre Klienten offenbar mit aller Macht ins Auto treiben, und zwar nicht nur die Laufkundschaft, sondern auch all die, denen Bahnfahren explizit gefällt. Wie sonst ist es zu verstehen, dass man von Bundesbahnschaffnern Telefonkarten mit Werbung für Benzinhändler verkauft bekommt: »Tiger Wäsche – Esso – Ihre Energie«?

Nicht nur der Bundeskanzler, der im Audi V 8 durchs Land sirrt und sich dabei auf der Überholspur des Lebens wähnt, ist ein Autofetischist. Auch die Chefs der Bahn mögen ihr eigenes Kind nicht leiden und behandeln es schäbig. Der Bahn den Speisewagen zu nehmen, ist Mord an der Bahn. Ich habe im Speisewagen mehr Zeit zugebracht und Geld ausgegeben als in vielen anderen Restaurants zusammengenommen, und ich tat es freiwillig und gern. In den gut vier Stunden etwa, die man auf der Fahrt von Berlin nach Essen verbringt, kann man im Speisewagen schon vier kleine Flaschen Wein getrunken haben. Oder fünf oder sechs. Oder einen Krimi weggelesen, einen Liebesbrief geschrieben, oder, wenn es wirklich gut lief, etwas gedichtet haben – zum Beispiel vier Zeilen über die Bahnchefsorte Mensch: Wer Aktien käuft oder verkäuft / der sei in altem Bier ersäuft / vom Kopf bis hin zur Mitte / langsam und qualvoll, bitte.

Nur die Zone zählt

Wiglaf Droste

Sie, das Mädchen aus dem Osten,
eine schöne, schlanke Bohne
stößt, ganz ohne Reisekosten
immer wieder auf die Zone.

Beim Betrachten eines Westen-
trägers denkt die Schöne nur:
Typisch Westen – kriegt die Besten
und das trotz Problemfigur.

Er, der um die Hüften dickelt,
wie hat er mich eingewickelt?
Ist's sein Antlitz, unverpickelt?
Seine Stimme, chromvernickelt?

Nein – sein KÖRPER ist nicht ohne:
Er vereint Problem UND Zone.

Der Klapperstorch bringt Molkenberger Milchzähne

Wiglaf Droste

An der Dorfstraße im brandenburgischen Molkenberg liegt die Alte Molkerei. Das große rote Backsteingebäude wurde von einem gemeinnützigen Verein für Bildung und Freizeit zu einer Jugendbegegnungs- und Tagungsstätte um- und ausgebaut. PAL steht am Briefkasten, dabei handelt es sich aber nicht um das Hundefutter, das laut Werbung »von führenden Züchtern empfohlen« wird. Hier bedeutet PAL: Projekt Alternatives Lernen. So furchtbar das klingt für einen, der mit dem Wort alternativ erwachsen wurde und lernte, es korrekt mit geizig zu übersetzen, so erstaunlich schön ist es in der Alten Molkerei.

Das Haus ist groß und großzügig eingerichtet, hat einen riesigen Garten, in ein paar Fußminuten ist man an der Havel. Im Sommer gilt in Molkenberg die Parole: Storchenland in Storchenhand! Zwei bis drei Dutzend Alt- und Jungstörche bestimmen das Bild, klappern hölzern mit den Schnäbeln, schwingen sich auf in die Lüfte, und wer kein Frosch ist, freut sich darüber. Farb-Klang, das Kunst- und Musik-Atelier für Kinder und Jugendliche in Berlin-Mitte, richtete auch im Juli 2003 eine fünftägige Ferienfreizeit in Molkenberg aus, und wie im Sommer zuvor wurde ich für ein paar Tage als Smutje und Märchenonkel einbestellt.

Zu bekochen galt es vier erwachsene Frauen, zwei weibliche und zwei männliche Jugendliche zwischen 10 und 14 Jahren und sechs Mädchen zwischen vier und acht Jahren. Das waren die Molkenberger Mäuse Antonia, Emilia, Johanna, Lilli, Nouma und Quila. 14 Mäuler futtern ordentlich was weg, da hat man zu tun. Eine gute Arbeit ist das: heiße Kartoffeln mit viel Butter, Milch, Salz und Muskat zu Brei stampfen oder ein paar Kilo gekochte Tomaten mit dem Holzstößel eines Mörsers durch ein feines Sieb passieren – das lässt den Schweiß die Suppe salzen. Kochen hat eine erfreulich physische Komponente – das ist Arbeit, keine affig simulantige Köchelei à la Biolek.

In der Küche trug ich die Schürze, die mir Fanny Müller zu meinem 40. Geburtstag schenkte: »Nîmes – La ville de l'olivier« steht darauf, die Zeichnung darunter zeigt einen gewaltigen Stier in Rückansicht, seine Klöten sind je eine große grüne und eine schwarze Olive, und wenn man die Schürze umbindet, hängen die Oliven exakt auf Sackhöhe. Danke, Fanny! So macht sich ein Mann schön zum Horst – oder, bei den Neunmaldummen, sogar verdächtig.

Mein japanisches Allzweckmesser schnitt durch Truthahnbrust und Zwiebel, mit der flachen Seite quetschte es Knoblauch. In Butter, Meersalz und schwarzem Pfeffer wurde gebraten, ich rührte, knetete Fleischbällchen, sott sie im Tomatenfond, schleppte Teller und Töpfe in den Garten, drei Kellen zwischen den Zähnen wie Entermesser, verteilte, schöpfte, gab Futter. Außer dichten, küssen, singen und ins Wasser hüpfen fällt mir nicht viel ein, was ich genauso gern täte.

Dann wurde die Küche geblitzblankt. Das muss sein: Wenn man mit dem Kochen anfängt, will man direkt loslegen können, nicht erst noch putzen. Koch sein ist wie Dichter sein: Man hat immer zu tun, und immer das Schönste – auch wenn das nicht immer so aussieht. Die Mäuse rissen mich aus der Küche. »Gevatter Tod! Gevatter Tod!«, piepsten sie in meine Ohren. Sie meinten damit freundlicherweise aber nicht mich, sondern das Märchen der Gebrüder Grimm. »Lies was Gruseliges, o ja, was Gruseliges!«, quiekten sie, die Trommelfelle schreddernd, und zerrten mich an den Händen in den Garten. Ich legte mich mit dem großen Grimms-Märchen-Buch von Nikolaus Heidelbach auf Decke und Wiese, die quibbelige Milchzahn-Truppe sortierte sich drumherum, begierig die traumwandlerischen Heidelbach'schen Bilder betrachtend, auf mir herumkletternd, an mir zupfend und zerrend, mich bestürmend.

»Was Gruseliges, was Gruseliges!«, verlangte die Bande im Chor. Außer »Gevatter Tod« war noch »Fitchers Vogel« im Rennen, das »Märchen von einem, der auszog, das Fürchten zu lernen«, »Die Boten des Todes«, »Blaubart« und »Das Waldhaus«. Ganz besonders hoch im Kurs stand »Der Räuberbräutigam« – da wird »der Leib einer Jungfrau zerhackt und mit Salz bestreut«. Das mochten die Mäuse besonders. Als sich die drei Jüngeren »Das blaue Licht« wünschten, in dem eine Königstochter einem alten Soldaten »als Magd aufwarten« muss, zog die ältere Mäusehälfte gelangweilt von hinnen.

Während ich als Märchenonkel bei der Arbeit war, ließ sich im Nachbargarten ein alter Mann sehen, der eine Angel reparierte, dann aber doch nicht zum Angeln ging, sondern wieder in seiner Hütte verschwand. Er lebt dort wirklich in einer Hütte mit Bett und Feuerstelle. Im Märchen wäre er vielleicht des Teufels rußiger Bruder, in der wirklichen Wirklichkeit heißt er Herr Wille.

In Molkenberg geboren und auf einem Bauernhof aufgewachsen, erbt er gemeinsam mit zwei älteren Stiefbrüdern den Hof, geht aber sofort vom Gehöft, weil er weiß, dass auf so was kein Segen liegt: Nur im Märchen bekommt der Jüngste am Ende die Prinzessin und das Königreich, während die bösen älteren Stiefbrüder leer ausgehen. Eine andere Wohnung steht ihm nicht zu, weil er ja Wohnrecht auf dem Hof hat, der ihm zu einem Drittel gehört. So zieht er in die leerstehende Molkerei, wo er mit anderen lebt, die ebenfalls keine oder wenig Ansprüche an eine Behausung stellen. Als die Molkerei zu einem Tagungsort umgebaut wird, zieht er als Letzter dort aus und in die benachbarte Hütte.

Als die Kinder und ihre Betreuerinnen anderntags eine Badestelle an der Havel suchen, angelt Herr Wille gerade am gegenüberliegenden Havelufer in seinem großen Eisenkahn, gibt das Angeln aber freundlicherweise dran, tuckert über den Fluss, lädt 14 Passagiere in den Kahn und bringt sie zu einem gut bebadbaren Uferstück. Gleichmütig wartet er, bis alle fertig geschwommen, geplantscht und getobt haben, dann fährt er die ganze Bagage zurück. Einladungen zum Essen schlägt er aus, Spritgeld für seine Kahnfahrerei will er nicht haben. Huckleberry Finn hat einen langen Weg zurückgelegt vom Mississippi bis nach Molkenberg an der Havel.

Der Fernsehkasten als Mikrowelle

Eine Verwunderung über das immer beliebtere Kochfernsehen

Wiglaf Droste

Der erste Fernsehkoch, den ich sah, hieß Max Inzinger – seitdem ist das Wort »feingehackt« fest in meinem aktiven Wortschatz verankert. Ich sah den Mann bei meiner Großmutter mütterlicherseits, wo die restriktiven elterlichen Fernsehvorschriften lax gehandhabt wurden: Ich durfte Western kucken und Kriminalfilme, bei denen meine Omma regelmäßig einschlief, nachdem sie zuvor missbilligend »Ach, wieder erst zwei Tote!« gemurrt hatte – als Angehörige der Kriegsgeneration hatte sie anderes erlebt und entsprechend forcierte Maßstäbe und Ansprüche. In einer ZDF-Sendung namens »Drehscheibe« sah ich dann eben auch jenen Fernsehkoch, dessen Existenz ich allerdings nicht verstand: Meine Omma kochte und konnte das alles viel besser.

Vor Max Inzinger, so berichtete mir als Gewährsmann der Maler Nikolaus Heidelbach, hatte es in Deutschland bereits den Fernsehkoch Clemens Wilmenroth gegeben, von dem sich Heidelbach einen Satz für immer merkte: »Wir rühren aus Ketchup und Mayonnaise einen Creme.« – »Einen Creme«, so sprach der Mann, obwohl »einem Creme« sogar noch eine Idee elaborierter gewesen wäre. Ein Ketchup-Mayonnaise-Creme: Wer da keinen Appetit bekommt, ist selber schuld. Allerdings war Wilmenroth kein Koch, sondern Kochdarsteller. Während die heute im TV agierenden Köche ja Wert darauf legen, nicht nur medial, sondern auch in der wirklichen Wirklichkeit kochen zu können, und das auch noch richtig gut.

Wozu im Fernsehn kochen, wenn man es in der freien Wildbahn tun kann? Es ist gut für die Popularität, also fürs Geschäft, für gewöhnlich schließt sich an die Fernsehkarriere eine zweite als Kochbuchautor an, und man tut, wenn auch vielleicht nicht etwas Gutes, so doch immerhin nichts Böses. Es gibt so viele Haushalte, in denen nicht gekocht wird, so viele Kinder,

Jugendliche und junge Erwachsene, die niemals die grundlegende Kulturerfahrung gemacht haben, wie aus dem Rohen das Gekochte wird. Wenn man nur ein paar von diesen bedauerlichen Menschen dazu inspiriert, an den Herd zu gehen und selbst eine Mahlzeit zuzubereiten, kann das nicht verkehrt sein. So gesehen tut Jamie Oliver viel Lobenswertes: er gibt unbekochten, also ungeliebten Kindern zwei Hände und die Lust zum Kochen zurück. Warum allerdings zigtausende aufgekratzte Menschen in seine Live-Shows rennen, zählt zu den Rätseln, die ungelöst bleiben dürfen.

Wieso wurde Kochen Pop, wie konnten Köche zu Popstars werden? Traditionell ist der Koch ein Underdog, durch Schichtarbeitszeiten im sozialen Aus zuhause und immer mit mindestens einem Bein in der Suchtmittelabteilung. Das gilt nicht mehr; alerte junge Erfolgsköche prägen das Berufsbild. Der klassische Küchen- und Kantinenbulle, dem das speckige Hemd überm Gewaltranzen spannt, existiert zwar noch in tausenden Brutzelbuden des Landes, doch das Image des modernen Kochs ist sauber. Köche sind heute kulturell gebildete Menschen, sie verstehen etwas von den schönen, sinnlichen Seiten des Lebens, und sie sind gute Geschäftsleute. Das durften sie sich von Alfred Biolek abschauen, dem geschäftstüchtigen Juristen und Fernsehkoch, der bei jeder verkauften Biolek-Fernsehküche mit 20 % am Gewinn beteiligt war. Es war die joviale Schmunzelmuffe Biolek, die das Kochen im Fernsehn zu Pop verbriet. Und wenn aus einer Profession Pop wird – man betrachte nur unsere ältlichen Jungschriftsteller von der Firma KiWi –, dann wird alles Gewerbe, in jeder Bedeutung des Wortes.

Ich sehe dem Fernsehkoch Johann Lafer beim Fernsehkochen zu. Sein Bild kannte ich schon von einer Essigflasche – wo Lafer mit Daumen und Zeigefinger einen Kreis formt, was das Superbe an diesem Produkt herausstreichen soll. Man kann die Geste aber genauso als Vulgärausdruck für den menschlichen Hinterausgang interpretieren. Das muss Herr Lafer ganz allein wissen, ob er sich so missverständlich und massenhaft abbilden lassen will. Seine Ausrüstung im Fernsehn jedenfalls legt nahe, dass man ohne eine Hochtechnik-Küche aus der Weltraumforschung und drei saftige Sponsorenverträge gar nicht erst anzufangen braucht mit dem Kochen. Es gilt aber: Kochen ist wie Liebe, man muss dazu imstande sein. Es braucht nicht technische Mätzchen, sondern im Gegenteil den ganzen Menschen. Das ist ja gerade das Schöne daran.

Tim Mälzer erscheint sympathischer – doch auch dieser Koch wirbt für Industrielebensmittel, und er arbeitet für *Bild*. Ich habe tote Fische gesehen, die es ablehnten, sich in *Bild* einwickeln zu lassen. Ein Koch, der mit *Bild* kollaboriert, kann seinen Brägen irgendwann als Wurst verkaufen. Das ist kein moralisches Urteil, sondern ein professionelles: Man kann nicht mit der Mülltonne Geschäfte machen und anschließend ein unverdorbenes Gericht kochen. Kochen ist nicht heilig, aber etwas archaisch Religiöses umweht die kulinarischen Rituale. Wie sagt das erste Küchengebot: Du sollst die guten Nudeln / nicht mit *Bild* besudeln.

Was Johannes B. Kerner in der Welt der medialen Pfannenschwinger tut, hat mit Kochen nichts zu tun, nicht einmal mit Kochfernsehn. Der Mann lässt kochen und grinst dazu, überflüssiger noch als Bertolt Brechts »Fisch mit Namen Fasch«. Die Mischung aus Gedankenarmut, uneingeschränktem Abgreiferinstinkt, einem süßlichen Ich-hab's-geschafft-Erfolgsschnäuzchen und penetranter Omnipräsenz imponiert hierzulande nicht wenigen; so substanzfern wie Kerner kämen viele Landsleute auch gern durch ein zusammengeheucheltes Teuerteuerleben. Müssen dafür aber unschuldige Soufflées in Flammen aufgehen?

Auf ganz andere Weise deplatziert wirkt Jürgen Dollase. In den 1970er Jahren Mitglied einer Krautrock-Band, wechselte der ältere Dollase zum Champagnerkraut und speist als eine Art Feinspitz-pass-auf für die *FAZ* und die *FAS* in gehobenen Restaurants. Das schadet nicht; man soll nicht nur gut kochen können, sondern auch ein guter Passivkoch sein, also ein guter Esser. Ohne Esserin und Esser gäbe es keinen Koch und keine Küche. Köche brauchen Esserinnen, das verbessert sie von innen.

Dollase geht es, in der Zeitung wie im Kochfernsehn, um Grundsätzliches: Er will die Voraussetzungen für eine hoch entwickelte Kochkunst ergründen und festschreiben. Das tut er mit Sachkenntnis, aber wie viele deutsche Intellektuelle ist Dollase kein scharfer und präziser Denker, eher eine latent verquollene Auswalze. Der Mann kommt nicht auf den Punkt, und das ist nicht nur beim Kochen tödlich.

Warum wird im Fernsehn gekocht? Weil Kochfernsehn für vergleichsweise wenig Geld herzustellen ist? Die Fernsehkocherei hält allerhand Arbeitslose und Rentner von der Straße, das soll man nicht unterschlagen oder unterschätzen, das ist ja etwas. Unsere Greisinnen und Greise haben es auch gern, wenn's im Fernsehkasten britzelt und spratzelt und trotzdem nichts angebrannt riecht und man hinterher auch nichts abwischen oder wegspülen muss. Wenn die Industrie jetzt noch eine Mischung aus Fernsehgerät und Mikrowelle anböte, das ganze Land, sofern nicht auf dem ersten bis dritten Arbeitsmarkt ein Bruttosozialprodukt herbeiwürgend, säße komplett vor den Apparaten, am Ende der Sendung wäre das Essen fertig und käme – bing! – aus der TV-Mikrowelle direkt in den Schlund.

Meine Omma, Jahrgang 1919, liebt inzwischen das leichenarme Kochfernsehn mehr als die Krimis; ihr Lieblingsfernsehkoch ist Vincent Klink, über dessen Sendungen ich nicht schreiben kann; wir sind Freunde. Was meine Großmutter zum Anlass nahm, mich zum Boten zu bestellen. »Kannst du Vincent Klink bitte von mir ausrichten, dass er viel zu einfach kocht?«, fragte sie mich. »Richtiges Arme-Leute-Essen« sei das erst kürzlich wieder gewesen, schimpfte meine Omma. Die alte Dame, die 1944 mit zwei kleinen Töchtern zu Fuß und mit dem Handkarren von Tilsit in Ostpreußen nach Westfalen floh und niemals in ihrem Leben materiell reich war, kam zum Schluss. »Sag ihm doch bitte: Da haben wir ja auf der Flucht besser gegessen.« Womit dann endlich alles in Butter war.

Freuden eines kochenden Arbeiters

Wiglaf Droste

Auf dem Herd die große Flamme entfacht,
In der Pfanne heißes Olivenöl,
Da hinein gehen die Dinge:

Ein Kilo Tomaten, geviertelt,
Meersalz, zwei Chilischoten,
Zwischen Daumen und Zeigefinger zerrieben,
Ein Schuss Balsamico, eine Prise Zucker

Unter dem Messer
Zwei Schalotten, vier Zehen Knoblauch,
Drei Peperoni,
Eine Handvoll grüne, auch schwarze Oliven,
Getrocknete Tomaten,
Paar Kapern noch

Ein Pfund Lamm-, Kalb- und Rindfleisch, gewolft,
Ein Glas Primitivo, ein Schuss Tomatensaft

Der Rest ist Liebe:
Hitze und Flamme und Zeit
Und Rühren und Holzlöffel in meiner Hand
Und Schmecken und kleinere Flamme
Und Nudeln in Butter und Meersalz und Knoblauch,
Mit dem Messer zerdrückt
Und noch mehr Zeit

Ein dampfender Teller,
Der Löffel,
Der geriebene Parmesan

Dein schimmernder Mund,
Der mich nimmt,
Alles schmeckt und auskostet,
Deine geöffneten Lippen,
Ein Seufzer,
Deine Augen, geschlossen erst,
Dann leuchtend,
Strahlend
Dein Lächeln

Und ich sah, dass es gut war.

Statt eines Nachwortes

Markab, Scheat und Algenib

Eine Erinnerung an F. K. Waechter

Vincent Klink

Die Dämmerung war schon fortgeschritten. Er kam aus dem Dunkel, stand einfach da im Licht, oder er war das Licht. Egal – nein, nicht egal: Ihm wäre es unauffälliger lieber gewesen. Jedenfalls verharrte er am Entree und traute sich nicht weiter. Er wirkte so scheu wie ein Kind beim Schwimmkurs. Wo war sein Gesicht? Sein silbernes, langes, engelslockiges Haar verbarg ziemlich viel von dem, was den großen, schlanken und schönen Mann ausmachte. Die Haare dienten ihm als Vorhang – was ihn auch leicht gebeugt gehen ließ. Er wirkte, als hätte er sich gern einen Tunnel zu dem Tisch gegraben, den ich ihm zuwies.

Er bekam eine sichere Ecke und schaute dann mit leuchtenden Augen auf den Koch. Ich merkte gleich, er vertraut mir, und dann war er ja auch mit seiner engeren Verwandtschaft da, und die ganze Corona war in Genießerlaune.

Das Ganze war selbstverständlich ein Komplott. Ich hatte die Verwandtschaft des Künstlers angezapft – ob sie nicht auf den Meister sanft einwirken könnte? Könnte er nicht für den *Häuptling* irgendetwas kritzeln? Irgendwann einmal, und auch nur ganz wenig, eigentlich nur ein, zwei Zettelchen, ob mit Kuli oder stumpfem Blei, ob auf Küchenkrepp oder Faxpapier? Egal, könnte ER nicht irgendwelche Brosamen seines künstlerischen Tableaus ins Werkdruckpapier des *Häuptling* rieseln lassen?

In meiner Küche war die Hölle los – ein versalzenes Gericht, ein minimaler Küchenunfall, und das Attentat würde missglücken. Ich war aufgeregt wie zu Schulzeiten, als ich mir bei den Bundesjugendspielen eine Siegerurkunde ertrotzte. So ein Moment war nie wieder gekommen, meine Meisterprüfung im Brennes Parkhotel in Baden-Baden war dagegen ein Klacks, den ich alkoholgestützt auf Autopilot absolviert hatte. Doch heute war es wie damals auf dem glutheißen Sportplatz, ich war dem Kollaps nahe.

An Tisch sieben kamen infam gewichtige Weine zum Einsatz. Ein Hinterhalt nach dem anderen wurde gelegt, angefangen bei Pâté de Cailles, über Taschenkrebse zu Trüffeln und geheimnisvollem Gänselebersoufflee. Letzteres war geradezu mystisch-stimulierend, da ich von einem Mitglied der Frankfurter *Titanic*-Boygroup äußerst aromatisches Haschischgras zugekauft und so mein Spezereienregal zu einem Ort der Wunder gemacht hatte. Das Soufflee war optimal gewürzt worden, mir blieb nur noch das Abwarten. Soll noch mal einer behaupten, mit einem Gewürz käme man gut durchs Leben. Diesem Minimalismus hing keiner der Anwesenden an.

Genießen bedeutet ja auch immer das Wandern zu unterschiedlichen Ebenen, vom Rohen zum Gekochten, vom Festen hin zu leichter Viskosität. Ein Jahrgangs-Portwein musste her, und die Phalanx all der unterschiedlichen Halluzinogene zeigte alsbald vortreffliche Wirkung.

Der Meister, bekannt als ein notorischer Anzweifler seiner selbst, wollte so gern für mich den Bleistift führen, aber er könne nicht – er sei schöpferisch erloschen. »Ich habe schon ewig nichts mehr gezeichnet, mir fällt einfach nichts mehr ein!«, lautete sein Lamento. Ich saß zerschmettert in meinem Stuhl und rang um eine rettende Idee. Die Decke des Restaurants öffnete sich (ich hatte auch ordentlich von der Souffleemasse probiert, ständig abgeschmeckt eben), die Sterne leuchteten klar, und ich gewahrte einen neonartigen Streifen am Horizont der Nacht.

Da stand geschrieben: Keine Eingebungen mehr? Macht doch nichts, ich nehme auch Minimal Art, gern komplett ohne Idee! Ich griff hinten in meine Hosentasche, wo ich ein Skizzenbuch stecken hatte. Mit diesem leinengebundenen Edelteil hatte ich als Jungspund mal versucht, in München an der Kunsthochschule zu reüssieren, weil ich, durchaus prophetisch, Kochen für den finalen Lebensplan als zu mühsam erahnte. Die leeren Seiten des Buchs sollten dem Prüfungsleiter als Dadaismus untergejubelt werden. Obwohl Bayer – so blöd war der Professor dann doch nicht. Welch glückliche Fügung für meine hungrigen Freunde und, was das Skizzenbuch anbetrifft, auch für mich. Ich übergab die jahrzehntealte Kladde. Sie hatte eine gewisse Aura, atmete irgendwie den Geist der klassischen Moderne. Trotzdem: Was dann geschah, erstaunte mich über die Maßen.

Nicht zu glauben: Der Pawlow'sche Reflex hatte auch F. K. Waechter überrumpelt. Er griff das Buch mit wild hungrigem Blick. Es folgte Gang um Gang, über kleine Fische an Pesto ging die Reise quer durch die Grande Cuisine, und in den Pausen war Waechter mit glühenden Augen am Zeichnen. Sein Kuli ging in die Kurven wie ein Formel-1-Monoposto. Der Meister raste, und wir hingen am Tisch und feuerten ihn an. Es herrschte ein so orgiastisches Geschrei, dass die umliegenden Tische indigniert nach der Rechnung verlangten. Uns focht das nicht mehr an, wir waren in der Welt des Meisters gefangen, waren drinnen – und alle anderen waren Rest der Welt, waren draußen.

Er bot mir das Du an, und ich fiel fast in Ohnmacht. Kühler Champagner, von seiner Frau Nole über meine Lippen genetzt, brachte mich logischerweise besser hoch als das neutestamentarisch-probate Mittel des Essigschwamms. Gleichwohl war die Situation von biblischer Wucht. Ich weiß nicht mehr:

Lagerten wir um den Künstler ganz wie die Jünger, oder logierten wir noch auf den Stühlen? Bei den Schnäpsen angelangt jedenfalls klappte Fritz das Skizzenbuch zu, schaute mich, die pure Freude, leuchtend an und jauchzte: »Es ist vollbracht!«

Der Abend ging zu Ende, mir blieb nicht mehr viel Zeit. Ich warf mich auf das Skizzenbuch, doch sein Haar flog, und er war schnell wie Pegasus mit knatternder Mähne auf dem Weg zum Olymp. Er entwand mir das Monument der Kreativität, das Objekt meiner heftigsten Sehnsüchte, und ließ es in seiner Tasche verschwinden. Ich keuchte, und er sagte ganz ruhig, wie ein liebenswürdiger Therapeut, gütig, verständnisvoll, leise und eindringlich: »Das ist alles nicht fertig, das muss auf Bütten übertragen werden.« Ich ließ von ihm ab, denn er war von der zuverlässigen Sorte Mensch, die nie jemanden enttäuschen konnte, ein fabelhafter Spezialist der Selbstausbeutung.

Wir fielen uns in die Arme. Das Leben besteht aus ständigem Abschied. Singend zog die wunderbare Crew den Berg hinab, und ich wankte ums Restaurant, fiebrig wie damals, als man mir versehentlich die Weihnachtsgeschenke bereits eine Woche vor der Bescherung verraten hatte. An der Eingangstüre sah ich am Nachthimmel das Sternbild Pegasos, die drei Fixsterne Markab, Scheat und Algenib. Während ich diese Zeilen schreibe, hängen Wolken davor. Später werde ich nachsehen, ob sich nicht ein vierter Stern dazugesellt hat.

Textnachweise

Die Beiträge dieses Sammelbands, verfasst von Wiglaf Droste (WD) und Vincent Klink (VK), sind bis auf vier Ausnahmen den nachfolgend (in der Reihenfolge des vorliegenden Buches) aufgeführten Nummern der Zeitschrift *Häuptling Eigener Herd* entnommen. Die Texte wurden von den Autoren für die Buchfassung erneut durchgesehen:

Vom unerträglichen Leid unserer Feinspitze (WD): H. 24 (9/2005) · *Wurst und Durst* (WD): H. 28 (9/2006) · *Wurstrezepte* (VK): H. 26 (3/2006) · *Sitt und satt* (WD): H. 5 (9/2000) · *Vom Genusszwang zur Simulation* (WD): (Doppelnummer Winter 1999 / Frühling 2000) · *Angriff der Kochroboter* (VK): H. 22 (3/2005) · *Diät ist Mord am ungegessenen Knödel!* (WD): H. 9 (12/2001) · *Vom Muckefuck zur Schaumschlägerei* (WD): H. 30 (3/2007) · *Einiges über das Barwesen* (WD): H. 10 (3/2002) · *Im Mandarinenbaum* (WD): H. 7 (6/2001) · *Das Sarkozy-Syndrom* (WD): H. 31 (6–7/2007) · *Das Gastmahl des Trimalchio* (VK): H. 29 (12/2006) · *Rezepte: La bonne Auberge des Coquilles Saint Jacques* (VK): H. 12 (9/2002) · *Gerichte unserer Zeit* (VK): H. 30 (3/2007) · *Rezepte* (VK): H. 30 (3/2007) · *Schmecken* (VK): (Doppelnummer Winter 1999 / Frühling 2000) · *Salat ist sinnlos, knackt aber* (WD): H. 30 (3/2007) · *Das Glück im Happi-Happi-Grill* (WD): (Doppelnummer Winter 1999 / Frühling 2000) · *Grillrezepte* (VK): H. 15 (6/2003) · *Jedem seine Extrawurst?* (VK): H. 6 (2/2001) · *Harte Scholle nein, zarte Scholle ja* (WD): H. 7 (6/2001) · *Verteidigung der Kartoffel gegen Veronica Ferres* (WD): H. 11 (6/2002) · *Deutliches zur Kartoffel* (WD): H. 28 (9/2006) · *Darmalarm im Hause Goethe* (WD): (Doppelnummer Winter 1999 / Frühling 2000) · *Blues in Frankfurt* (VK): (Doppelnummer Winter 1999 / Frühling 2000) · *Es bleibt ein Stück Hannover zurück* (WD): H. 2 Herbst 1999) · *Beobachtung eines Zonenbrötchens* (WD): H. 8 (9/2001) · *Der Einkauf als inneres Erlebnis* (WD): (Doppelnummer Winter 1999 / Frühling 2000) · *Grün im Gesicht* (WD): (Aus: Wiglaf Droste, Begrabt mein Hirn an der Biegung des Flusses, Hamburg: Edition Nautilus, 1997) · *Wenn die Volksgesundheit wackelt* (WD): H. 31 (6–7/2007) · *Knust oder Knifte?* (WD): H. 20 (9/2004) · *Brotrezepte* (VK): H. 20 (9/2004) · *Wenn Instinkte stinken* (WD): H. 5 (9/2000) · *Auch mir stinkt's* (VK): H. 2 (Herbst 1999) · *Heute noch Sonnenblumen, morgen schon Olivenöl* (VK): H. 1 (Frühjahr 1999) · *Spargelschänden mit Nestlé & Co.* (Claudia Aldenhoven und WD): H. 2 (Herbst 1999) · *Aus deutschen Landen frisch ins Klo* (VK): H. 9 (12/2001) · *Die Wespe* (WD): H. 19 (6/2004) · *Sitting*

Küchenbull (Aus: Wiglaf Droste, nutzt gar nichts, es ist Liebe, Leipzig: Reclam, 2005) · *Ernte in Zipplingen* (VK): H. 8 (9/2001) · *Nachtschattengewächse* (VK): H. 23 (6/2005) · *Die einbeinige Gans des Tierarztes* (VK): H. 9 (12/2001) · *Gans viele Rezepte* (VK): H. 9 (12/2001) · *Blut und Tochter* (VK): H. 30 (3/2007) · *Ab zu den Fischen* (VK): H. 15 (6/2003) · *Fischrezepte* (VK): H. 31 (6–7/2007) · *Rezept: Borschtsch nach dem Codex Leninensis* (Doppelnummer Winter 1999 / Frühling 2000) · *Koch unter Verdacht* (VK): H. 10 (3/2002) · *Das große Gelb* (VK): H. 14 (2/2003) · *Rezepte* (VK): H. 14 (2/2003) · *Curries* (VK): H. 7 (6/2001) · *Curryrezepte* (VK): H. 7 (6/2001) · *Enteklemmer hinter dem Schlagbaum* (VK): H. 19 (6/2004) · *Garum sociotum* (VK): H. 11 (6/2002) · *Rezepte* (VK): H. 10 (3/2002) · *Die »Wielandshöhe«* (VK): H. 17 (12/2003) · *Doppelte Buchführung vs. Schlendrian* (VK): H. 16 (9/2003) · *Rezepte* (VK): H. 16 (9/2003) · *Trick 17* (VK): H. 18 (3/2004) · *Rezepte* (VK): H. 28 (9/2006) · *Cucina Povera* (VK): H. 24 (9/2005) · *Bist du süß!* (WD): H. 22 (3/2005) · *Köche lieben Esserinnen* (WD): H. 14 (2/2003) · *Rezepte* (VK): H. 22 (3/2005) · *Abendmahl* (WD): H. 15 (6/2003) · *Wo isst Gott?* (WD): (Aus: Wiglaf Droste, Begrabt mein Hirn an der Biegung des Flusses, Hamburg: Edition Nautilus, 1997) · *Rezept für scheues Wild* (WD): H. 13 (12/2002) · *Wildrezepte* (VK): H. 13 (12/2002) · *Mit Dino und Vino ins Glück* (WD): H. 25 (12/2005) · *Gierschlund Rote-Bete-Mund* (WD): H. 21 (12/2004) · *Olivenstampede im Käsecorral* (WD): H. 15 (6/2003) · *Linsengedicht oder Macht Kochen albern?* (WD): H. 10 (3/2002) · *Meer und Rettich* (WD): H. 31 (6–7/2007) · *Nennt mich Latte Centrale!* (WD): H. 9 (12/2001) · *Rotkäppchenbrief* (VK): H. 5 (9/2000) · *Picknickkoffer mit allem Drum und Dran* (VK): H. 27 (6/2006) · *Rettet den Speisewagen!* (WD): H. 6 (2/2001) · *Nur die Zone zählt* (WD): H. 12 (9/2002) · *Der Klapperstorch bringt Molkenberger Milchzähne* (WD): H. 16 (9/2003) · *Der Fernsehkasten als Mikrowelle* (Aus: Wiglaf Droste, Will denn in China gar kein Sack Reis mehr umfallen? Berlin: Edition Tiamat / Verlag Klaus Bittermann, 2007) · *Freuden eines kochenden Arbeiters* (WD): H. 27 (6/2006) · *Markab, Scheat und Algenib* (VK): H. 25 (12/2005)